# ÉTAT ACTUEL

DE

# LA NOBLESSE DE FRANCE.

IMPRIMERIE DE C. F. PATRIS.

# ÉTAT ACTUEL

DE

# LA NOBLESSE DE FRANCE,

PAR M. DE SAINT-ALLAIS,

*Auteur de l'Histoire généalogique des maisons souveraines de l'Europe, et du Nobiliaire universel de France.*

### CET OUVRAGE CONTIENT :

1° La chronologie historique des rois de France, avec des détails plus étendus qu'on n'en trouve dans aucune des chronologies publiées jusqu'à ce jour;

2° L'état des grands vassaux de la couronne, des anciens ducs et pairs de France, avec la date des érections des duchés-pairies et leurs titulaires en 1789; des ducs à brevet, etc., etc.;

3° L'état de la pairie et des pairs de France en 1814 et 1815;

4° Une instruction générale sur la noblesse, sur les noms de chevalier, d'écuyer, de damoiseau, de varlet; sur les gentilshommes de nom et d'armes, les annoblis et les armoiries;

5° Le catalogue alphabétique des personnes des *deux sexes* qui ont joui des *honneurs de la cour* depuis 1730 jusqu'en 1789;

6° Les lettres d'annoblissement ou les titres honorifiques accordés par S. M. Louis XVIII en 1814 et 1815;

7° Les articles généalogiques de plusieurs maisons distinguées du royaume.

A PARIS,

CHEZ L'AUTEUR, RUE DE LA VRILLIÈRE, N° 10.

1816.

# INTRODUCTION.

L'ouvrage que j'ai l'honneur de présenter aujourd'hui au public, ne lui paraîtra peut-être pas sans intérêt ; dégagé des longueurs qu'on reproche quelquefois aux généalogies, il présente dans un cadre analytique tout ce qui tient à l'illustration des familles, et donne, dans les plus grands détails, l'état actuel des maisons nobles de France.

Ce volume qui ne porte que le simple titre d'Almanach, sera cependant *le premier tome* de l'ouvrage que je publierai dorénavant sous le titre d'ÉTAT ACTUEL DE LA NOBLESSE DE FRANCE, et dont il paraîtra un volume tous les deux mois.

On a généralement approuvé ce plan, parce que plusieurs familles dont les titres ont été perdus par l'effet de la funeste révolution que nous venons d'éprouver, ne pouvant établir de généalogies suivies, trouvent, par ce moyen, la faculté de produire sur-le-champ, et presque sans dépense, leur état actuel, et de mentionner les signalés services qu'elles ont rendus à la noble cause qu'elles ont défendue depuis vingt-cinq ans.

Ainsi les amis francs de la dynastie qui nous gouverne aujourd'hui, se rencontreront dans cet ouvrage comme dans un monument historique, élevé à leur fidélité et à leur dévouement.

Chaque volume de L'ÉTAT ACTUEL DE LA NOBLESSE DE FRANCE sera classé par ordre alphabétique, ainsi qu'il a été pratiqué pour celui-ci. Le prix de chaque volume sera de 5 francs, et l'on ajoute 1 franc pour la province. Le volume ne se paye que quand on le livre ; mais le prix de l'insertion de l'article est fixé à 12 francs, qu'on envoye en même temps que le mémoire.

Il faut signer et apposer ses armes ; on aura soin même de détailler les pièces et les couleurs de son écu, autant qu'on le pourra. Je me charge de rectifier ce qui ne sera pas en termes techniques du blason. L'écriture doit être très-lisible, pour éviter les fautes d'impression.

Le *Nobiliaire universel de France*, ou le Recueil général des Généalogies historiques des maisons nobles de ce royaume, fait suite à l'ancien Dictionnaire de la Noblesse, qui paraissait *avec privilége* du roi, avant la révolution: cet ouvrage se continue avec la plus grande activité; il est déjà à son *septième* volume, et l'on distingue parmi les généalogies qu'il fournit, celles des maisons de Montmorency, avec toutes ses branches, telles que Montmorency-Fosseux, Laval, Luxembourg, etc., et les maisons d'Aubusson-la-Feuillade, d'Aboville, d'Abzac, de Saint-Aignan, d'Alès-d'Anduse, d'Astorg, de Bec-de-Liévre, de Belcastel, de Béthune-Sully, de Béthune-Hesdigneul, de la Boissière-Chambors, de Briois, de Brancion, de Beaupoil-de-Saint-Aulaire, de Bouillé, de Brosse, de Bryas, de Castelbajac, de Cambray, de Chapt-de-Rastignac, de Girard-de-Charnacé, de Châteauneuf-Randon, de Castillon, de Clinchamp, de Courbon-Blénac, de Charlus, de Couasnon, de Courtarvel, des Escotais, de Foix, de Fontanges, de Francheville, de Ganay, le Gonidec, de Gironde, de Gibon, de Goulaine, de Goussencourt, de Grignan, de Guillaumanches-du-Boscage, des Isnards, de Lénoncourt, de Lestrange, de Ligonnès, de Mauléon, de Monthiers, de Morangiès, de Narbonne, de Pontevès, de Preissac-d'Esclignac, du Puy-Melgueil, de Rostaing, de la Rochelambert, de Saint-Andéol, de Saint-Priest, de Saint-Mauris, de Saint-Roman, de Salperwick, de Sallmard, de Salignac-Fénélon, de Tournon, de Tudert, de Toustain, de Trogoff, de Tulles de Villefranche, d'Ussel, de Vallin, du Houx-de-Vioménil, etc. etc.

J'avais pensé donner cet ouvrage sous la forme de *Dictionnaire*; mais plusieurs membres de la noblesse m'ayant fait observer que les familles dont les noms commencent par les dernières lettres de l'alphabet, se trouveraient rejettées à une époque trop éloignée, je me suis déterminé à le faire paraitre sans aucun égard pour l'ordre alphabétique. On sentira effectivement que, de cette manière, l'ouvrage marchera plus rapidement, puisque chaque famille pourra y être mentionnée dès aujourd'hui, sans attendre le tour qui lui aurait été irrévocablement assigné s'il eût fallu suivre l'ordre des lettres de l'alphabet. Et comme à la fin de chaque volume, il y a une table indicative des noms des familles qui s'y trouveront relatées, et que l'ouvrage sera en outre terminé par une autre table générale, cela remplira absolument le même but qu'un dictionnaire. Le prix de l'insertion de chaque article est de 20 francs, 30 francs, 40 francs, plus ou moins, selon qu'il est considérable.

Chaque volume se détache de l'ouvrage et se vend 7 f. 50 c.

Je préviens aussi Messieurs les gentilshommes que j'ai acheté les papiers qui composaient le cabinet de feu M. LA CHENAYE DES BOIS, *auteur de l'ancien Dictionnaire de la Noblesse*, ceux de M. BADIER, qui en a été le continuateur, et tout ce qui restait du cabinet de l'infortuné comte de WAROQUIER. Cette précieuse collection, qui intéresse plus de vingt mille familles, me met à même de fournir des renseignements utiles à tous les membres de la noblesse de France ; car il est peu de chefs de maisons nobles, dont je ne possède actuellement des mémoires, et sur lesquels je n'aye des documents de la plus haute importance.

Leurs Majestés l'empereur de Russie, l'empereur d'Autriche, la famille royale de France, le Roi de Prusse, le prince de Condé, madame la duchesse douairière d'Orléans, et plusieurs autres princes et princesses de l'Europe, ont honoré cet ouvrage de leur souscription. Et tout récemment encore (4 octobre 1815), Son Altesse Royale Monseigneur le Duc d'Angoulême a daigné me faire écrire qu'il voyait avec intérêt l'entreprise que j'ai formée.

Les mémoires, titres et renseignemens, doivent être adressés, *port franc*, rue de la Vrillière, N° 10, à M. DE SAINT-ALLAIS, auteur des Généalogies historiques des maisons souveraines de l'Europe et du Nobiliaire universel de France.

# CALENDRIER
### POUR L'AN 1816.

## ARTICLES DU CALENDRIER.

De la création du monde.......... 5820.
Année de la période Julienne...... 6531.
— depuis la première Olympiade... 2590.
— de l'époque de Nabonassar...... 2563.
— de la fondation de Rome, selon Varron. 2569.
— de la naissance de Jésus-Christ... 1816.

## COMPUT ECCLÉSIASTIQUE.

Nombre d'Or................. 12
Epacte ...................... I
Cycle solaire................. 5
Indiction romaine............. 4
Lettres dominicales........... G. F.

## ÉCLIPSES.

Le 27 mai, éclipse de soleil, invisible à Paris.
Le 10 juin, éclipse totale de lune à Paris.
Commencement le 9, à 11 h. 40 m. du soir.
Milieu le 10, à 1 h. 25 m. du matin.
Fin à 3 h. 10 m.
Le 19 novembre, éclipse de soleil, visible à Paris.
Commencement à 8 h. 26 m. du matin.
Milieu à 9 h. 34 m. du matin.
Fin à 10 h. 42 m.
Le 4 décembre, éclipse de lune, visible à Paris.
Commencement à 7 h. 25 m. du s.
Milieu à 8 h. 52 m.
Fin à 10 h. 19 m.

## SAISONS.

Le printemps commencera le 20 mars, à 5 h. 19 min. du soir.
L'été commencera le 21 juin, à 2 heures 57 min. du soir.
L'automne commencera le 23 septembre, à 4 heures 53 min. du matin.
L'hiver commencera le 21 décembre, à 9 heur. 44 min. du soir.

## FÊTES MOBILES.

SEPTUAGÉSIME . . 11 février.
LES CENDRES . . . 28 février.
PASQUES . . . . . . 14 avril.
LES ROGATIONS. . 20 mai.
L'ASCENSION. . . . 23 mai.
PENTECOTE . . . . 2 juin.
FÊTE-DIEU. . . . . 13 juin.
L'AVENT. . . . . . 1 décembre.
Dimanches après la Pentecôte. . . . . . . 25

## QUATRE-TEMPS.

Les 6, 8 et 9 mars.
Les 5, 7 et 8 juin.
Les 18, 20 et 21 septembre.
Les 18, 20 et 21 décembre.

| JANVIER 1816. | FÉVRIER. |
|---|---|
| P. Q. le 7, à 6 h. du s. | P. Q. le 6, à 1 h. du s. |
| P. L. le 15, à 1 h. du s. | P. L. le 13, à 18 m. s. |
| D. Q. le 21, à 8 h. du s. | D. Q. le 20, à 3 h. du m. |
| N. L. le 29, à 9 h. du m. | N. L. le 28, à 3 h. du m. |

| | | | | |
|---|---|---|---|---|
| lundi | 1 | LA CIRCONC. | jeudi 1 | s. Ignace. |
| mard | 2 | s. Bazile, év. | vend 2 | PURIFICAT. |
| merc | 3 | *ste. Geneviève.* | same 3 | s. Blaise, m. |
| jeudi | 4 | s. Rigobert. | 5 D. 4 | s. Philéas. |
| vend | 5 | s. Siméon. | lundi 5 | s$^{te}$. Agathe. |
| same | 6 | L'EPIPHANIE. | mard 6 | s. Vast, év. |
| 1 D. | 7 | s. Théau, orf. | merc 7 | s. Romuald, a. |
| lundi | 8 | s. Lucien, év. | jeudi 8 | s. Jean de M. |
| mard | 9 | s. Furcy, ab. | vend 9 | s. Appolline. |
| merc | 10 | s. Paul, her. | same 10 | s$^{te}$. Scholastiq. |
| jeudi | 11 | s. Théodose. | D. 11 | *Septuagésime* |
| vend | 12 | s. Arcade, m. | lundi 12 | s$^{te}$. Eulalie. |
| same | 13 | Bapt. de N. S. | mard 13 | s. Lezin, év. |
| 2 D. | 14 | s. Hilaire, év. | merc 14 | s. Valentin. |
| lundi | 15 | s. Maur, ab. | jeudi 15 | s. Faustin. |
| mard | 16 | s. Guillaume. | vend 16 | s$^{te}$. Julienne. |
| merc | 17 | s. Antoine, ab. | same 17 | s. Silvain. |
| jeudi | 18 | Ch. s. P. à R. | D. 18 | *Sexagésime.* |
| vend | 19 | s. Sulpice, év. | lundi 19 | s. Moyse, pr. |
| same | 20 | s. Sébastien. | mard 20 | s. Eucher, év. |
| 3 D. | 21 | s$^{te}$. Agnès, v. m. | merc 21 | s. Pepin. |
| lundi | 22 | s. Vincent, m. | jeudi 22 | Ch. s. P. à Ant. |
| mard | 23 | s. Ildefonce. | vend 23 | s. Damien. |
| merc | 24 | s. Babylas, év. | same 24 | s. Prétextat. |
| jeudi | 25 | Conv. s. Paul. | D. 25 | *Quinquagés.* |
| vend | 26 | s$^{te}$. Paule, v. | lundi 26 | s. Alexandre. |
| same | 27 | s. Julien, év. | mard 27 | s$^{te}$. Honorine. |
| 4 D. | 28 | s. Charlemag. | merc 28 | *Les Cendres.* |
| lundi | 29 | s. Franç. de S. | jeudi 29 | s. Romain, é. |
| mard | 30 | s$^{te}$. Batilde, r. | Epacte . . . . . . . I. | |
| merc | 31 | s. Pierre Nol. | Lettres Domin. G. F. | |

| MARS. | AVRIL. |
|---|---|
| P. Q. le 7, à 4 h. du m. | P. Q. le 5, à 4 h. du s. |
| P. L. le 13, à 9 h. du s. | P. L. le 12, à 6 h. du m. |
| D. Q. le 20, à 5 h. du s. | D. Q. le 19, à 9 h. du m. |
| N. L. le 28, à 9 h. du s. | N. L. le 27, à 1 h. du s. |

| | | | | |
|---|---|---|---|---|
| vend | 1 | s. Aubin, év. | lundi 1 | s. Hugues, év. |
| same | 2 | s. Simplice. | mard 2 | s. Franç. de P. |
| 1 D. | 3 | *Quadragésim.* | merc 3 | s. Richard, é. |
| lundi | 4 | s. Casimir. | jeudi 4 | s. Ambroise. |
| mard | 5 | s. Drausin, év. | vend 5 | La Compass. |
| merc | 6 | *Quatre-Tems* | same 6 | s. Prudence. |
| jeudi | 7 | s. Thomas d'A. | 6 D. 7 | *Les Rameaux* |
| vend | 8 | s. Jean de D. | lundi 8 | s. Perpet. |
| same | 9 | s^te. Françoise. | mard 9 | s^te. Marie, ég. |
| 2 D. | 10 | *Reminiscere.* | merc 10 | s. Onésime. |
| lundi | 11 | Les 40 martyrs | jeudi 11 | s. Léon, pape. |
| mard | 12 | s. Pol, év. | vend 12 | *Vendr.-Saint.* |
| merc | 13 | s^te. Euphrasie. | same 13 | s. Marcellin. |
| jeudi | 14 | s. Lubin, év. | D. 14 | PASQUES. |
| vend | 15 | s. Longin. | lundi 15 | s. Paterne. |
| same | 16 | s. Abraham. | mard 16 | s. Fructueux. |
| 3 D. | 17 | *Oculi.* | merc 17 | s. Anicet, pap. |
| lundi | 18 | s. Cyrille, év. | jeudi 18 | s. Parfait. |
| mard | 19 | s. Joseph. | vend 19 | s. Elphège. |
| merc | 20 | s. Joachim. | same 20 | s. Hildegonde. |
| jeudi | 21 | s. Benoît, ab. | 1 D. 21 | *Quasimodo.* |
| vend | 22 | s. Aphodise. | lundi 22 | s^te. Opportune |
| same | 23 | s. Victorien. | mard 23 | s. Georges, m. |
| 4 D. | 24 | *Lœtare.* | merc 24 | s^te. Beuve. |
| lundi | 25 | ANNONCIAT. | jeudi 25 | s. Marc, év. |
| mard | 26 | s. Ludger, év. | vend 26 | s. Clet, pap. |
| merc | 27 | s. Rupert, év. | same 27 | s. Policarpe. |
| jeudi | 28 | s. Gontran, roi | 2 D. 28 | s. Vital, m. |
| vend | 29 | s. Eustase, ab. | lundi 29 | s. Robert. |
| same | 30 | s. Rieule. | mard 30 | s. Eutrope, é. |
| 5 D. | 31 | *La Passion.* | | |

## MAI.

P. Q. le 5, à 18 m. du m.
P. L. le 11, à 5 h. du s.
D. Q. le 19, à 2 h. du m.
N. L. le 27, à 3 h. du m.

| | | |
|---|---|---|
| merc | 1 | s. Jacq. s. Phil. |
| jeudi | 2 | s. Athanase. |
| vend | 3 | Invent. s$^{te}$. Cr. |
| same | 4 | s$^{te}$. Monique. |
| 3 D. | 5 | Conv. s. Aug. |
| lundi | 6 | s. Jean P. L. |
| mard | 7 | s. Stanislas. |
| merc | 8 | s. Desiré. |
| jeudi | 9 | s. Grégoire. |
| vend | 10 | s. Gordien. |
| same | 11 | s. Mamert. |
| 4 D. | 12 | s. Nérée. |
| lundi | 13 | s. Servais. |
| mard | 14 | s. Boniface. |
| merc | 15 | s. Isidore. |
| jeudi | 16 | s. Honoré, év. |
| vend | 17 | s. Pascal. |
| same | 18 | s. Eric, roi. |
| 5 D. | 19 | s. Célestin, p. |
| lundi | 20 | *les Rogations.* |
| mard | 21 | s. Hospice. |
| merc | 22 | s$^{te}$. Julie, v. |
| jeudi | 23 | ASCENSION. |
| vend | 24 | s. Donatien. |
| same | 25 | s. Urbain. |
| 6 D. | 26 | s. Philip. de N. |
| lundi | 27 | s. Hildevert. |
| mard | 28 | s. Germain. |
| merc | 29 | s. Maximin. |
| jeudi | 30 | s. Hubert. |
| vend | 31 | s$^{te}$. Pétronille. |

## JUIN.

P. Q. le 3, à 5 h. du m.
P. L. le 10, à 1 h. du m.
D. Q. le 17, à 7 h. du s.
N. L. le 25, à 2 h. du s.

| | | |
|---|---|---|
| same | 1 | s. Pamphile. *vj.* |
| D. | 2 | PENTECÔT. |
| lundi | 3 | s$^{te}$. Clotilde. |
| mard | 4 | s. Quirin, m. |
| merc | 5 | *Quatre-Tems* |
| jeudi | 6 | s. Claude, év. |
| vend | 7 | s. Paul de C. |
| same | 8 | s. Médard. |
| 1 D. | 9 | *La Trinité.* |
| lundi | 10 | s. Landri, év. |
| mard | 11 | s. Barnabé. |
| merc | 12 | s. Basilide. |
| jeudi | 13 | FÊTE-DIEU. |
| vend | 14 | s. Basile. |
| same | 15 | s. Guy, m. |
| 2 D. | 16 | s. Fargeau. |
| lundi | 17 | s. Avit, ab. |
| mard | 18 | s$^{te}$. Marine. |
| merc | 19 | s. Gervais s. P. |
| jeudi | 20 | *Oct. Fête-D.* |
| vend | 21 | s. Leufroy, ab. |
| same | 22 | s. Paulin, év. |
| 3 D. | 23 | s. Félix, m. |
| lundi | 24 | *s. Jean-Bapt.* |
| mard | 25 | s. Prosper. |
| merc | 26 | s. Babolein. |
| jeudi | 27 | s. Crescent. |
| vend | 28 | s. Irenée, év. |
| same | 29 | *ss. Pierre et P.* |
| 4 D. | 30 | Comm. s. Paul. |

| JUILLET. | AOUT. |
|---|---|
| P. Q. le 2, à 9 h. du m. | P. L. le 8, à 1 h. du m. |
| P. L. le 9, à 31 m. du s. | D. Q. le 16, à 5 h. du m. |
| D. Q. le 17, à 55 m. du s. | N. L. le 23, à 7 h. du m. |
| N. L. le 24, à 11 h. du s. | P. Q. le 29, à 9 h. du s. |
| P. Q. le 31, à 2 h. du s. | |
| lundi 1 s. Martial. | jeudi 1 s<sup>te</sup>. Sophie. |
| mard 2 Visit. de la V. | vend 2 s. Etienne, p. |
| merc 3 s. Anatole, év. | same 3 Inv. s. Etienne. |
| jeudi 4 Tr. s. Martin. | 9 D. 4 Susc. s<sup>te</sup>. Croix. |
| vend 5 s<sup>te</sup>. Zoé, m. | lundi 5 s. Yon, m. |
| same 6 s. Tranquillin. | mard 6 Trans. de N. S. |
| 5 D. 7 s<sup>te</sup>. Aubierge. | merc 7 s. Gaëtan. |
| lundi 8 s<sup>te</sup>. Elisabeth. | jeudi 8 s. Justin, m. |
| mard 9 s<sup>te</sup>. Victoire. | vend 9 s. Spire. |
| merc 10 s<sup>te</sup>. Félicité. | same 10 s. Laurent, m. |
| jeudi 11 Tr. s. Benoît. | 10 D. 11 Susc. s<sup>te</sup>. Cour. |
| vend 12 s. Gualbert. | lundi 12 s<sup>te</sup>. Claire. |
| same 13 s. Turiaf, év. | mard 13 s. Hyppolite. |
| 6 D. 14 s. Bonaventur. | merc 14 s. Eusèbe. *VJ.* |
| lundi 15 s. Henri, emp. | jeudi 15 ASSOMPT. |
| mard 16 s. Eustate, év. | vend 16 s. Roch. |
| merc 17 s. Spérat et C. | same 17 s. Mammès. |
| jeudi 18 s. Clair. | 11 D. 18 s<sup>te</sup>. Hélène. |
| vend 19 s. Vincent de P | lundi 19 s. Louis, év. |
| same 20 s<sup>te</sup>. Marguerite | mard 20 s. Bernard, ab. |
| 7 D. 21 s. Victor, m. | merc 21 s. Privat, év. |
| lundi 22 s<sup>te</sup>. Madeleine | jeudi 22 s. Symphorien. |
| mard 23 s. Apollinaire. | vend 23 s. Sidoine, év. |
| merc 24 s<sup>te</sup>. Christine. | same 24 s. Barthélemy. |
| jeudi 25 s. Jacques le m | 12 D. 25 s. LOUIS, roi. |
| vend 26 s. Christophe. | lundi 26 s. Zéphirin. |
| same 27 s. Pantaléon. | mard 27 s. Césaire, év. |
| 8 D. 28 s<sup>te</sup>. Anne. | merc 28 s. Augustin. |
| lundi 29 s<sup>te</sup>. Marthe. | jeudi 29 Déc. s. Jean-B. |
| mard 30 s. Abdon, m. | vend 30 s. Fiacre. |
| merc 31 s. Germain A. | same 31 s. Ovide. |

| SEPTEMBRE. | OCTOBRE. |
|---|---|
| P. L. le 6, à 4 h. du s. | P. L. le 6, à 9 h. du m. |
| D. Q. le 14, à 7 h. du s. | D. Q. le 14, à 8 h. du m. |
| N. L. le 21, à 3 h. du s. | N. L. le 21, à 6 m. du m. |
| P. Q. le 28, à 8 h. du m. | P. Q. le 27, à 11 h. du s. |

| | | | | | |
|---|---|---|---|---|---|
| 13 D. | 1 | s. Leu, s. Gilles | mard | 1 | s. Remi, év. |
| lundi | 2 | s. Lazare. | merc | 2 | s$^{ts}$. Anges G. |
| mard | 3 | s. Grégoire, p. | jeudi | 3 | s. Cyprien. |
| merc | 4 | s$^{te}$. Rosalie. | vend | 4 | s. Franç. d'As. |
| jeudi | 5 | s. Bertin, ab. | same | 5 | s$^{te}$. Aure, v. |
| vend | 6 | s. Onésipe, év. | 18 D. | 6 | s. Bruno. |
| same | 7 | s. Cloud, pr. | lundi | 7 | s. Serge et s. B. |
| 14 D. | 8 | NAT. DE LA V. | mard | 8 | s. Demètre. |
| lundi | 9 | s. Omer, év. | merc | 9 | s. Denis, év. |
| mard | 10 | s$^{te}$ Pulquerie. | jeudi | 10 | s. Géréon, m. |
| merc | 11 | s. Patient, év. | vend | 11 | s. Firmin, év. |
| jeudi | 12 | s. Serdot, év. | same | 12 | s. Vilfride, év. |
| vend | 13 | s. Maurille. | 19 D. | 13 | s. Gérand, c. |
| same | 14 | Exal. s$^{te}$. Cr. | lundi | 14 | s. Caliste, p. |
| 15 D. | 15 | s. Nicomède. | mard | 15 | s$^{te}$. Thérèse. |
| lundi | 16 | s$^{te}$. Euphémie. | merc | 16 | s. Gal, ab. |
| mard | 17 | s. Lambert. | jeudi | 17 | s. Cerbonnet. |
| merc | 18 | *Quatre-Tems* | vend | 18 | s. Luc, évang. |
| jeudi | 19 | s. Janvier. | same | 19 | s. Savinien. |
| vend | 20 | s. Eustache. | 20 D. | 20 | s. Sendou, pr. |
| same | 21 | s. Mathieu. | lundi | 21 | s$^{te}$. Ursule, v. |
| 16 D. | 22 | s. Maurice. | mard | 22 | s. Mellon. |
| lundi | 23 | s$^{te}$. Thècle, v. | merc | 23 | s. Hilarion. |
| mard | 24 | s. Andoche. | jeudi | 24 | s. Magloire. |
| merc | 25 | s. Cléophas, d. | vend | 25 | s. Crépin s. Cr. |
| jeudi | 26 | s$^{te}$. Justine. | same | 26 | s. Rustique. |
| vend | 27 | s. Côme s. D. | 21 D. | 27 | s. Frumence. |
| same | 28 | s. Céran, év. | lundi | 28 | s. Simon s. J. |
| 17 D. | 29 | s. Michel arch. | mard | 29 | s. Faron, év. |
| lundi | 30 | s. Jérôme. | merc | 30 | s. Lucain, m. |
| | | | jeudi | 31 | s. Quentin. *v. j.* |

| NOVEMBRE. | DÉCEMBRE. |
|---|---|
| P. L. le 5, à 3 h. du m. | P. L. le 4, à 9 h. du s. |
| D. Q. le 12, à 7 h. du s. | D. Q. le 12, à 4 h. du m. |
| N. L. le 19, à 10 h. du m. | N. L. le 18, à 10 h. du s. |
| P. Q. le 26, à 5 h. du s. | P. Q. le 26, à 2 h. du s. |

| | | | |
|---|---|---|---|
| vend | 1 LA TOUSS. | 1 D. | 1 L'AVENT. |
| same | 2 Les Trépassés. | lundi | 2 s. François X. |
| 22 D. | 3 s. Marcel, év. | mard | 3 s. Fulgence, é. |
| lundi | 4 s. Charles B. | merc | 4 s$^{te}$. Barbe. |
| mard | 5 s$^{te}$. Bertilde. | jeudi | 5 s. Sabas, ab. |
| merc | 6 s. Léonard. | vend | 6 s. Nicolas. |
| jeudi | 7 s. Will. rod. | same | 7 s$^{te}$. Fare, v. |
| vend | 8 s$^{tes}$. Reliques. | 2 D. | 8 CONCEPTION. |
| same | 9 s. Mathurin. | lundi | 9 s$^{te}$. Gorgonie. |
| 23 D. | 10 s. Léon, 1$^{er}$ p. | mard | 10 s$^{te}$. Valère, v. |
| lundi | 11 s. Martin, év. | merc | 11 s. Fuscien, m. |
| mard | 12 s. René, év. | jeudi | 12 s. Damase. |
| merc | 13 s. Brice, év. | vend | 13 s$^{te}$. Luce, v. m. |
| jeudi | 14 s. Maclou. | same | 14 s. Nicaise. |
| vend | 15 s. Eugène, m. | 3 D. | 15 s. Mesmin. |
| same | 16 s. Eucher, év. | lundi | 16 s$^{te}$. Adélaïde. |
| 24 D. | 17 s. Agnan, év. | mard | 17 s$^{te}$. Olimpiade. |
| lundi | 18 s$^{te}$. Aude, v. | merc | 18 *Quatre-Tems.* |
| mard | 19 s$^{te}$. Élisabeth. | jeudi | 19 s$^{te}$. Meuris. |
| merc | 20 s. Edmond, r. | vend | 20 s. Philogone. |
| jeudi | 21 Prés. de la V. | same | 21 s. Thomas, a. |
| vend | 22 s$^{te}$. Cécile. | 4 D. | 22 s. Honorat. |
| same | 23 s. Clément. | lundi | 23 s. Yves. |
| 25 D. | 24 s$^{te}$. Flore, v. | mard | 24 *s. Delphin. v. j.* |
| lundi | 25 s$^{te}$. Catherine. | merc | 25 NOEL. |
| mard | 26 s$^{te}$. Gen. des A. | jeudi | 26 *s. Étienne, m.* |
| merc | 27 s. Vital, m. | vend | 27 *s. Jean, ap.* |
| jeudi | 28 s. Sosthène. | same | 28 s$^{ts}$. Innocens. |
| vend | 29 s. Saturnin. | D. 29 | s. Thomas de C |
| same | 30 s. André, a. | lundi | 30 s$^{te}$. Colombe. |
| | | mard | 31 s. Sylvestre. |

# ALMANACH GÉNÉRAL

DE LA

# NOBLESSE DE FRANCE

ET

# DE LA CHAMBRE DES PAIRS.

## FRANCE ANCIENNE.

Les nations qui habitaient entre la mer d'Allemagne, le Mein, le Rhin et le Weser, ayant secoué le joug des Romains peu de temps après la mort de César-Auguste, prirent le nom de *Francs*, c'est-à-dire de peuples libres. L'amour des conquêtes les poussa bientôt à pénétrer dans les Gaules, sous la conduite de Pharamond, leur roi. La nature du sol et du climat de ces provinces leur paraissant préférable à celle de leur propre pays, ces peuples formèrent le projet de s'y établir définitivement.

La première entrée de Pharamond et de ses Francs dans les Gaules date de l'an 420 environ; mais il paraît que ce ne fut alors qu'une irruption, et que, malgré tous leurs efforts, ils ne purent s'y fixer à cette époque, se trouvant inquiétés par les Gaulois, qui s'opposaient à l'invasion de leur patrie, et par les Romains, qui défendaient leurs tributaires.

Les Gaules ne furent définitivement subjuguées par les Francs qu'en 451, après la célèbre bataille de Méry-sur-Seine, gagnée par ces derniers et les Visigoths leurs alliés sur Attila roi des Huns. Mérovée, maître alors de la Picardie, de la Normandie, de l'Isle-de-France, de la Champagne, et de tout ce qui est au-delà de la Moselle jusqu'à Mayence, posa le siége de son nouvel empire à Paris.

Lorsque Pharamond pénétra dans les Gaules, à la tête de ses Francs, elles étaient divisées en dix-sept provinces, savoir;

Les *quatre Lyonnaises*, qui avaient pour métropoles, Lyon, Rouen, Tours et Sens.

Les *deux Belgiques*. — Trèves et Reims, métropoles.

La *Germanie supérieure*, qui avait Mayence pour métropole.

La *Germanie inférieure*. — Cologne, métropole.

La *Séquanaise*, ou troisième Germanie. — Besançon, métropole.

Les *Alpes grecques*. — Moustier-en-Tarentaise, métropole.

La *Viennoise*. — Vienne, métropole.

Les *deux Aquitaines*. — Bourges et Bordeaux, métropoles.

La *Novempopulanie*. — Eause, métropole. Cette grande cité peut à peine aujourd'hui compter pour un bourg.

Les *deux Narbonnaises*. — Narbonne et Aix, métropoles.

Les *Alpes maritimes*. — Embrun, métropole.

Ces dix-sept provinces reconnaissaient pour chef commun le préfet des Gaules, dont le siége, établi d'abord à Trèves, fut transféré à Arles.

Les Francs ne furent pas les seuls peuples qui envahirent les Gaules sous l'empire des Romains: les Visigoths et les Ostrogoths s'y établirent aussi, mais ce ne fut que momentanément.

Royaume des Visigoths. = Les Visigoths, émigrant des provinces glaciales du nord de l'Europe, se jetèrent d'abord dans la Germanie, d'où ils vinrent ensuite se fixer dans les Gaules méridionales, vers l'an 400, avec l'agrément et sous la protection de l'empereur Honorius. Leur royaume se composait de la partie de la Gaule où étaient situées les villes de Toulouse, Narbonne, Aix, Marseille, Nîmes, Uzès, Tours, Périgueux, Cahors, Clermont, Bourges, Bordeaux et Oléron; puis du royaume d'Espagne et de la Mauritanie Tingitane d'Afrique. Clovis, roi des Francs, leur ayant déclaré la guerre, les défit complètement dans les plaines de Poitiers en 507, et les expulsa des contrées qu'ils possédaient entre la Loire et les Pyrénées. Alors les Visigoths se concentrèrent en Espagne, et cédèrent toutes les provinces qui leur restaient dans les Gaules, à l'exception d'Uzès et de Nimes, aux Ostrogoths, en reconnaissance des secours qu'ils en avaient reçus dans leur guerre contre les Francs; mais ils ne purent se maintenir en Espagne que jusqu'en 711, qu'ils en furent chassés par les Maures et les Sarrasins.

Royaume des Ostrogoths. = Cette nation avait la même origine que les Visigoths : elle fonda, en 489, en Italie et en Provence, un royaume qui comprenait, 1º la Gaule transpadane, qui se composait de Turin, Mantoue, Padoue, Aquilée et Trieste; 2º de la Gaule cispadane, qui se formait de Ravenne, Nice et Gênes; 3º et de toute l'Italie, de la Sicile, de la Rhétie (le pays de Coire et de Trente), de la Vindélicie (Augsbourg, Ratisbonne et Passau), de la Norique (Saltzbourg et Lintz), de la Pannonie (Vienne, Raab, Bude, Petaw, Sisseck), de la Liburnie (Zeng et Zara), et de la Dalmatie. Mais leur empire ne fut pas de longue durée ; l'empereur Justinien les fit chasser en 553, de l'Italie et de la Sicile, par ses généraux Bélisaire et Narsès. La Provence et le reste des états des Ostrogoths en Germanie devinrent, presque à la même époque, la proie des Francs.

Clovis petit-fils et successeur de Mérovée,

divisa son empire en quatre royaumes, pour servir de partage à ses quatre fils; savoir :

Royaume de Paris. — Il se formait des villes de Paris, Meaux, Senlis, Beauvais; des provinces qui s'étendent vers l'Océan; de la Lyonnaise seconde en entier; de Rennes, Nantes, Vannes, partie de la Bretagne et de l'Aquitaine.

Royaume d'Orléans. — Il se formait de l'Orléanais, de la Touraine, du Bourbonnais, de Bourges, de Nevers, de la Sologne, d'une partie de la Beauce et du Sénonois, d'une partie de la Gascogne et de la Bretagne orientale, de l'Auxerrois, de l'Anjou, et du Maine.

Royaume de Soissons. — Il se composait des villes de Laon, Soissons, Saint-Quentin, Amiens, et de toutes les provinces dont ces villes étaient les capitales.

Royaume d'Austrasie ou de Metz. — Il comprenait Reims, Châlons-sur-Marne, Troyes, Clermont, Rhodez, Cahors, Alby, Uzès, l'Alsace, et une partie des villes situées entre le Rhin et la Meuse.

Mais cette division de territoire ne subsista que jusqu'en 561, époque à laquelle les enfants de Clotaire 1er opérèrent entre eux un nouveau partage. Plusieurs provinces furent détachées d'un royaume pour être annexées à un autre.

Clotaire II réunit toute la monarchie sous sa puissance vers l'an 612, et son étendue était immense alors. Elle avait pour bornes de l'*est* au *sud-est* les montagnes occidentales de la *Bohême*, la rive gauche de l'*Elbe*, le mont *Mélibée*, la *Lippe*, et le *Rhin*, depuis le confluent qu'il forme avec cette rivière jusqu'à son embouchure ; l'Océan germanique et le britannique, les frontières orientales de la Bretagne et l'Océan aquitainique : elle s'étendait au *sud-ouest* jusqu'aux montagnes méridionales des Pyrénées, et avait pour bornes jusqu'au *sud* les frontières septentrionales et orientales de la Septimanie : depuis le *sud* jusqu'au *sud-est*, elle était bornée par la Méditerranée et par les Alpes maritimes et pennines ; et depuis le *sud-est* jusqu'à l'*est*, par les Alpes et par une partie du Danube, jusqu'à la rivière d'Ill. Outre cela, Clotaire avait, du côté de l'*est* et du *sud-est*, les Bavarois et les Lombards pour tributaires, et presque tous les peuples du nord depuis la Lippe jusqu'à la Chersonnèse cimbrique.

En 638, les enfants de Dagobert I divisèrent encore la monarchie pour opérer leur partage ; et de-là vinrent le royaume de Neustrie et de Bourgogne, et le Royaume d'Austrasie.

LE ROYAUME DE NEUSTRIE ET DE BOURGOGNE comprenait toute la Gaule occidentale, qui s'étendait entre l'Escaut, la Meuse et la Loire.

jusqu'à l'Océan; la Bourgogne, l'Aquitaine et la Provence. On céda depuis aux Normands une portion de la Neustrie, qui prit d'eux le nom de Normandie.

Le royaume d'Austrasie comprenait la France orientale, la Lorraine, l'Alsace, la Thuringe, et d'autres provinces germaniques au-delà du Rhin.

La Septimanie était une partie de la Gaule narbonnaise : elle avait pour principales villes Narbonne et Nismes.

L'Aquitaine était primitivement la partie de la France qui depuis fut connue sous le nom de *Guienne* et *Gascogne*. On verra, au tableau de la seconde race, que Charlemagne l'érigea en royaume pour son fils Louis, et que ce nouvel état comprenait le Poitou, l'Auvergne, le Périgord, le Limosin, le Languedoc et la Gascogne.

Législation.— Loi salique, fondée par Pharamond, mais authentiquement écrite en 496 par Clovis-le-Grand. Elle exclut les filles de la couronne.

Lois ripuaires.—Thierri I, roi d'Austrasie, les fit établir le premier; et Dagobert I, roi de France, les fit rédiger par écrit vers l'an 630 : elles reconnaissent les filles habiles à succéder. — Ce même Dagobert rédigea aussi un code de lois pour les Allemands et les Bavarois, qu'il avait soumis à son obéissance.

ETAT CIVIL. — Dans les premiers temps de la monarchie, il n'y avait de libres que les ecclésiastiques et les gens d'épée. Les habitants des villes, bourgs et villages, étaient plus ou moins *serfs*. On en distinguait deux sortes : 1° ceux qui ne devaient qu'un service à leur seigneur ; 2° les *serfs* proprement dits, attachés à la glèbe, c'est-à-dire à la terre du seigneur auquel ils appartenaient, et qui pouvait en disposer à son gré, et les vendre à son profit.

SERVICE MILITAIRE. — Tout homme, qu'il fût libre ou serf, était tenu à un service militaire personnel, depuis dix-huit jusqu'à soixante ans.

Les rois de la première race, ainsi que les princes de leur famille, portaient une longue chevelure, et souvent laissaient croître leur barbe ; ce qui les distinguait de leurs sujets. Lorsqu'on voulait rendre un prince inhabile à la couronne, on le tondait, le rasait, et il n'était plus considéré que comme un simple citoyen. Le baudrier était la marque de la dignité royale.

# CHRONOLOGIE HISTORIQUE

DES

## ROIS DE FRANCE.

---

1. PHARAMOND, fils de Marcomir, élu roi ou général à Wurtzbourg en Franconie, environ l'an 414 ou 418, regardé comme le fondateur de la monarchie française, m. en 428

Ep. *Argote*, fille du roi des Cimbres.

2. CLODION dit *le chevelu*, fils de Pharamond, perd en 441, une célèbre bataille en Artois contre Ætius, général de l'empereur Valentinien, m. en 448

Ep. *Bazine de Thuringe*.

PREMIÈRE RACE, dite des MÉROVINGIENS.

3. MÉROVÉE, parent de Clodion, est regardé comme chef de la première race, qui prend de ce prince le nom de *Mérovingienne*. Il régna près de dix ans, et m. en 456

4. CHILDERIC I, fils de Mérovée, règne environ vingt-quatre ans, et m. en 481

Ep. *Bazine*, femme du roi de Thuringe.

5. CLOVIS I, dit *le Grand*, fils de Childéric né en 466, fut victorieux, en 485, du patrice Siagrius, de Bazin en 491, et des Allemands à Tolbiac, en 496. Il se fit baptiser à Reims, le

jour de Noël, par Saint-Remi, étendit ses conquêtes au-delà de la Loire, après la défaite d'Alaric, roi des Visigoths à Vouillé, en 507. Il régna 30 ans, et m. le 27 nov. 511

Ep. *Sainte-Clotilde*, fille de Chilperic, roi de Bourgogne, morte le 3 juin 548, et canonisée.

6. CHILDEBERT I, troisième fils de Clovis, fonda l'Abbaye de Saint Germain-des-Prés, régna 47 ans 27 jours, et m. le 29 déc. 558

Ep. *Ultrogothe*.

7. CLOTAIRE I, quatrième fils de Clovis, né en 497, roi de Soissons en 511, d'Orléans en 532, de Bourgogne en 534, de France le 23 déc. 558, régna en tout 50 ans, et m. à Compiègne en décembre 562

Ep. 1° *Gondieuque*, veuve de Clodomir, son frère; 2° *Sainte Radegonde*, m. en 587, fondatrice de l'abbaye de Sainte-Croix-de-Poitiers; 3° *Ingonde*; 4° *Arigonde*; 5°. *Gonsinde*; 6° *Walrade*, veuve de Théodebald, roi d'Austrasie.

8. CHARIBERT, fils de Clotaire I, régna près d'onze ans, et m. le 7 mai 570

Ep. 1° *Ingoberge*; 2° *Miroflède*; 3° *Theudegilde*; 4° *Marcoueffe*.

9. CHILPÉRIC I, troisième fils de Clotaire I, né en 523, roi de Soissons en 561, roi de France en 570, régna en tout près de 23 ans, et m. assassiné à Chelles en octobre 584

Ep. 1° *Audovère*, m. étranglée en 580 ; 2° *Galesuinte* ; 3° *Frédégonde*, m. en 598.

10. CLOTAIRE II, dit *le Grand*, fils de Chilpéric et de Frédégonde, né en juin 584, régna âgé de quatre mois, devint roi d'Austrasie en 599, roi de toute la France en 613, régna 44 ans et quelques mois, et m. le 28 septembre 628

Ep. 1° *Haldétrude* ; 2° *Berétrude* ; 3° *Sichilde*.

11. DAGOBERT I, fils de Clotaire II, né vers 602, roi d'Austrasie en 622, roi de France en 628, régna en tout 16 ans, et m. le 19 janvier 638

Ep. 1° *Gomatrude* ; 2° *Nantilde* ; 3° *Ragnetrude* ; 4° *Ulfgonde* ; 5° *Bertilde*.

12. CLOVIS II, fils de Dagobert, né en 634, roi d'Austrasie en 628, régna près de 19 ans, et m. au commencement de 656

Ep. *Sainte Bathilde*, fondatrice des abbayes de Chelles et de Corbie, en 658 et 659, m. le 30 janvier 685.

13. CLOTAIRE III, fils aîné de Clovis II, né en 652, roi de France et de Bourgogne sous la régence de Bathilde sa mère, en 656, régna près de 14 ans, et m. en 670

14. CHILDÉRIC II, second fils de Clovis II, né en 653, roi d'Austrasie en 660, roi de France et de Bourgogne en 670, régna en France près de quatre ans, et m. en 673

15. THIERRI I, troisième fils de Clovis II, né vers l'an 654, enfermé à l'Abbaye de Saint

Denis en 670, tiré de Saint Denis est élu roi en 673, régna environ 17 ans et m. en 691

Ep. 1° *Clotilde*; 2° *Ode*.

16. Clovis III, fils ainé de Thierri I, né en 680 ou 681, roi de France en 691, régna près de cinq ans, et m. s. p. en 695

17. Childebert II, surnommé le *Juste*, second fils de Thierri I, né vers l'an 682, élu roi de France en 695, régna près de dix-sept ans, et m. le 14 avril 711

18. Dagobert II, fils de Childebert II, né en 699, roi de France le 14 avril 711, régna 4 ans, 9 mois et 5 jours et m. le 19 janvier 719

19. Chilpéric II, dit *Daniel*, fils de Childebert II destiné à l'état monastique, élu roi le 19 janvier 716, régna près de 5 ans, et m. en 721

20. Thierri II, fils de Dagobert II, né en 713 ou 714, enfermé à Chelles en 716, régna près de 17 ans, et m. en 737

21. Childéric III, frère de Thierri II, établi roi en 743, déposé en mars 751, rasé et enfermé à Saint-Bertin de Saint-Omer, régna environ 9 ans, et m. le 27 juillet 754. Thierri, son fils, est enfermé à Saint-Vandrille, en même temps que son père est mis à Sethin ou Saint-Bertin.

SECONDE RACE, dite des CARLOVINGIENS.

22. Pepin, dit *le Bref*, descendant de la première race, né en 714, duc des Français en 743,

reconnu roi en 751, couronné le 1er. mai 752, sacré de nouveau à Saint-Denis par le pape Etienne III, le 28 juillet 754, régna 16 ans, 4 mois, 24 jours, et m. le 24 septembre 768

Ep. *Bertrade de Laon*, m. en 783.

23. CHARLES Ier, dit *le Grand ou Charlemagne*, fils aîné de Pepin, né à Aix-la-Chapelle, le 2 avril 742, sacré avec son père en 754, succéda au royaume le 24 septembre 768, fut reconnu à Noyon, le 9 octobre suivant; conquit le royaume des Lombards en 774, défit les Saxons et soumit les Bavarois, et fut proclamé empereur à Rome le 25 décembre 800 ou 801. Il régna en France 45 ans, 4 mois, 4 jours, et comme empereur 13 ans, un mois, 4 jours, et m. le 28 janvier 814

Ep. 1° *Himiltrude*; 2° *Hermengarde de Lombardie*, répudiée en 771; 3° *Hildegarde de Souabe*, m. le 3 avril 783; 4° *Fastrade de Franconie*, m. en 794; 5° *Liutegarde de Germanie*, m. le 4 juin 800.

24. LOUIS I, dit le *Débonnaire*, fils de Charlemagne, né en 778, déclaré roi d'Aquitaine l'an 780, couronné à Rome le 15 avril 781, associé à l'empire le 16 novembre 813, succède le 28 janvier 814, couronné de nouveau à Reims en 816, régna seul 26 ans, 4 mois, 24 jours, déposé et enfermé à Saint-Médard de Soissons en 833; rendu à la liberté et rétabli l'an 834, m. le 20 juin 840

Ep. 1° *Hermengarde d'Asbaye*, m. en 818;
2° *Judith*, fille de Welphe, comte de Rawens-
perg-Alstorf, m. en 843.

25. CHARLES II, dit le *Chauve*, fils de Louis
le Débonnaire, né le 13 janvier 823, roi de
Lorraine en 869, couronné empereur à Rome,
le 25 décembre 875, régna comme roi 37 ans,
3 mois 16 jours, comme empereur 1 an, 9 mois 16
jours, et m. le 6 octobre     877

Ep. 1° *Ermentrude d'Orléans*, m. le 6 octobre
67 ; 2° *Richilde d'Ardennes*.

26. LOUIS II, dit le *Bègue*, fils de Charles le
Chauve, né le 1er novembre 843, roi d'Aquitaine en 867, roi de France le 6 octobre 877,
couronné empereur à Troyes, le 7 septembre 878,
m. le 10 avril     879

Ep. 1° *Ansgarde de Bourgogne*, qu'il répu-
dia; 2° *Adélaïde Judith*, petite-fille de Beggon,
comte de Paris.

27. LOUIS III et CARLOMAN, fils de Louis II,
rois de France en 879, sacrés dans l'abbaye de
Ferrières, partagent les états à Amiens en 880.
Louis règne en Neustrie, 2 ans, 3 mois, 22 jours,
et m. à Saint Denis, le 10 août 882. Carloman,
né en 866, roi d'Aquitaine et de Bourgogne en
879 et 880, roi de France en 882, régna en tout
5 ans 8 mois 4 jours, et m. le 14 décembre 884.

28. CHARLES le *Gros*, empereur, troisième fils
de Louis, roi de Germanie, lequel était l'un des
fils de Louis le Débonnaire, gouverne la France

un peu plus de 3 ans, durant la minorité de Charles le Simple, se fait sacrer roi en 884, dépossédé de l'empire par les Allemands en 887, m. à Inding en Souabe l'an 888

29. EUDES, fils de Robert-le-Fort, duc de France après son père, comte d'Angers et de Paris, est chargé de la régence du royaume après la retraite de Charles-le-Gros, prend le titre de roi de France et d'Aquitaine en 888, se fait sacrer à Compiègne; règne 10 ans moins 9 jours, et m. le 3 janvier 898

Ep. *Théodrade.*

30. CHARLES III, dit *le Simple*, fils posthume de Louis-le-Bègue et d'Adélaïde, né le 17 septembre 879, couronné à Reims le 28 janvier 893, roi de Lorraine en 912, roi de France de droit, depuis le 14 décembre 884, règne, tant en minorité que par lui-même, 44 ans, 10 mois, 1 jour; prisonnier au château de Péronne en 923, y meurt le 7 octobre 929

Ep. 1° *N....*; 2° *Frédérune*; 3° *Odwige d'Angleterre.*

31. ROBERT, duc de France, frère cadet du roi Eudes, s'empara de la couronne l'an 922, sacré à Reims le 30 juin 922, gouverne 11 mois 14 jours, et périt au combat de Soissons le 15 juin 923

Ep. *Béatrix de Vermandois,* dont il laissa Hugues-le-Grand, père de Hugues Capet, qui fonda la troisième race.

32. RAOUL *de Bourgogne,* régent pendant la prison de Charles-le-Simple, se fait sacrer roi

à Soissons, le 13 juillet 923, roi titulaire 12 ans, 6 mois, 2 jours, et m le 15 janvier 936.

Ep. *Emma*, fille du roi Robert.

33. Louis IV, dit d'*Outremer*, fils de Charles-le-Simple, né en 921, élevé en Angleterre, couronné à Laon le 19 juin 936, règne depuis la mort de son père 24 ans, 11 mois, 27 jours; et depuis la mort de Raoul, 18 ans, 3 mois, 26 jours, et m. le 10 septembre      954

Ep. *Gerberge*, m. en 968, fille d'Henri l'Oiseleur, et veuve de Giselbert, duc de Lorraine.

34. Lothaire, fils de Louis IV, né à Laon en 941, sacré à Reims le 12 novembre 954, règne 31 ans, 4 mois, 18 jours, et m. à Compiègne le 2 mars      986

Ep. *Emne*, fille de Lothaire, roi d'Italie.

35. Louis V, dit *le Fainéant*, fils de Lothaire, né vers l'an 967, couronné le 20 juin 979, roi seulement le 2 mars 986, règne seul un an, 3 mois, 20 jours, et m. sans postérité le 21 mai      987

Son oncle, Charles de France, duc de Lorraine, fut exclus par les grands, pour s'être rendu vassal de l'empire. Il fut pris l'an 991 avec sa femme et ses enfants, et m. en prison à Orléans l'an 994.

TROISIÈME RACE, dite des CAPÉTIENS.

36. Hugues *Capet*, fils de Hugues-le-Grand, descendant de la seconde race, comte d'Autun, de Sens, d'Orléans, de Poitiers et de Paris, né

vers l'an 939, duc de France et comte de Paris l'an 960, élu roi de France à Noyon en mai 987, sacré à Reims le 3 juillet de la même année, règne 9 ans, 3 mois, 21 jours, et m. le 24 octobre — 996

Ep. *Adélaïs de Guienne.*

37. ROBERT, dit *le Pieux*, fils de Hugues Capet, né vers l'an 971, sacré à Reims le 1er janvier 988, roi le 24 octobre 996, règne seul 33 ans, 9 mois, 4 jours, et m. à Melun le 20 juillet — 1031

Ep. 1° *Berthe de Bourgogne*, répudiée pour cause de parenté en 988; 2° *Constance de Provence*, m. en 1032.

38. HENRI I, fils de Robert-le-Pieux, né vers l'an 1008, sacré le 14 mai 1027, succède le 20 juillet 1031, oblige les Normands, en 1047, de reconnaître pour leur duc Guillaume-le-Bâtard; fait la guerre à Etienne et Thibaud, comtes de Champagne, et les défait; règne seul 29 ans, 15 jours, et m. le 24 août — 1060

Ep. *Agnès de Russie*, ou, selon d'autres, de *Roucy*, qui fit bâtir l'abbaye de Saint-Vincent de Senlis.

39. PHILIPPE I, fils de Henri I, né en 1049, sacré à Reims le 23 mai 1059, succède le 24 août 1060, est victorieux des Grisons en 1062, et perd la bataille de Saint-Omer en 1070. Sous son règne commencèrent les croisades en 1096. Il régna, depuis son sacre, 49 ans, 2 mois, 6

2*

jours ; et depuis la mort de son père, 47 ans, 11 mois, 25 jours, et m. le 29 juillet 1108

Ep. *Berthe de Hollande*, m. répudiée en 1093.

40. Louis VI, dit *le Gros*, fils de Philippe I, né l'an 1077 ou 1078, associé au trône l'an 1103, sacré à Orléans le o août 1108, réprime la licence des grands du royaume ; gagne contre les Anglais la bataille de Neaufle en 1109 ; mais il perdit en 1119 celle de Brenneville ; il prit l'oriflamme à Saint-Denis en sa qualité de comte du Vexin ; régna 29 ans, 3 jours, et m. le 1er août 1137

Ep. *Adélaïde de Savoye*, qui fonda l'abbaye de Montmartre et m. en 1154.

41. Louis VII, dit *le Jeune*, fils de Louis VI, né en 1120, sacré à Reims le 25 octobre 1131, se croise l'an 1147, à la sollicitation de saint Bernard et contre l'avis de son sage ministre l'abbé Suger ; son armée fut presque détruite par les Infidèles, et ruinée par la disette et les maladies ; il donne, en 1179, à l'église de Reims, la prérogative du sacre des rois, et fixe l'office et le rang que les pairs doivent remplir à cette cérémonie ; règne seul 43 ans, 1 mois, 17 jours, et m. le 18 septembre 1181

Ep. *Eléonore de Guienne*, répudiée en 1152 ; 2° *Constance de Castille*, m. en 1160 ; 3° *Alix de Champagne*, m. le 4 juin 1202.

42. Philippe II, dit *Auguste*, fils de Louis-le-Jeune, né le 22 août 1165, sacré à Reims le

1ᵉʳ novembre 1179, succède le 18 septembre 1181, se croise avec l'empereur Frédéric-Barberousse et Richard-Cœur-de-Lion, roi d'Angleterre, contre Saladin, qui détruit leur armée; se rend maître de toute la Normandie en 1203 et 1204; défait à Bovines, l'an 1214, l'empereur Othon IV; règne 49 ans, 9 mois, 26 jours, et m. le 14 juillet 1223

Ep, 1° *Isabelle de Hainault*, m. le 15 mars 1190; 2° *Isemburge de Danemarck*, répudiée, m. le 29 juillet 1236; 3° *Agnès de Méranie*, m. en 1201.

43. Louis VIII, dit *le Lion*, fils de Philippe-Auguste, né le 3 septembre 1187, sacré à Reims le 6 août 1223, se croise contre les Albigeois, est couronné roi d'Angleterre en 1216 prend Avignon en 1226; règne 3 ans, 3 mois, 24 jours, et m. le 8 novembre 1226

Ep. *Blanche de Castille*, qui fonda les abbayes de Maubuisson et du Lys, et m. le 1ᵉʳ décembre 1252.

44. Louis IX, ou *Saint Louis*, né à Poissy le 25 avril 1215, sacré à Reims le 29 novembre 1226, gagne sur les Anglais les batailles de Taillebourg et de Saintes en 1241; il se croise pour la Palestine en 1248, prend Damiette, et mourut le 25 août de la même année, après avoir régné 43 ans, 9 mois, 26 jours. Ses entrailles mises à Montréal, en Sicile, ses os portés à Saint-Denis le 22 mai 1271, canonisé le 11 août 1297.

Ep. *Marguerite de Provence*, m. le 20 décembre 1285. Il eut entr'autres enfants :

1° Philippe III, dont l'article suit ;

2° *Robert*, comte de *Clermont*, m. le 7 juillet 1317, qui fonde la branche de *Bourbon* aujourd'hui régnante, avec Béatrix de Bourgogne, héritière de Bourbon, m. le 1er octobre 1310. Il eut entr'autres enfants :

*Louis I*, dit *le Grand*, duc de *Bourbon*, roi titulaire de Thessalonique, m. en janvier 1341. Il épousa Marie de Hainault, m. en août 1344. Il en eut, entr'autres enfants :

*Jacques I*, comte de la *Marche* et de *Ponthieu*, connétable de France, surnommé *la fleur des chevaliers*, m. des blessures qu'il reçut au combat de Brignais le 6 avril 1361, où Pierre, son fils aîné, fut tué. Il épousa Jeanne de Châtillon-Saint-Pol, dame de Carency et de Condé, m. en 1371. Il eut entr'autres enfants :

*Jean I*, comte de la *Marche* et de *Vendôme*, célèbre dans les guerres de son temps, m. en 1393. Il épousa Catherine, héritière de Vendôme, m. le 1er avril 1411. Il eut entr'autres enfants :

*Louis II*, comte de la *Marche* et de *Vendôme*, qui rendit à l'Etat des services signalés, et m. le 31 décembre 1446. Il

épousa 1° Blanche de Roucy, m. en 1421;
2° Jeanne de Montfort-Laval, m. en 1468.
Il eut entr'autres enfants, de sa première
femme :

*Jean II*, comte de *Vendôme*, qui se trouva
aux siéges de Rouen et de Bordeaux, et
fut créé chevalier à celui de Fronsac, m.
le 6 juin 1477. Il épousa Isabeau de Beauveau, dame de Champigney et de la
Roche-sur-Yon, m. en 1474. Il eut entr'autres enfants :

*François*, duc de *Vendôme*. Il fait des
prodiges à la bataille de Fornoue; m. le
2 octobre 1495. Il épousa Marie, héritière de Luxembourg-Saint-Pol, m. le
1er avril 1546, et eut entr'autres enfants:

*Charles*, duc de *Vendôme* et de *Beaumont*, qui se signale à la bataille de Marignan, et préside le conseil de régence
pendant la captivité de François I, m. le
25 mars 1536. Il épousa Françoise d'A-
lençon, m. le 12 septembre 1550. Il eut
entr'autres enfants :

1° Antoine, dont l'article suit;

2° Louis, qui fonde la branche de *Condé*, rapportée page 45.

*Antoine*, roi de *Navarre*, chef des Huguenots, et lieutenant-général du royaume
de France pendant la minorité de Charles IX, tué au siége de Rouen le 17 no-

vembre 1562. Il épousa Jeanne d'Albret, héritière de la Navarre, m. le 9 juin 1572. Il eut entr'autres enfants :

*Henri IV*, dit *le Grand*, qui, comme le plus proche héritier de la couronne, succède à Henri III en 1589. *Voyez* pag. 31.

45. PHILIPPE III, dit le *Hardi*, fils ainé de Saint-Louis, né le premier mai 1245, fut proclamé roi dans le camp devant Tunis, le 25 août 1270, aussitôt après la mort de son père, qu'il avait suivi dans cette malheureuse expédition; il fut sacré à Reims, le 15 août 1271, réunit le comté de Toulouse à la couronne; prend Perpignan et Gironne sur Pierre, roi d'Aragon, pour venger les français des *Vêpres Siciliennes*, qu'il avait ordonnées en 1282; règne 15 ans, un mois, 15 jours, et m. à Perpignan le 5 octobre 1285.

Ep. 1° *Isabeau d'Aragon*, m. le 22 janvier 1271; 2.° *Marie* de Brabant, m. le 12 janvier 1321; il eut entr'autres enfans de sa première femme :

*Philippe IV*, dont l'article suit;

*Charles*, comte *de Valois*, nommé roi d'Aragon par le pape en 1283; il prend le titre d'empereur de Constantinople du chef de Catherine de Courtenay, sa seconde femme. Il épousa 1° *Marguerite d'Anjou-Sicile,* m. en 1299, avec laquelle il fonde la *branche de Valois*, qui devient régnante; 2° *Catherine de Courtenay*, m. en 1307; 3° *Marie de Chatillon Saint-Pol*, m. 1358. Il eut entr'autres enfans de sa première femme :

*Philippe VI*, dit de *Valois*, roi de France, rapporté plus bas, page 24.

46. Philippe IV, dit *le Bel*, fils aîné du premier lit de Philipe le Hardi, né en 1268, sacré à Reims, le 6 janvier 1286, gagne la bataille de Furnes, en 1297; est victorieux à Mons en Puelle en 1304, rend le parlement sédentaire à Paris, règne 29 ans, 1 mois, 23 jours, et m. le 29 novembre 1314

Ep. *Jeanne*, reine de Navarre, comtesse de Champagne, fondatrice du collège de Navarre en 1302, m. en 1304.

47. Louis X, dit le *Hutin*, fils de Philippe le Bel, né le 4 octobre 1289, roi de Navarre, le 1er. octobre 1307, du chef de sa mère fut sacré roi de France à Reims le 24 août 1315, fait une guerre sans succès aux Flamands, règne 1 an 6 mois, 6 jours, et m. le 5 juin 1316

Ep. 1° *Marguerite de Bourgogne*, m. en 1315; 2° *Clémence de Hongrie*, m. le 12 octobre 1328.

48. Jean I, fils de Louis le Hutin, né Posthume le 15 novembre 1316, m. le 19 du même mois.

49. Philippe V, dit le *Long*, frère de Louis X, régent du royaume depuis le 5 juin jusqu'au

19 novembre, roi de France le 19 novembre 1316, soumit les Flamands par ses armes et fit de très-beaux règlements pour la justice de son royaume; il régna 5 ans, 1 mois 14 jours, et m. le 2 janvier                1322

Ep. *Jeanne*, héritière d'Artois et de Franche-Comté, en 1322, m. en 1329.

50. CHARLES IV, dit *le Bel*, troisième fils de Philippe le Bel, né l'an 1294 ou 1295, sacré à Reims le 21 février 1322, prend plusieurs villes de Guienne sur les Anglais en 1324, et fait sa paix avec Edouard, leur roi, en 1325; régna 6 ans 1 mois, et m. le 1er février                1328

Ep. 1° *Blanche de Bourgogne*, répudiée l'an 1315; 2° *Marie de Luxembourg*, m. en 1324; 3° *Jeanne d'Evreux*, m. en 1370.

51. PHILIPPE VI, dit *de Valois*, fils de Charles, comte de Valois, lequel était troisième fils de Philippe-le-Hardi, roi de France, né en 1293, sacré à Reims le 29 mai 1328, est victorieux la même année à Montcassel, des Flamands révoltés. Edouard VI, roi d'Angleterre comme petit fils de Philippe le Bel, par Isabelle de France sa mère, prétend à cette couronne, et prend le titre et les armes de France. Il débarque à la tête d'une armée considérable pour soutenir ses droits, et cause de grands troubles en France. Il gagne sur mer le combat de l'Ecluse et remporte en 1346 sur Philippe la victoire de Crécy,

après laquelle il fait le siège mémorable de Calais. Le Dauphin de Viennois cède à Philippe VI, en 1349, la province du Dauphiné, sous la condition que le fils aîné des rois de France, portera le titre de dauphin. Il régna 22 ans 5 mois, 21 jours, et m. le 22 août 1350

Ep. 1° *Jeanne de Bourgogne*, m. le 12 août 1348; 2° *Blanche d'Evreux-Navarre*, la plus belle princesse de son temps, m. le 5 octobre 1398.

52. JEAN II, dit le *Bon*, fils aîné du premier lit de Philippe de Valois, né le 26 avril 1319, sacré le 26 septembre 1350, institue l'ordre des chevaliers de l'Etoile en 1351, perd la bataille de Poitiers où il demeure prisonnier le 19 septembre 1356, délivré en mai 1360, par le traité de Brétigny, régna 13 ans, 7 mois, 17 jours, et m. le 8 avril 1364

Ep. 1° *Bonne de Luxembourg-Bohéme*, m. le 11 septembre 1349; 2° *Jeanne*, comtesse d'Auvergne, m. le 21 novembre 1361.

53. CHARLES V, dit le *Sage*, fils aîné du premier lit de Jean le Bon, né le 21 janvier 1337, est le premier dauphin de France; sacré à Reims le 29 mai 1364. Duguesclin gagne sur les Anglais et les Navarrois, la bataille de Cocherel, et perd celle d'Auray où il demeure prisonnier. Charles le Sage reprend sur les Anglais toutes les places que Philippe VI et Jean II avaient perdues; régna 16 ans, 5 mois, 8 jours, et m. le 16 septembre 1380

Ep. *Jeanne de Bourbon*, m. le 6 février 1377, de laquelle il eut, entr'autres enfants :

*Charles VI*, dont l'article suit :

*Louis*, duc d'Orléans, assassiné le 23 novembre 1407 par ordre de Jean-sans-Peur, duc de Bourgogne, célèbre dans les troubles civils de son temps. Il épousa Valentine de Milan, m. le 4 décembre 1408, avec laquelle il fonda la première branche d'Orléans, devenue régnante. Il eut entr'autres enfants :

1°. *Charles*, duc d'Orléans, fait prisonnier à Azincourt en 1415, m. le 14 janvier 1465. Il épousa Isabelle de France, m. en 1409; 2°. Marie de Clèves, m. en 1487. Il eut du second lit, entr'autres enfants.

*Louis XII*, dit *le Père du Peuple*, roi de France, rapporté page 28.

2°. *Jean*, comte d'Angoulême, qui contribua à la conquête du duché de Guienne sur les Anglais, m. le 30 avril 1467. Il épousa Marguerite de Rohan, avec laquelle il fonde la première branche d'Angoulême qui devient aussi régnante. Il eut entr'autres enfants :

*Charles*, comte d'Angoulême, armé chevalier à la prise d'Avesnes, m. le 1er. janvier 1496. Il épousa Louise de Savoie, qui devint régente pendant l'absence du roi, son fils, et influa beaucoup sur les affaires de son temps, m. le 22 septembre 1551, il eut entr'autres enfants :

*François I*er., dit *le Grand*, rapporté page 29.

54. CHARLES VI, dit *le Bien-Aimé*, fils aîné de Charles le Sage, né à Paris, le 3 décembre 1368, sacré à Reims le 4 novembre 1380, gagne les batailles de Commines et de Rosbecq sur les Flamands révoltés, en 1382, et perd la bataille d'Azincourt en 1415 ; régna 42 ans, 1 mois, 6 jours, et m. le 21 octobre 1422. La France déchirée par les guerres civiles, est livrée aux factions des *Cabochiens et des d'Armagnac*.

Ep. *Isabeau de Bavière*, m. le 24 septembre 1435. Elle causa la plupart des désastres de la France, en s'unissant avec le roi d'Angleterre, qu'elle mit en possession d'une grande partie du royaume, par le traité de Troyes, conclu en 1420.

55. CHARLES VII, dit *le Victorieux*, fils aîné de Charles VI, né le 22 février 1402, sacré à Reims, le 17 juillet 1429, que Jeanne d'Arc, dite la Pucelle d'Orléans et le comte de Dunois, rendent victorieux des Anglais à Rouvray, à Gergeau, à Patay et à Formigny, régna 38 ans, 9 mois, 1 jour, et m. le 23 juillet 1461

Ep. *Marie d'Anjou-Sicile*, m. le 29 septembre 1463.

56. Louis XI, fils de Charles VII, né le 3 juillet 1423, sacré à Reims le 15 août 1461, gagne la bataille de Montlhéry en 1465, contre la ligue dite du *Bien public*, faite par les princes du sang et les grands seigneurs du royaume ; réunit à la couronne le duché d'Anjou, les comtés du Maine et de Provence, règne 22 ans, 1 mois, 8 jours, et m. le 30 août     1483

Ep. 1° *Marguerite d'Ecosse*, m. sans enfants le 26 avril 1444 ; 2° *Charlotte de Savoye*, m. le 1er décembre 1483.

57. Charles VIII, fils de Louis XI, né le 20 juin 1470, sacré à Reims le 30 mai 1484, gagne la bataille de Saint-Aubin du Cormier, en 1488, sur les ducs de Bretagne et d'Orléans, révoltés contre lui : fait la conquête du royaume de Naples sur lequel la maison d'Anjou lui avait transmis ses droits, est vainqueur à Fornoue en 1495, prend le titre d'empereur de Constantinople, règne 14 ans, 7 mois, 9 jours, et m. sans postérité le 7 avril     1498

Ep. *Anne de Bretagne*, qui se remaria à Louis XII, qui suit.

56. Louis XII, dit *le Père du Peuple*, fils de Charles, duc d'Orléans, et de Marie de Clèves, ( voyez page 26 ). né à Blois, le 27 juin 1462, sacré à Reims le 27 mai 1498, fait la

conquête du duché de Milan en 1499. Les Français éprouvent des revers à Seminara en 1502, à Cérignoles et à Gariglian en 1503, à Novarre et à Guinégate en 1513; mais ils sont victorieux à Agnadel, en 1509, à la Bastide en 1511, et à Ravenne en 1512. Louis XII règne 16 ans, 8 mois, 23 jours, et m. sans postérité le 1er. janvier 1515

Ep. 1° *Jeanne de France*, répudiée en 1498, m. religieuse en 1504; 2° *Anne de Bretagne*, veuve de Charles VIII, m. le 9 janvier 1513; 3° *Marie d'Angleterre*.

59. FRANÇOIS I, dit *le Père des Lettres*, fils de Charles, comte d'Angoulême, (voyez page 27), né à Coignac le 12 septembre 1494, sacré à Reims le 25 janvier 1515, passe en Italie pour conquérir le duché de Milan, défait les Suisses à Marignan en 1515, est armé chevalier par *Bayard*; fait le concordat avec le pape Léon X, le 14 décembre de la même année. Les Français sont défaits à la Bicoque en 1522, à Rebec où Bayard périt, en 1524, et à Pavie le 24 février 1525, où François I, demeure prisonnier. Les Français sont vainqueurs à Hochstrate en 1542, et à Cérisoles en 1544. François I règne 22 ans, 2 mois, 29 jours, et m. le 31 mars 1547

Ep. 1° *Claude de France*, m. le 30 juillet 1524; 2° *Eléonore d'Autriche*, m. le 18 février 1558.

60. HENRI II, fils du premier lit de François I, né le 31 mars 1519, sacré à Reims le 26

juillet 1547, gagne la bataille de Renti en 1554, perd celles de Saint-Quentin et de Gravelines en 1557; reprend Calais en 1558, conquit Toul, Metz et Verdun, règne 12 ans, 3 mois, 10 jours, et m. d'un coup de lance dans un tournois donné par le comte de Montgommery, le 10 juillet 1559

Ep. *Catherine de Médicis*, m. le 5 janvier 1589.

61. FRANÇOIS II, fils de Henri II, né le 19 janvier 1543, sacré le 18 septembre 1559; la France se divise en deux partis; les Guises persécutent les protestants soutenus par Antoine de Bourbon, roi de Navarre, et Louis I, prince de Condé, son frère, ce qui donne lieu à la conjuration d'Amboise. François II règne 1 an, 4 mois, 26 jours, et m. sans postérité le 5 décembre 1560

Ep. l'infortunée *Marie Stuart*, reine d'Ecosse, décapitée à Londres, le 18 février 1587.

62. CHARLES IX, frère de François II, né le 27 juin 1550, sacré à Reims, le 15 mai 1560: les troubles civils continuent; Antoine de Bourbon, roi de Navarre, est nommé lieutenant-général du royaume. Le duc de Guise, le connétable de Montmorency et le maréchal de Saint-André, gouvernent l'état sous l'autorité de la reine mère; on les appèle *Triumvirs*. Massacre de Vassy, prélude des sanglantes batailles de Dreux, en 1562, de Saint-Denis en 1567, de Jarnac et

de Montcontour en 1569, et de l'horrible massacre de la Saint-Barthélemi en 1572, où les Français huguenots sont inhumainement égorgés par les Français catholiques. Charles II règne 15 ans, 5 mois, 25 jours, et m. sans postérité légitime, le 30 mai 1574

Ep. *Elisabeth d'Autriche*, m. le 22 janvier 1592.

63. HENRI III, frère de Charles IX, né le 19 septembre 1551, élu roi de Pologne le 9 mai 1573, couronné le 15 février 1574, revient en France en septembre 1574, sacré à Reims, le 13 février 1575, institue l'ordre du Saint-Esprit en 1578. Les Catholiques sous le nom *de Ligueurs* se déclarent contre le roi, et mettent à leur tête le duc de Mayenne. Journée des Barricades à Paris. Henri de Navarre, (depuis Henri IV), chef des Hugenots, vient au secours d'Henri III, et campe son armée sous les murs de Paris, pour en faire le siège ; mais Henri III est assassiné à Saint-Cloud par Jacques Clément, Jacobin, le 1$^{er}$ août 1589

Ep. *Louise de Lorraine-Mercœur*, m. sans postérité le 21 janvier 1601.

64. HENRI IV, dit *le Grand*, fils d'Antoine de Bourbon, roi de Navarre et de Jeanne d'Albret (voyez page 21), né à Paris, le 13 décembre 1553, roi de Navarre en 1572, succède à Henri III, comme premier prince du sang, le 2 août 1589, défait les Ligueurs à Arques et à

Ivry en 1591, prend Chartres, embrasse la religion catholique à Saint-Denis, le 25 juillet 1592, accorde aux Huguenots l'édit de Nantes en 1598, conclut la même année le traité de Vervins, favorable à la France. Son règne fut un des plus marquants de l'histoire. Maximilien de Béthune, duc de Sully, fut son ministre. Il m. assassiné à Paris, rue de la Ferronnerie, par l'infâme Ravaillac, le 4 mai 1610

Ep. 1° *Marguerite de Valois*, répudiée en 1599 pour cause de stérilité, m. en 1615; 2° *Marie de Médicis*, m. le 3 juillet 1642.

65. Louis XIII, dit *le Juste*, fils d'Henri le Grand, né le 27 septembre 1601, sacré à Reims, le 17 octobre 1611, soumet la Rochelle en 1628. Le cardinal de Richelieu, l'un des plus profonds politiques qu'ait eus l'Europe, est son ministre. Guerre de 30 ans. Gustave Adolphe, roi de Suède, fait la guerre à l'empereur Ferdinand II, pour soutenir la liberté des princes allemands contre l'oppression de la maison d'Autriche; le cardinal de Richelieu fait intervenir la France comme alliée de la Suède, par un traité signé le 23 janvier 1631. Bataille de Leucate en 1637, de Rhinfeld en 1638, de Lérida en 1642; Turenne, Schomberg, le duc de Rohan, Feuquières, la Meilleraye, le comte d'Harcourt, la Mothe-Houdancourt, Guébriant, Chatillon, Grammont, furent les généraux qui commencèrent le beau siècle militaire de la France. Louis XIII régna 33 ans, et m. le 14 mai 1643

Ep. *Anne d'Autriche*, infante d'Espagne, m. le 20 janvier 1666, dont sont issus,

*Louis XIV*, dont l'article suit :

*Philippe I*, qui fonde la seconde branche d'Orléans, rapportée page 41.

66. Louis XIV, dit *le Grand*, fils aîné de Louis-le-Juste, né à Saint-Germain-en-Laye le 5 septembre 1638, succéda à son père à l'âge de cinq ans, sous la régence et la tutèle d'Anne d'Autriche, sa mère. Bataille de Rocroi en 1643, où le duc d'Enghien, depuis le grand Condé, bat les Espagnols, qui ne se relevèrent de long-temps de cette perte; la reine-mère avait choisi pour son premier ministre le cardinal de Mazarin ; mais la haine que les grands portaient à ce prélat occasionna la guerre civile dite de *la Fronde*, dans laquelle le prince de Condé, le cardinal de Retz, le duc de Beaufort, le prince de Conti, Turenne et le duc de Bouillon, prirent une part active, et où les Espagnols figurèrent comme principaux auxiliaires des princes révoltés. Louis XIV, déclaré majeur, fut sacré à Reims le 7 juin 1654 ; il commença cette même année sa première campagne par le siége de Stenay, et jeta dès lors les fondements de cette gloire militaire qui fit de la nation française la première nation du monde. Il retire des Anglais la ville de Dunkerque en 1662, s'empare de la Franche-Comté en 1667, signe le traité de paix conclu à Aix-

la-Chapelle au mois de mai 1668; déclare la guerre à la Hollande en 1672, prend plusieurs villes qu'il assiége en personne; les Français prènent Besançon et Dôle, défont le prince d'Orange à Senef; Ruiter bat la flotte espagnole en 1676; prise de Valenciennes, Cambrai et Saint-Omer, en 1677; défaite des alliés à Cassel; traité de Nimègue en 1678. Les Algériens sont domptés; bombardement de Gênes; les Français perdent Mayence et Bonn, mais l'année suivante ils gagnent les batailles de Fleurus, de Staffarde, de Leuze, de Steinkerque, de Nerwinde en 1692, de la Marsaille; ils prennent Nice, Mons, Namur, Rose et Charleroi; paix générale conclue à Ryswick en 1697; guerre de la succession d'Espagne, funeste à la France par la perte des batailles d'Ekeren en 1703, d'Hochstet en 1704, de Ramillies et de Turin en 1706, d'Oudenarde en 1708, et de Malplaquet en 1709. Le combat de Denain, gagné par les Français, fait conclure la paix à Utrecht le 11 avril 1713. Le cardinal Mazarin avait été ministre pendant a minorité de Louis XIV: Colbert le fut sous son règne. Il fit fleurir le commerce, la marine, les sciences et les arts, et mérita le glorieux surnom de *Grand*. Louis XIV régna 72 ans, 3 mois, 18 jours, et m. à Versailles le 1er septembre 1715. Il avait épousé, en 1661, *Marie-Thérèse d'Autriche*, infante d'Espagne, m. au mois de juillet 1683.

*Louis I*, dit *Monseigneur*, ou le *Grand dauphin*, fils de Louis XIV, né le 1er novembre 1661, eut le duc de Montausier pour gouverneur et Bossuet pour précepteur. Il conquit le Palatinat en 1688, et servit dans l'armée de Flandre en 1694. Il mourut de la petite-vérole à Meudon, le 24 avril 1711. Il avait épousé, le 28 janvier 1680, *Marie-Anne-Christine-Victoire de Bavière*, m. le 20 avril 1690. Ses enfants furent :

1° *Louis II*, duc de *Bourgogne*, puis *dauphin de France*, pour l'éducation duquel Fénélon, son précepteur, composa son Télémaque. Il naquit le 6 août 1682, fut général des armées d'Allemagne en 1701, généralissime de celle de Flandre en 1702, et mourut le 18 février 1712. Il avait épousé, le 7 décembre 1697, Marie-Adélaïde de Savoie, m. le 12 février 1712, dont est issu :

*Louis XV*, rapporté ci-après.

2° *Philippe*, duc d'Anjou, tige des *rois d'Espagne*, rapportés page 57;

3° *Charles*, duc de *Berri*, m. en 1714; il avait épousé Marie d'Orléans, m. en 1719.

67. Louis XV, dit le *Bien-Aimé*, né le 15

février 1710, succède à Louis XIV son bisaïeul, le 1er septembre 1715, sous la régence du duc d'Orléans, qui nomma le cardinal Dubois son premier ministre, et Law contrôleur-général des finances. Le roi est déclaré majeur en 1723; le cardinal de Fleury est premier ministre. La guerre se déclare en 1733, à l'occasion de la double élection du roi de Pologne, Stanislas Leczinski, beau-frère de Louis XV. Les Français prennent Milan, Tortone et Novarre; gagnent les batailles de Parme et de Guastalla. La paix se fait en 1738, l'Autriche cède à la France les duchés de Lorraine et de Bar. La guerre recommence en 1740 pour la succession de la maison d'Autriche; Louis XV s'empare de Courtrai, de Menin et d'Ypres en 1744, gagne les batailles de Fontenoy et de Lawfelt en 1745 et 1747. Il régna 58 ans, 8 mois et 10 jours, et mourut de la petite verole à Versailles le 10 mai 1774. Il avait épousé, le 5 septembre 1725, Marie-Anne Leczinska, princesse royale de Pologne, morte le 25 juin 1768. Ses enfants furent:

1° *Louis*, dauphin de *France*, né à Versailles le 4 septembre 1729; il se distingua à la bataille de Fontenoy en 1745, où il donna des preuves de valeur et d'humanité. Il épousa 1° le 23 février 1745, Marie-Thérèse, infante d'Espagne, m. sans enfants le 22 juillet 1746; 2° le 9 février 1747, *Marie-Josephe de Saxe*, fille de Frédéric-Auguste II, roi de Pologne, morte à Versailles le 13 mars 1767. De ce dernier mariage sont issus :

a. *Louis-Joseph-Xavier de France*, duc de Bourgogne, né à Versailles le 13 septembre 1751, m. le 22 février 1761;

b. *Xavier-Marie-Joseph*, duc d'*Aquitaine*, né le 8 septembre 1753, m. le 22 février 1764;

c. *Louis XVI*, dont l'article viendra;

d. *Louis XVIII*, rapporté page 39;

e. *Charles-Philippe*, fils de *France*, comte d'*Artois*, dont l'article est rapporté page 40;

f. *Marie-Thérèse*, m. le 27 avril 1748;

g. *Marie-Zéphirine*, m. le 2 septembre 1755;

h. *Marie-Adélaïde-Clotilde-Xaviere*, née le 23 septembre 1759, mariée, le 27 août 1775, à Charles-Emmanuel-Ferdinand IV, roi de Sardaigne, qui a abdiqué en 1802. Cette princesse est morte la même année.

i. *Elisabeth-Philippine-Marie-Hélène*, née le 3 mai 1764, m. le 10 mai 1794.

2° *N....*, duc d'*Anjou*, né le 30 juillet 1730, m. le 7 avril 1733.

3° *Anne-Henriette*, née le 14 août 1727, m. le 10 février 1752;

4° *Louise-Elisabeth*, née aussi le 14 août 1727, mariée, le 26 août 1739, à don Philippe, infant d'Espagne, duc de Parme, de Plaisance et de Guastalla, m. le 19 février 1761;

5° *Louise-Marie*, née le 28 juillet 1728, m. le 19 février 1733;

6° *Thérèse-Félicité*, m. le 28 septembre 1744;

7° *Adélaïde-Marie*, née le 23 mars 1732, décédée;

8° *Victoire-Louise-Marie*, née le 11 mai 1733, décédée;

9° *Sophie-Philippine-Elisabeth-Justine*, née le 27 juillet 1734, m. en 1782;

10° *Louise-Marie*, née le 5 juillet 1737, religieuse carmélite en 1770, m. en 1787.

68. Louis XVI, le plus juste et le meilleur des rois, né à Versailles le 23 août 1754, parvient à la couronne le 10 mai 1774, par la mort de Louis XV, son aïeul; il fut sacré à Reims le 11 juin 1775, et mourut, le 21 janvier 1793, victime d'une révolution funeste, qui engloutit avec le prince la majeure partie des citoyens vertueux. Il avait épousé, le 16 mai 1770, *Marie-Antoinette de Lorraine*, archiduchesse *d'Au-*

triche, née le 2 novembre 1755, qui subit le même sort que son auguste époux, le 16 octobre 1793. Leurs enfants furent :

1°. *Louis-Joseph-Xavier-François*, dauphin *de France*, né à Versailles le 22 octobre 1781, mort à Meudon le 4 juin 1789 ;

2° *Louis XVII*, dont l'article suit ;

3° *Marie Thérèse Charlotte de France*, Madame, née le 19 décembre 1778, mariée, le 10 juin 1799, à *Louis Antoine*, duc d'*Angoulême* (voy. pag. 40).

69. Louis XVII, né à Versailles le 27 mars 1785, roi de France par droit d'hérédité, prince dont l'esprit, la douceur et le courage donnaient les plus belles espérances, meurt en minorité, captif dans les prisons du Temple, le 9 juin 1795, dans sa onzième année.

70. Louis XVIII, dit *le Désiré*, roi de France et de Navarre, est né à Versailles le 17 novembre 1755. La France épuisée par vingt cinq années d'une révolution cruelle, tourne ses regards pleins de repentir vers son roi, et le supplie de rentrer dans son sein, pour réparer les malheurs dont elle venait d'être la victime. ( 1814. ) Louis qui ne voit que *la Patrie*, et qui ne désire que le salut de son pays, laisse au-delà des mers les souvenirs des torts qu'il pou-

vait reprocher, et ne se présente à son peuple que comme un ange de paix et de consolation qui vient calmer tous les maux, réunir tous les partis, et confondre tous les intérêts. Ah! puisse un prince doué de tant de vertus pieuses et solides, règner long-temps, et ne trouver dans chacun de ses sujets qu'un enfant dévoué, soumis et reconnaissant!... C'est le vœu que tout bon Français doit manifester et qu'il doit être prêt à soutenir au péril de sa vie!... LOUIS XVIII, a épousé, le 14 mai 1771, *Marie-Joséphine-Louise de Savoye*, née le 2 septembre 1753. fille de Victor-Amédée III, roi de Sardaigne, morte sans postérité le 13 novembre 1810.

### FRÈRE DU ROI.

*Charles-Philippe, fils de France,* MONSIEUR, *comte d'Artois*, né à Versailles le 9 octobre 1757, a épousé, le 16 novembre 1773, *Marie-Thérèse de Savoye*, sa belle sœur, née le 31 janvier 1756, morte en 1805. De ce mariage sont issus :

> 1° *Louis-Antoine, fils de France, duc d'Angoulême*, né à Versailles, le 6 août 1775, marié, le 10 juin 1799, à *Marie-Thérèse-Charlotte de France*, MADAME, fille de Louis XVI :
>
> 2° *Charles Ferdinand fils de France, duc de Berri*, né à Versailles, le 24 janvier 1778.

## MAISON D'ORLÉANS.

I. Philippe I, *Monsieur, duc d'Orléans*, de Valois, de Chartres, de Nemours, de Montpensier, chevalier des ordres du Roi, second fils de Louis XIII (voyez page 33), né au château de Saint Germain, le 21 septembre 1640, mort à Saint Cloud, le 9 juin 1701. Il avait épousé, 1° le 31 mars 1661, *Henriette-Anne d'Angleterre*, fille de Charles I, roi de la grande Bretagne, morte en 1670; 2° *Elisabeth-Charlotte-Bavaro-Palatine*, morte en 1722. Ses enfants furent :

*Du premier lit* :

1° Philippe Charles, *duc de Valois*, né le 16 juillet 1664, mort le 8 décembre 1666;

2°. Marie-Louise, *mademoiselle d'Orléans*, née le 27 mars 1662, mariée par procureur, le 21 août 1679, à *Charles II*, roi d'Espagne, morte à Madrid, le 12 février 1689;

3° Anne Marie, *mademoiselle de Valois*, née le 27 août 1666, mariée par procureur, le 10 avril 1684, à *Victor Amédée II*, roi de Sardaigne, morte en 1728;

*Du second lit* :

4° Alexandre-Louis, *duc de Valois*, né le 2 juin 1673, mort le 15 mars 1676;

5° Philippe II, dont l'article suit;

6° Elisabeth-Charlotte, *mademoiselle de Chartres*, née le 13 septembre 1676, mariée, le 13 octobre 1698, à *Léopold Charles*, duc de Lorraine et de Bar, morte le 13 décembre 1744.

II. Philippe II, *petit fils de France, duc d'Orléans*, de Valois, de Chartres, de Nemours et de Montpensier, chevalier des ordres du Roi *régent du royaume durant la minorité de Louis XV*, né le 2 août 1674, mort le 2 décembre 1723, avait épousé, le 18 février 1692, Françoise Marie de Bourbon, légitimée de France, fille de Louis XIV, et d'*Athenaïs de Rochechouart*, marquise de Montespan, morte le 1$^{er}$ février 1749. Il eut de ce mariage :

1° Louis, dont l'article suit;

2° N... *Mademoiselle de Valois*, née le 17 septembre 1693, morte le 17 octobre 1694;

3° Marie-Louise-Elisabeth, *Mademoiselle*, née le 20 août 1695, mariée le 6 juillet 1710, à Charles, fils de France, duc de Berri, morte en 1719;

4° Louise Adélaïde, *Mademoiselle de Chartres*, née le 13 août 1698, abbesse de Chelles en 1719, morte le 9 fév. 1743;

5° Charlotte Aglaé, *mademoiselle de Valois*, née le 22 octobre 1700, mariée le

12 février 1720, à *François Marie d'Est*, duc de Modène, morte en 1761;

6º Louise-Elisabeth, *mademoiselle de Montpensier*, née le 11 décembre 1703, mariée à Louis I, roi d'Espagne, morte en 1742:

7º Philippe Elisabeth, *mademoiselle de Beaujolais*, née à Versailles, le 8 décembre 1714, accordée en 1722 à Dom Carlos, depuis roi des Deux-Siciles, m. le 21 mars 1734;

8º Louise-Diane, *mademoiselle de Chartres*, née en 1716, mariée, en 1734, à *Louis de Bourbon*, prince de Conti, morte le 17 septembre 1736.

III. Louis, duc d'*Orléans*, de Valois, de Chartres, de Nemours, de Montpensier, *premier prince du sang* (1), chevalier des ordres du Roi et de la Toison-d'Or, chef du conseil du roi, né le 4 août 1703, m. à l'abbaye de Sainte-Geneviève où il s'était retiré, le 4 février 1752; regretté par sa piété, ses lumières et sa bienfaisance. Il avait épousé, le 14 juin 1724, *Auguste-Marie-Jeanne*, princesse de Bade, m. le 8 août 1726. De ce mariage sont issus:

1º Louis-Philippe, dont l'article suit;

---

(1) On appèle premier prince du sang celui qui vient immédiatement après les enfants de France.

2° Louise-Madeleine, née le 5 août 1726, m. en 1728.

IV. Louis-Philippe I, duc d'*Orléans*, de Chartres, de Valois, de Nemours et de Montpensier, chevalier des ordres du Roi, *premier prince du sang*, gouverneur de Dauphiné, né à Versailles le 12 mars 1723, m. en 1785. Il avait épousé *Louise-Henriette de Bourbon*, fille de Louis-Armand, prince de Conti, morte en 1759. Il a eu de ce mariage :

1° Louis-Philippe-Joseph, dont l'article suit ;

2° Louise-Marie-Thérèse-Batilde, née le 9 juillet 1750, mariée à *Louis-Henri-Joseph*, duc de Bourbon. *Voyez* page 54.

V. Louis-Philippe-Joseph, duc d'*Orléans*, de Chartres, etc., *premier prince du sang*, chevalier des ordres du Roi, né à Saint-Cloud le 13 avril 1747, m. le 6 novembre 1793, victime d'une révolution funeste dans laquelle son nom ne s'est rendu que trop célèbre. Il avait épousé, le 5 avril 1769, *Louise-Marie-Adélaïde de Bourbon-Penthièvre*, née le 23 mars 1753, aujourd'hui *douairière d'Orléans*. Il a eu de ce mariage :

1° Louis-Philippe, dont l'article suit ;

2° Antoine-Philippe, *duc de Montpensier*, né le 3 juillet 1775, décédé ;

3° Alphonse-Léodgar, *comte de Beaujolais*, né en 1779, décédé ;

4° Louise-Marie-Adélaïde-Eugénie, née le 23 août 1777.

VI. Louis-Philippe II, duc d'*Orléans*, *premier prince du sang*, né le 6 octobre 1773, a épousé, le 25 novembre 1809, *Marie-Amélie de Bourbon-Naples*, née le 26 avril 1782. De ce mariage sont issus :

1° Ferdinand-Philippe-Louis-Charles-Henri-Rose, *duc de Chartres*, né à Palerme le 3 septembre 1810 ;

2° Louis-Charles-Philippe-Raphaël, *duc de Nemours*, né à Paris le 25 octobre 1814 ;

3° Louise-Marie-Thérèse-Charlotte-Isabelle, *Mademoiselle*, née à Palerme le 3 avril 1812 ;

4° Marie-Christine-Caroline-Adélaïde-Françoise-Léopoldine, née à Palerme le 12 avril 1813.

## MAISON DE CONDÉ.

I. Louis de Bourbon, I<sup>er</sup> du nom, *prince de Condé*, duc d'Enghien, marquis de Conti, né en 1530, fils de Charles de Bourbon, duc de Vendôme, et de Françoise d'Alençon ( voyez page 21 ), l'un des généraux les plus habiles de son siècle, s'opposa constamment à l'ambition des Guises, sous les règnes de François II et de

Charles IX. Il fut assassiné le 13 mars 1569, à la bataille de Jarnac, par Montesquiou, capitaine des gardes du duc d'Anjou, qui avait à se venger de quelque grief particulier. Il avait épousé 1° le 22 juin 1551, *Eléonore de Roye*, comtesse de Roucy, m. en 1564; 2° *Françoise d'Orléans-Rothelin*, m. en 1601. Ses enfants furent :

*Du premier lit :*

1° Henri, dont l'article suit ;

2° Charles, mort jeune ;

3° François, *prince de Conti*, souverain de Château-Regnault, gouverneur de Paris, d'Auvergne et du Dauphiné, qui fut le premier qui reconnut Henri IV pour roi de France après la mort de Henri III. Il mourut sans postérité le 3 août 1614, et avait épousé 1° *Jeanne de Coesme-Lucé*; 2° *Louise-Marguerite de Lorraine-Guise*;

4°. Charles, *cardinal de Bourbon*, né le 30 mars 1562, archevêque de Rouen, chef des conseils sous Henri III. A la mort de ce prince, il se mit à la tête du *tiers-parti*, pour se faire élire roi, à l'exclusion d'Henri IV; mais ces desseins s'évanouirent par la conversion de ce monarque. Un *autre* cardinal de Bourbon, du nom de Charles, oncle de celui-ci, avait été porté sur le trône de France, sous le nom de Charles X, en 1589, par le duc de Mayenne; mais ce règne fut de peu de durée. Ce nouveau roi étant mort après quelques mois de son élection, qui n'est pas même reconnue par les historiens, le parlement arrêta en 1594 que le nom de ce prétendu roi serait rayé des actes publics où il avait été mis. L'archevêque de Rouen mourut le 30 juillet 1594;

5°. Louis, né aussi le 30 mars 1562; m. en 1563;

6°. Marguerite,
7°. Madeleine, } mortes jeunes;
8°. Catherine,

*Du second lit:*

9°. Charles, *comte de Soissons*, de Dreux, etc., chevalier des ordres du Roi, pair et *grand-maître de France*, né le 3 novembre 1566; m. le 1er novembre 1612, ayant eu d'*Anne de Montafié*, sa femme, m. en 1644:

a. Louis, *comte de Soissons*, de Clermont et de Dreux, chevalier des ordres du Roi, *grand-maître de France*, chef du conseil de S. M., né le 11 mai 1714; tué le 6 juillet 1641, en remportant la victoire de la Marfée;

b. Louise, née le 7 février 1603, mariée

en 1617 à *Henri d'Orléans*, duc de Longueville, morte le 9 septembre 1637;

c. Marie, née le 3 mars 1606, alliée le 6 janvier 1625, à *Thomas-François de Savoie*, prince de Carignan, *grand-maître de France*, morte le 3 juin 1692;

d. Charlotte-Anne, née le 15 juin 1608, m. en novembre 1628;

e. Élisabeth, née en octobre 1610; m. en 1611;

10° Louis,
11° Benjamin. } morts jeunes.

II. Henri de Bourbon, 1er du nom, *prince de Condé*, duc d'Enghien, né le 29 décembre 1552, m. empoisonné à Saint-Jean-d'Angély, le 5 mars 1588, regretté d'Henri IV qui le regardait comme son bras droit; il avait épousé, 1° au mois de juillet 1572, *Marie de Clèves-Nevers*, m. en couches le 30 octobre 1574; 2° le 16 mars 1586, *Charlotte-Catherine de la Trémouille*, m. le 28 août 1629. Ses enfants furent,

*Du premier lit:*

1° Catherine, née le 30 octobre 1574, m. sans alliance le 30 décembre 1595;

*Du second lit:*

2° Henri, dont l'article suit;

3° Éléonore, née le 30 avril 1587, mariée en 1606 à *Guillaume de Nassau*, prince d'Orange, m. sans lignée le 20 janvier 1619.

III. HENRI DE BOURBON, II<sup>e</sup> du nom, *prince de Condé, premier prince du sang*, pair et *grand-maître de France*, duc d'Enghien et de Châteauroux, chevalier des ordres du Roi, né le 1<sup>er</sup> septembre 1588, m. le 26 décembre 1646, fut établi chef du conseil, et ministre d'état après la mort de Louis XIII. Il avait épousé, le 3 mars 1609, *Charlotte-Marguerite de Montmorency*, m. le 2 décembre 1650. Il en eut entr'autres enfants :

    1º Louis, dont l'article suit ;
    2º Armand, souche de la *Maison de Conti*, rapportée page 54.
    3º Anne-Geneviève, *la célèbre duchesse de Longueville*, née le 27 août 1619, mariée le 2 juin 1642, à *Henri d'Orléans*, II<sup>e</sup> du nom, duc de Longueville, morte le 15 avril 1679.

IV. LOUIS DE BOURBON, II<sup>e</sup> du nom, surnommé *le Grand Condé*, le héros de sa maison et l'honneur de la France, duc de Bourbonnais, d'Enghien, de Châteauroux et de Montmorency, *grand-maître de France*, chevalier des ordres du Roi, né à Paris le 26 septembre 1621, mourut le 11 décembre 1686. Le cardinal de Richelieu, qui se connaissait en hommes, porta un jugement sur le génie précoce du prince de Condé, alors duc d'Enghien, que les travaux de ce grand homme ont pleinement justifié. Il dit un jour à Chavigny : « Je viens d'avoir avec M. le » duc une conversation de deux heures sur la » guerre, la religion et les intérêts des princes; » ce sera le plus grand capitaine de l'Europe et » le premier homme de son siècle, et peut-être » des siècles à venir ». Il avait épousé, le 11 février 1641, *Claire-Clémence de Maillé*, marquise de Brézé, m. le 16 avril 1694. Il eut de ce mariage :

1° Henri-Jules, dont l'article suit;
2° Louis, né le 20 septembre 1652, m. le 11 avril 1653;
3° N..., née à Bréda en 1657, morte à Paris le 28 septembre 1660.

V. HENRI-JULES DE BOURBON, *prince de Condé*, pair et grand-maître de France, chevalier des ordres du Roi, né à Paris le 29 juillet 1640, m. le 1er avril 1709, marcha sur les traces de son père, et se distingua sous ses ordres au passage du Rhin en 1672 et à la bataille de Sénef en 1674; à tous les siéges de Flandre en 1677, 1678, 1691 et 1692, et suivit le roi et le grand-dauphin en 1693. Il avait épousé, le 11 décembre 1663, Anne de Bavière, m. le 23 février 1723. Il eut de ce mariage :

1° Henri, *duc de Bourbon*, né le 5 novembre 1667, m. le 5 juillet 1670;

2º Louis, dont l'article suit;

3º Henri, *comte de Clermont*, né le 3 juillet 1672 mort le 6 juin 1675;

4º Louis-Henri, *comte de la Marche*, né le 9 novembre 1673, m. le 21 février 1677;

5º Marie-Thérèse, née le premier février 1666, mariée le 29 juin 1688, à *François Louis de Bourbon*, prince de Conti, morte en 1732;

6º Anne, *mademoiselle d'Enghien*, née le 11 novembre 1670, m. le 27 mai 1675;

7º Anne-Marie-Victoire, *mademoiselle de Condé*, née le 11 août 1675, m. le 25 octobre 1710;

8º Anne-Louise-Bénédicte, *mademoiselle de Charolais*, née le 8 novembre 1676, mariée, le 19 mars 1692, à *Louis-Auguste de Bourbon*, légitimé de France, duc du Maine, prince de Dombes, morte le 23 janvier 1753;

9º Marie-Anne, *mademoiselle de Montmorency*, puis *d'Enghien*, née le 24 février 1678, mariée, le 21 mai 1710, à Louis-Joseph, duc de Vendôme, morte le 11 avril 1718;

10º N...., *mademoiselle de Clermont*, née le 17 juillet 1679, m. le 17 septembre 1680.

VI. Louis de Bourbon, IIIᵉ du nom, *prince*

*de Condé*, duc de Bourbon, prince du sang, pair et *grand-maître de France*, chevalier des ordres du Roi, duc d'Enghien et de Châteauroux, né à Paris, le 11 octobre 1668, se signala au siége de Philisbourg, à Mons en 1689, à Namur en 1692, à Steinkerque la même année, à Nerwinde en 1693, en Flandre en 1694, et mourut subitement à Paris le 7 mars 1710. Il avait épousé, le 24 juillet 1685 *Louise-Françoise de Bourbon*, légitimée de France, fille de Louis XIV, et de la marquise de Montespan. De ce mariage sont issus :

1° Louis-Henri, dont l'article suit :

2° Charles, *comte de Charolais*, pair de France ; chevalier des ordres du Roi, né le 19 juin 1700, admis au conseil de régence en 1720, m. sans alliance en 1760 ;

3° Louis, *comte de Clermont*, né le 15 juin 1709, généralissime des armées du roi, m. en 1771 ;

4° Marie-Anne-Gabrielle-Eléonore, née le 22 décembre 1690, abbesse de Saint-Antoine des Champs, en 1723, m. en 1760 ;

5° Louise-Elisabeth, *mademoiselle de Bourbon*, mariée le 9 juillet 1713, à *Louis-Armand de Bourbon*, prince de Conti, morte en 1775 ;

6° Louise-Anne, *mademoiselle de Charolais*, m. en 1758 ;

7º Marie-Anne, *mademoiselle de Clermont*, née le 16 octobre 1697, surintendante de la maison de la reine, m. le 11 août 1741;

8º Henriette - Louise - Marie - Françoise Gabrielle, *mademoiselle de Vermandois*, née le 15 janvier 1703, abbesse de Beaumont-les Tours;

9º Elisabeth - Alexandrine, *mademoiselle de Sens*, née le 15 septembre 1707, m. en avril 1765.

VII. Louis-Henri de Bourbon, *prince de Condé*, duc de Bourbonnais, pair et *grand-maître de France*, chevalier des ordres du Roi et de la Toison-d'Or, puis *premier ministre d'Etat* sous Louis XV, né le 18 août 1692, m. le 27 janvier 1740, avait épousé, 1º Marie-Anne de Bourbon-Conti, m. sans enfants le 21 mars 1720; 2º le 23 juillet 1728, Charlotte de *Hesse-Rhinsfeld-Rothembourg*, m. le 4 juin 1741. De ce mariage est issu:

VIII. Louis-Joseph de Bourbon, *prince de Condé*, duc de Bourbon, pair de France et *grand maître de la maison du Roi*, digne héritier de la valeur et des talents militaires du grand Condé, né le 9 août 1736, a épousé le 23 mai 1753, *Charlotte-Godefride - Elisabeth de Rohan-Soubise*, morte le 4 mars 1760; 2º la princesse *de Monaco*, née *de Brignole,* dont il est veuf. Il a eu du premier mariage :

 1º Louis-Henri Joseph dont l'article suit ;
 2º Marie, née en 1755, m. le 22 juin 1759.
 3º Louise Adélaïde, *mademoiselle de Condé,* née le 9 octobre 1759, religieuse à la Trappe ;

IX. Louis-Henri Joseph de Bourbon, *grand maître de France,* chevalier des ordres du Roi, né le 13 avril 1756, a épousé, le 24 avril 1770, Louise-Marie-Thérèse Batilde d'Orléans, née le 9 juillet 1750. Il a eu de ce mariage :

 Louis-Antoine-Henri de Bourbon-Condé, *duc d'Enghien,* prince de la plus haute espérance, m. à Vincennes, victime de la féroce jalousie de Buonaparte, le 21 mars 1804.

## MAISON DE CONTI,
*éteinte de nos jours.*

I. Armand de Bourbon, *prince de Conti,* pair de France grand-maître de la maison et chevalier des ordres du Roi, né à Paris le 22 octobre 1629, second fils d'Henri de Bourbon, prince de Condé, et de Charlotte-Marguerite de Montmorency ( voyez page 49 ), fut généralissime de la *Fronde,* par inclination pour la duchesse de Longueville, et mourut à Pézénas le 21 février 1666. Il avait épousé, le 22 février 1654, *Anne-Louise-Marie Martinozzi*, nièce du cardinal Mazarin, m. en 1672. De ce mariage vinrent:

- 1° Louis, né en 1658, m. le même jour;
- 2° Louis-Armand, *prince de Conti*, né le 4 avril 1661, m. en 1685, sans postérité de son épouse, *Anne-Marie de Bourbon* légitimée de France, fille de Louis XIV. et de la duchesse de la Vallière, mariée en 1680, et m. le 3 mai 1739;
- 3° François-Louis, dont l'article suit.

II. François-Louis de Bourbon, *prince de Conti*, dit *le Grand*, l'un des héros de son siècle, né le 10 avril 1664, élu roi de Pologne en 1697, concurremment avec l'électeur de Saxe, qui l'emporta, mourut à Paris en 1709. Il avait épousé, le 28 juin 1688, *Marie-Thérèse de Bourbon*, sa cousine, m. à Paris le 22 février 1732. Il eut de ce mariage:

- 1° N..., né le 18 novembre 1693, m. le 22 suivant;
- 2° N..., *prince de la Roche-sur-Yon*, né le 1ᵉʳ décembre 1694, m. le 26 avril 1698;
- 3° Louis-Armand, dont l'article suit;
- 4° Louis-François, *comte d'Alais*, né le 27 juillet 1703, m. le 21 janvier 1704;
- 5° Marie-Anne, *mademoiselle de Conti*,

née le 18 avril 1689, mariée le 9 juillet 1713, à *Louis-Henri, duc de Bourbon*, prince de Condé, morte sans enfants le 21 mars 1720;

6° Anne-Adélaïde, *mademoiselle de la Roche-sur-Yon*, née le 2 novembre 1696, m. sans alliance le 20 novembre 1750;

7° N..., *mademoiselle d'Alais*, née le 19 novembre 1697, m. le 13 août 1699.

III. Louis-Armand de Bourbon, *prince de Conti* et d'Orange, duc de Mercœur, comte d'Alais, etc., pair de France, chevalier des ordres du Roi, né à Paris le 10 novembre 1695, servit dans presque toutes les guerres de son temps; fut admis au conseil de régence où il siégea le 4 avril 1717, et mourut à Paris le 4 mai 1727. Il avait épousé, le 9 juillet 1713, *Louise-Élisabeth de Bourbon Condé*, m. en 1775. Leurs enfants furent:

1° N..., *comte de la Marche*, né le 28 mai 1715, m. le 1ᵉʳ août 1717;

2° Louis-François, dont l'article suit:

3° Louis-Armand, *duc de Mercœur*, né le 9 août 1721, m. le 13 mai 1722;

4° N..., *comte d'Alais*, né le 5 février 1722, m. le 7 août 1730;

5° Louise-Henriette, *mademoiselle de Conti*, née à Paris le 20 juin 1726, mariée, le 17 décembre 1743, avec *Louis-*

*Philippe*, *duc d'Orléans*, morte le 9 février 1759.

IV. Louis-François de Bourbon, *prince de Conti*, duc de Mercœur, comte de la Marche, d'Alais, de Beaumont-sur-Oise, et de Pézénas, chevalier des ordres du Roi, généralissime des armées de France et d'Espagne en Italie, en 1744, célèbre par ses exploits dans les armes et ses talents littéraires, né à Paris le 13 août 1717, mourut le 2 août 1776. Il avait épousé, le 22 janvier 1732, *Louise-Diane d'Orléans*, m. le 26 septembre 1736. De ce mariage est issu :

V. Louis-François-Joseph de Bourbon, dernier *prince de Conti*, pair de France, chevalier des ordres du Roi, né le 1er septembre 1734, m. sans postérité de son épouse, *Marie d'Est-Modène*, née le 27 novembre 1731, décédée.

## ROIS D'ESPAGNE,

#### DE LA MAISON DE BOURBON.

I. Philippe de France, *duc d'Anjou*, né le 19 décembre 1668, petit-fils de Louis XIV, et second fils de Louis, dit *le Grand-Dauphin*, et de Marie-Anne-Christine-Victoire de Bavière (voyez page 35), proclamé roi d'Espagne en 1700, sous le nom de *Philippe V*, après la mort de Charles II, décédé sans enfants en 1700, se démit volontairement de sa couronne le 15 janvier 1724, en faveur de Louis, I<sup>er</sup> du nom, son fils aîné, prince des Asturies. Mais à la mort de ce dernier, arrivée le 31 août de la même année, Philippe V remonta sur le trône, aux sollicitations du conseil de Castille, et mourut le 9 juillet 1746. Il avait épousé, 1° le 11 septembre 1701, *Marie-Louise-Gabrielle de Savoie*, fille de Victor-Amédée II, duc de Savoie, morte le 14 février 1714; 2° le 16 septembre de la même année, *Elisabeth-Farnèse*, héritière de Parme, m. en 1766. Ses enfants furent ;

*Du premier lit :*

1° Louis, dont l'article suit :
2° Philippe, infant d'Espagne, né le 2 juillet 1709, m. le 8 du même mois.
3° Philippe, né le 7 juin 1712, m. le 29 novembre 1719 ;
4° Ferdinand, Roi d'Espagne, rapporté après son frère aîné ;

*Du second lit :*

5° Charles, roi de Naples, puis d'Espagne; rapporté après ses deux frères ;
6° François, né le 21 mars 1717, m. le 2 avril suivant ;
7° Philippe, qui fonde la branche des *Ducs de Parme*, devenus rois d'Etrurie, rapportée plus bas, page 63 ;
8° Louis-Antoine-Jacques, infant d'Es-

pagne, né le 25 juillet 1727, m. en 1776, marié avec *Marie de Villabriga*, dont il eut *Louis*, cardinal, archevêque de Tolède, et deux princesses, dont l'une est mariée avec le prince de la Paix;

9° Marie-Anne-Victoire, née le 30 mars 1718, mariée le 19 janvier 1729, à Joseph I, roi de Portugal, morte en 1780;

10° Marie - Thérèse-Antoinette-Raphaële, née le 11 juin 1726, mariée à *Louis, dauphin de France*, m. en 1746;

11° Marie - Antoinette-Ferdinande, née le 17 novembre 1729, mariée à Victor-Amédée III, roi de Sardaigne, morte en 1785.

II. Louis I, *Roi d'Espagne* par l'abdication de son père, le 17 janvier 1724, né le 27 août 1707, mourut sans enfants le 31 août de l'année de son avénement. Il avait épousé, le 16 novembre 1721, *Louise-Elisabeth d'Orléans*, fille de Philippe, régent du royaume, morte en 1742.

III. Ferdinand VI, frère du précédent, roi d'Espagne le 9 juillet 1746, par la mort de Philippe V son père, né à Madrid le 23 septembre 1713, mourut sans enfants en 1759. Il avait épousé, le 20 janvier 1729, *Marie-Madelaine-Josephe-Thérèse-Barbe, infante de Portugal*, m. en 1758.

IV. Charles III, frère des précédents et fils de Philippe V et de sa seconde femme Elisabeth Farnèse, né le 20 janvier 1716, fut porté sur le trône de Naples en 1735; mais il laisse cette couronne en 1759 à son fils Ferdinand IV pour venir régner sur l'Espagne à la mort de son frère Ferdinand VI : il mourut en 1788; il avait épousé, en 1737, *Marie-Amélie Walpurge de Saxe*, fille aînée de Frédéric Auguste, roi de Pologne et électeur de Saxe, m. le 27 septembre 1760. Il a eu de ce mariage :

1° Philippe-Antoine-Pascal-François de Paule, né le 23 juin 1747, m. jeune;

2° Charles-Antoine-Pascal-François-Xavier-Jean-Népomucène-Joseph-Janvier-Séraphin-Diègue, dont l'article suit sous le nom de Charles IV;

3° Ferdinand, *infant d'Espagne*, qui fonde la branche des *rois de Naples*, rapportée ci-après, page 62;

4° Gabriel-Antoine-François-Xavier-Jean-Népomucène-Joseph-Séraphin-Pascal Sauveur, *infant d'Espagne*, né le 12 mai 1752, marié avec Marie-Anne de Portugal, dont est issu Charles, né le 17 juin 1786;

5° Antoine-François-Jean-Némopucène-Aniello-Raymond-Silvestre, né le 31 décembre 1755, marié avec *Marie-Amélie d'Espagne*, m. en 1798;

6° François-Xavier-Antoine-Pascal-François de Paule Jean-Népomucène-Aniel Julien, né le 17 février 1757, chevalier des ordres de France en 1768;

7° Marie-Josephe, née le 16 juillet 1744;

8° Marie-Louise, née le 24 novembre 1745, mariée le 16 février 1765, à l'archiduc Léopold, grand duc de Toscane.

V. Charles IV, roi d'Espagne et des Indes, né le 11 novembre 1748, a abdiqué, le 19 mars 1808, en faveur de son fils Ferdinand VII. Il a épousé, le 4 septembre 1765, *Louise-Marie-Thérèse de Parme*, née le 9 décembre 1754. De ce mariage sont issus :

1° Charles-Clément-Antoine de Padoue-Janvier-Pascal-Joseph-François-d'Assise-François-de-Paule-Louis-Vincent-Ferrier-Raphaël, né le 19 septembre 1771; décédé.

2° Ferdinand VII, dont l'article suit;

3° Charles-Marie Isidore, *infant d'Espagne*, né le 29 mars 1788;

4° François de Paule-Antoine-Marie, infant d'Espagne, né le 10 mars 1794;

5° Charlotte Joachime, née le 25 janvier 1775, mariée à *Jean-Marie-Joseph, prince régent de Portugal*;

6° Marie-Louise Josephine, née le 6 juillet 1782, mariée à *Louis, duc de Parme*, roi d'Etrurie, m. le 27 mai 1803;

7° Marie Isabelle, née le 6 juillet 1789, mariée à *François-Janvier*, prince héréditaire des Deux-Siciles.

VI. FERDINAND VII, roi d'Espagne et des Indes par l'abdication de son père, le 19 mars 1808, né le 13 octobre 1784, a épousé *Marie Antoinette de Naples*, morte sans postérité le 21 mai 1806.

## ROIS DE NAPLES,

#### DE LA MAISON DE BOURBON.

I. CHARLES III, de Bourbon d'Espagne, fils puiné de Philippe V, est déclaré roi de Naples en 1735; il quitte cette couronne le 6 octobre 1759, pour succéder en Espagne à Ferdinand VI son frère, et cède les Deux-Siciles à Ferdinand IV, son second fils, dont l'article suit: ( *voyez aussi page* 60, *article d'Espagne*.)

II. FERDINAND IV, roi de Naples et des Deux-Siciles, né le 12 Janvier 1751, troisième fils de Charles III, roi d'Espagne, a épousé, le 7 avril 1768, Marie-Caroline-Louise de Lorraine, archiduchesse d'Autriche, m. le 8 septembre 1814. Il a eu de ce mariage:

1° François Janvier, *prince héréditaire*, né le 19 août 1777, marié, 1° avec Marie Clémentine d'Autriche, morte le 15 novembre 1801; 2° le 8 octobre 1802, avec Marie-Isabelle infante d'Espagne, née le 6 juillet 1789. Ses enfants sont;

*Du premier lit :*

a. Marie-Caroline, née le 5 novembre 1798 :

*Du second lit:*

b. Léopold-Jean-Joseph, né le 2 juillet 1810 ;

c. Louise-Caroline, née le 24 octobre 1804 ;

d. Marie-Christine, née le 27 avril 1806,

2° Marie-Thérèse, mariée à *François II*, empereur d'Allemagne, aujourd'hui règnant, morte en 1807;

3° Marie-Louise, alliée à *Ferdinand III, archiduc d'Autriche*, grand duc de Toscane, morte en 1803 ;

4° Marie-Amélie, née le 26 avril 1782, mariée, le 25 novembre 1809, à Louis Philippe III, duc d'Orléans ;

5° Marie-Antoinette, épouse de Ferdinand VII, roi d'Espagne, m. en 1806 :

### DUCS DE PARME,

*devenus rois d'Étrurie.*

I. PHILIPPE, *duc de Parme, infant d'Espagne,* fils de Philippe V et d'Élisabeth Farnèse, ( voyez page 58 ) né le 15 mars 1720, m. le 18 juillet 1765. Il avait épousé, le 26 août 1738, *Louise-Elisabeth de France*, fille de Louis XV, morte le 6 décembre 1759; il eut de ce mariage:

1º Ferdinand, dont l'article suit;

2º Isabelle, née le 31 décembre 1741, mariée, le 6 octobre 1760, à *Joseph II*, depuis empereur d'Allemagne, morte sans postérité le 27 novembre 1763;

3º Louise-Marie-Thérèse, née le 9 décembre 1751, mariée, le 4 décembre 1765, à *Charles IV*, roi d'Espagne ( voyez page 61 ); qui a abdiqué en 1808.

II. Ferdinand, *duc de Parme*, de Plaisance et de Guastalla, né le 20 janvier 1751, prince d'un savoir et d'une piété remarquables, m. au mois d'octobre 1802, avait épousé le 19 juillet 1769, *Marie-Amélie-Josephe-Jeanne-Antoinette de Lorraine*, archiduchesse d'Autriche, sœur de l'empereur Joseph II et de Marie-Antoinette, épouse de *Louis XVI*. Il a eu de ce mariage:

1º Louis, dont l'article suit;

2º Caroline-Marie-Thérèse, née le 22 novembre 1770;

3º Marie-Antoinette-Joséphine-Anne-Louise-Vincente-Marguerite-Catherine, née le 28 novembre 1774;

4º Charlotte-Marie Ferdinande, née le 7 septembre 1777.

III. Louis, *roi d'Etrurie*, né le 5 janvier 1773, m. le 27 mai 1803, avait épousé *Marie-Louise d'Espagne*, née le 6 juillet 1782, fille de Charles IV, roi d'Espagne (voyez page 61). De ce mariage sont issus :

 1.° Charles-Louis, dont l'article suit ;
 2.° Marie-Louise-Charlotte, née le 2 octobre 1802.

IV. Charles-Louis est né le 22 décembre 1799. Il avait succédé à son père, le 27 mai 1803, sous la régence de sa mère, mais il s'est trouvé dépossédé par suite des évènements arrivés en Europe depuis 10 ans.

# DISSERTATION

## SUR

## LA NOBLESSE.

### Du nom de NOBLE.

Presque tous les auteurs se sont accordés jusqu'à présent sur les explications qu'ils ont données du mot de NOBLE.

*Nobilitas nihil aliud est quàm cognita virtus:* la noblesse n'est autre chose qu'une vertu connue, dit Cicéron, dans ses épitres.

Varron prétend que *noble* signifie *connu.* Porphire affirme que la *noblesse* représente le mérite des ancêtres et leur vertu éclatante : *Nobilitas nihil aliud est quàm claritas splendorque majorum, honor virtutis præmium.* C'est le contraire de l'obscurité des ignobles ou inconnus, appelés paysans, c'est à-dire, gens du pays ou de la campagne.

Les Romains nommaient *Paganos*, ceux qui ne portaient pas les armes. On appellait Roturiers, ceux qui avaient été vaincus et mis en route ou déroute. On les nommait encore *Villains* de *Villa*, Rustiques à *rure*, et *ruptarii*, parce qu'ils ouvraient et rompaient la terre par le labourage.

Les latins ont aussi formé le nom qu'ils ont donné à la noblesse, *nobilitas quasi noscibilitas*; cette qualité de noble étant une marque de distinction qui fait connaître les personnes.

Plusieurs autres auteurs font dériver le mot de NOBLESSE à *noscendo*, du verbe connaître; car NOBLES, disent-ils, *sunt quasi noscibiles aut notabiles*, n'y ayant rien de plus éclatant et de plus notable que la noblesse.

Quant à moi, sans plonger mes lecteurs dans l'abîme des recherches, sur l'origine des mots de *noble* ou de *noblesse*, je dirai qu'ils ne doivent être autre chose, dans le siècle éclairé où nous vivons, que la dénomination d'une classe de citoyens, qui par ses vertus, sa religion et son dévouement au prince et à la patrie, tient le premier rang parmi la nation.

Plusieurs cartulaires nous apprènent que, du temps de Charlemagne, on reconnaissait quatre sortes de personnes.

1°. Les nobles, *nobiles*, les grands, les seigneurs. Cette qualité de noble était d'une si grande distinction qu'elle était souvent donnée aux personnes des rois. On trouve dans l'histoire de Richard I!, roi d'Angleterre, qu'après avoir été arrêté prisonnier et détrôné en 1399, par Henry, comte d'Erby, son cousin; il disait en se plaignant: *He! que dira le noble roi de France?*

Non-seulement cette qualité de noble est souvent répétée dans les épitaphes des rois, mais encore dans les traités et les anciens titres. Les princes du sang l'ont prise dans un grand nombre d'actes. Thibaut, comte de Champagne, est qualifié *noble homme*, dans un titre de 1232.

2º Les hommes libres, *ingenui*, qui étaient d'une condition libre, de temps immémorial, nés dans le pays où ils demeuraient. Il y avait parmi eux trois sortes de rangs; celui des magistrats, à qui leur âge et leurs fonctions faisaient donner le nom de pères et de sénateurs; celui des officiers d'armée qui furent nommés chevaliers, parce qu'ils combattaient à cheval, et celui du peuple, dans lequel étaient compris les soldats et les artisans.

3º Les lites, *lites*, les serfs, les habitants de la campagne et les laboureurs. Il y avait trois sortes de serfs. Les premiers étaient ceux qui devaient la taille à leur seigneur, et cette taille était de deux espèces; l'une se payait à sa volonté, tantôt plus grande, tantôt plus petite, et l'autre était fixe.

4º Les esclaves, proprement dits, qui ne faisaient pas en quelque façon partie de la république, mais qui étaient des corps, *corpora*, vivants dans la dépendance absolue de leurs maîtres, qui les vendaient et les échangeaient comme ils faisaient de leur bétail.

En France, sous le règne de Louis le Hutin, les habitants de plusieurs petites villes, et presque tous ceux de la campagne, étaient encore serfs; l'on n'avait alors que peu ou point changé l'état où ils s'étaient trouvés au commencement de la monarchie, lorsque les Francs les ayant assujétis par leurs armes, ne leur avaient conservé la vie que pour profiter de leurs travaux, en les réduisant à un honteux esclavage.

Les peuples français étaient pour la plupart gens de corps, gens de main-morte, gens de proüeste, assujétis en tout à la puissance de leurs seigneurs. Il n'y avait que les grandes villes qui eussent conservé leur liberté. Mais les moindres villes, les bourgs et les villages étaient demeurés dans leur premier état; et quoiqu'il fût permis aux habitants d'avoir quelques terres, en quoi ils différaient des esclaves pris à la rigueur, cependant eux et leurs enfants ne pouvaient point sortir du domaine du seigneur où ils étaient nés, ils ne pouvaient s'établir ailleurs, ni s'y marier, sans encourir les peines portées par la loi de ce qu'on appelait *fors-fuïage* et *fors-mariage*; c'est-à-dire des mariages faits hors de la terre du seigneur sans sa permission. Ils ne pouvaient disposer de leurs biens en faveur des églises sans le consentement de leurs seigneurs.

C'est là l'état où était la France au treizième

siècle et même encore au quatorzième ; non pas d'une manière tout à fait uniforme, y ayant divers usages et diverses dérogations, autorisées par les seigneurs en différentes seigneuries. Les affranchissements ont commencé en France dès le règne de Louis le Gros. Et Philippe le Bel rendit la liberté à divers villages. Depuis le quatorzième siècle les affranchissements devinrent presque généraux.

## Du titre d'Ecuyer.

Le nom d'Ecuyer vient de ce que les nobles portaient des écus et armoiries, qui sont des marques de noblesse, comme les images des aïeux l'étaient parmi les Romains. Budée prétend que les armes de nos gentilshommes ont succédé à ces images. Pline nous apprend que c'était la coutume de son temps de faire graver des figures sur les boucliers. *Scutis continebantur imagines.*

Autrefois l'écu était si considéré, qu'on punissait ceux qui le quittaient, et non ceux qui quittaient leurs lances ; parce que l'écu servait comme de rempart et de défense dans l'armée ; c'est pourquoi le noble qui portait l'écu était joint au chevalier combattant dans les tournois pour lui servir de second, et pour lui conserver son écu blasonné de sa devise ; ce fut sans doute pour cette raison que les écuyers furent appelés *Scutarii*. Le grand écuyer de France est appelé, dans les anciennes chartes latines, *Scutifer* et *Armiger*, parce qu'il portait l'écu du roi.

La qualité d'écuyer est encore appliquée à ceux qui avaient du commandement sur l'écurie; mais on qualifiait ceux qui avaient ces charges, écuyers d'écurie.

La fonction de porter des boucliers étant toute militaire, et par conséquent exercée par des nobles, cette qualité a toujours exprimé la noblesse de celui qui l'a portée, même depuis que les boucliers ou écus ne sont plus en usage à la guerre.

La qualité d'écuyer ne se donnait cependant pas indifféremment à tous les nobles; et jusqu'au commencement du quinzième siècle elle dénotait un ancien gentilhomme. Les barons, les plus grands seigneurs, et même des princes du sang se sont qualifiés écuyers dans leur jeune âge, jusqu'à ce qu'ils fussent parvenus à l'ordre de chevalerie; ils étaient dans une subordination si grande à l'égard des chevaliers, qu'ils ne faisaient point de difficulté, non seulement de leur céder les places d'honneur en tous lieux, de ne se point couvrir en leur présence, et de n'être point admis à leur table, de leur obéir; mais aussi de les servir et de porter leur écu ou bouclier.

Ils ne pouvaient sceller leurs actes comme les chevaliers, lesquels pouvaient être représentés à cheval, armés de toutes pièces. Il y a des exemples sous le treizième et quatorzième siècles, par lesquels il paraît qu'ils remettaient à autoriser des actes de leur sceau, quand ils seraient parvenus à la chevalerie.

Ils ne pouvaient porter d'éperons dorés, mais seulement blanchis. Les habits, les éperons dorés et les ornements de fourrures étaient réservés aux chevaliers. Le roi Charles VIII, en 1486, leur permit les habits de soie, à l'exception des velours.

Un écuyer n'était jamais qualifié de messire, ni sa femme de madame; on l'appelait seulement demoiselle ou damoiselle, quand même elle aurait été princesse; au lieu qu'aussitôt que son mari était devenu chevalier, il pouvait être appelé messire et monseigneur, et son épouse, dame.

Il y avait des écuyers qui n'avaient pas assez de biens pour parvenir à la chevalerie. C'est ce qui obligeait souvent les rois à établir une pension à ceux qu'ils faisaient chevaliers, et qui n'avaient pas de quoi soutenir cette dignité.

Les écuyers n'avaient en temps de guerre que la demi-paye des chevaliers, à l'exception des écuyers-bannerets; ces derniers se trouvant seigneurs de bannière, et en état de mener leurs vassaux à la guerre, et parmi lesquels il y avait quelquefois des chevaliers, avaient la paye de chevaliers-bacheliers, qui était la demi-paye des chevaliers-bannerets.

Cette grande subordination servait à les exciter d'un violent désir de se rendre dignes de la chevalerie, non-seulement par des actions de valeur et de bonne conduite ; mais aussi par celles de la vertu, qui était essentielle pour faire un parfait chevalier.

### Des Damoiseaux.

Le mot de damoiseau est un diminutif de *dom* (*dominus* qui signifie seigneur ; les noms de dame et de damoiselle s'appliquent aux femmes ; le premier à celles qui sont mariées, ou qui sont de la plus haute condition ; et le dernier aux filles, excepté celles qui sont du sang royal.

La qualité de damoiseau est fort ordinaire en Gascogne. Elle a été usitée dans la maison de Sarbruch, et prise par d'autres seigneurs qui ont possédé la seigneurie de Commercy.

Nos anciens titres nous apprennent que les damoiseaux se nommaient en latin *Domicelli*. Aimery de Poitiers est qualifié damoiseau par Philippe-le-Bel, en 1297. *Fidelis Aimericus domicellus*, etc. Mahère ou Mathieu de Lorraine, fils de noble prince le duc Thiebaut II, prend ordinairement le nom de noble damoiseau, dans les titres de 1309, 1317 et 1319, etc.

### Des Valets ou Varlets.

Le terme de valet ou varlet a été autrefois un titre honorable. Les fils des empereurs étaient appelés varlets ou valets.

Dans le Poitou, les valets étaient aussi considérés que les écuyers dans les autres provinces; le nom de valet n'était donné qu'à ceux qui apprenaient la profession des armes.

Fauchet et Pasquier nous apprènent que les écuyers-tranchants étaient appelés varlets.

Duchesne, dans l'histoire de la maison de Richelieu, rapporte un titre de l'an 1201, dans lequel Guillaume du Plessis se qualifie valet, qui signifie, dit l'historien, la même chose qu'*écuyer* ou *damoisel*; et il ajoute cette particularité, que les nobles, qui s'intitulaient *valets*, donnaient à connaître par là qu'étant issus de chevaliers, ils prétendaient à l'ordre de chevalerie obtenu par leurs pères. Il cite ensuite plusieurs titres anciens, où un particulier qualifié *valet* se dit fils d'un chevalier.

Quelques auteurs dérivent le mot de valet du mot hébreu *valad*, qui signifie *un enfant*; d'autres de *bar*, qui veut dire fils, et que les Espagnols ont reçu des Sarrazins, et l'ont changé en *varo*, d'où l'on a fait varolet, et par syncope *varlet*, comme on disait autrefois, et comme il se lit encore dans les anciens hérauts d'armes.

Ducange dit qu'on a appelé *valeti* les enfants des grands seigneurs qui n'étaient pas faits chevaliers, et qu'on a donné ce titre d'abord à des officiers honorables, comme les valets-tranchants, valets-échansons, valets-servants de salle, etc.

Ce nom est demeuré aux tranchants du roi, depuis appelés *écuyers-tranchants*, et ces charges d'écuyers-tranchants ont été exercées par les plus grands seigneurs du royaume.

Il y a plusieurs valets. Le premier valet-de-chambre du roi est un officier considérable qui couche au pied de son lit, et qui est toujours dans sa chambre et garde sa cassette. Les autres valets-de-chambre habillent le roi, et servent par quartier aux offices de sa chambre.

### Des Chevaliers-Bannerets.

Quoique le caractère de la noblesse soit uniforme, et qu'il soit en quelque façon vrai de dire qu'un gentilhomme n'est pas plus gentilhomme qu'un autre, il y a cependant toujours eu divers degrés entre les nobles qui ont composé différents ordres entre eux; car les uns ont été plus relevés que les autres, à raison des dignités qui leur etaient conférées par le prince; les autres par les prérogatives que les qualités et les titres de chevaliers leur donnaient: de sorte que l'on a toujours remarqué trois dégrés et trois ordres de noblesse.

Le premier est celui de *baron*, qui comprenait tous les gentilshommes qui étaient élevés en dignité, tant à cause des titres qui leur avaient été accordés, qu'à cause de leurs fiefs, en vertu desquels ils avaient droit de porter la bannière dans les armées, et d'y conduire leurs vassaux.

C'est pourquoi ils sont ordinairement reconnus sous le nom de bannerets, et souvent sous le terme général de *barons* ; ce qui a fait dire à *Divœus* que *barones vocari solent ii proceres, qui vexillum in bellum efferunt* Le second ordre était celui des *bacheliers*, ou des simples chevaliers, et le troisième celui des *écuyers*.

Dès la première race des rois de France, les nobles se séparèrent de leurs inférieurs, portèrent de longs cheveux à l'exemple des princes de la maison royale, pour marque de leur ancienne liberté.

Les bannerets étaient des gentilshommes qui avaient de grand fiefs qui leur donnaient droit de porter la bannière ; ils étaient obligés de soudoyer cinquante arbalétriers qui devaient les accompagner.

Selon M. du Tillet, le banneret était celui qui avait autant de vassaux gentilshommes qu'il en fallait pour lever bannière, et faire une compagnie de gendarmes ou gens à cheval, entretenus à sa table et soudoyés à ses dépens. Il devait avoir un château, avec vingt-quatre chefs de famille qui lui prétassent hommage.

Pour parvenir à cette dignité, il ne suffisait pas d'être puissant en fiefs et en vassaux, il fallait encore être gentilhomme de nom et d'armes. Dans une bataille ou un tournoi, le banneret s'y trouvait, et faisait présenter, par un héraut, le panon de ses armes au roi, ou aux maréchaux de l'armée en l'absence du prince, et demandait la permission de lever bannière, selon son rang de réception.

Le droit de lever bannière était très-honorable, et la cérémonie s'en faisait avec pompe.

Selon un ancien cérémonial, un banneret devait avoir cinquante lances, outre les gens de trait, les archers et les arbalétriers qui lui appartenaient, savoir : vingt-cinq pour combattre et autant pour garder sa bannière, et chaque homme d'armes avait à sa suite deux chevaux.

Les bannerets étaient ordinairement connus sous ce nom comme sous le titre de barons; et comme ils avaient souvent la qualité de chevalier, c'est ce qui les a fait appeler chevaliers-bannerets.

Il y avait aussi des écuyers-bannerets qui possédaient des fiefs avec le droit de bannière; mais n'ayant pas encore reçu l'honneur de la chevalerie, ils ne pouvaient s'en attribuer le titre.

Dans les commencements, le titre de banneret était personnel, et celui qui l'avait ne tenait cet honneur que de son épée et de sa bravoure; mais il devint dans la suite héréditaire, passant à ceux qui possédaient la terre ou le fief d'un banneret, bien qu'ils n'eussent pas l'âge nécessaire, et qu'ils n'eussent donné aucune preuve de leur valeur pour mériter cette qualité. Cet ordre fut changé à cause du ban et arrière-ban, parce que, lorsqu'il était assemblé, chaque banneret était tenu de servir son seigneur souverain; ainsi ce devoir, qui était personnel, devint purement réel, suivant le fief et la nature de son inféodation.

Il y avait des terres de *haubert* et de bannière, comprises sous le nom de *militiæ* ou de *haubert*; d'autres appelées fiefs et terres nommées *bacularicæ*, ou de bachélerie; d'autres enfin appelées *vavassories*. Le vavasseur avait des vassaux, mais la seigneurie dépendait d'un autre seigneur.

Il y avait, entre le banneret simple et le banneret-chevalier, cette différence que celui-ci acquérait cette qualité par sa vertu, ses faits héroïques, et souvent aux dépens de son sang dans les armées; et que l'autre ne l'avait qu'à cause du fief auquel était attachée la bannière.

C'est une erreur de croire qu'il n'y eût point de différence entre le baron et le banneret; le contraire se prouve par les arrêts du 2 et 7 juin 1401, qui contiènent que messire Guy, baron de Laval, soutint à messire Raoul de Coëtquen, qu'il n'était point baron, mais seulement banneret, et qu'il avait levé la bannière, dont on se moquait; en l'appelant chevalier au drapeau quarré.

Le banneret avait souvent des supérieurs bannerets. Le vicomte de Thouars avait sous lui trente-deux bannières.

Le banneret avait le privilége du cri de guerre, que l'on appèle cri d'armes, qui lui était particulier, et qui lui appartenait privativement à tous les bacheliers et à tous les écuyers, parce qu'il avait droit de conduire ses vassaux à la guerre, et d'être chef de troupes et d'un nombre considérable de gendarmes; et en 1283, Philippe-le-Hardi fit un réglement portant qu'un chevalier qui aurait 3,000 liv. de terre ou plus, ou un banneret, pourrait avoir trois paires de robes par an, et que l'une des trois serait pour l'été.

La paye de chevalier-banneret était différente de celle du chevalier-bachelier, comme la paye de celui-ci l'était de celle de l'écuyer.

Les bacheliers étaient du second ordre, c'est-à-dire inférieurs en dignité aux barons et aux bannerets; ceux-ci recevaient l'investiture par la bannière carrée, et le bachelier par un panon qui se terminait en queue, qui était l'enseigne avec laquelle il conduisait ses vassaux.

Le bachelier n'ayant ni assez de biens ni assez de vassaux pour les mener à la guerre à ses dépens, marchait et combattait sous la bannière d'autrui, et tâchait de mériter le titre de banneret.

Ces bannerets et ces bacheliers tombèrent durant les divisions du royaume, arrivées sous Charles VIII; on leur ôta la liberté de faire la guerre de leur propre autorité; ils perdirent le commandement des armées et en même temps la qualité de bannerets C'était néanmoins une très-belle et très-honorable milice, à laquelle tous les hommes braves aspiraient.

L'écuyer était le dernier étage des nobles, car souvent les écuyers étaient à la suite des chevaliers-bannerets et des bacheliers, portant leurs écus, et c'est de là sans doute qu'ils étaient appelés écuyers, *scutiferi* et *scutarii*.

## *Du Noble de race.*

La noblesse de race se forme sur un certain nombre de degrés. Pour être parfaite, il faut, selon Plutarque, qu'elle remonte jusqu'au bisaïeul : *Nobilitatem eam tueor, eam orno, quæ à majoribus veluti per gradus ad nos delata et avos et proavos in memoriam revocat.*

Celui qui est annobli acquiert la noblesse, mais non la race ; elle a, selon son auteur, la puberté en ses enfants, l'adolescence en ses petits-fils, et la maturité en ses arrières-fils. *C'est la troisième génération*, dit un auteur, *qui purifie le sang et la race, et qui efface tous les vestiges de roture.*

L'histoire nous apprend que l'empereur Sigismond, ayant été supplié par un paysan de l'annoblir, il lui répondit qu'il pouvait bien l'enrichir, mais non lui donner la noblesse, c'est-à-dire la race. *Possem divitem efficere, nobilem haud possum.*

La noblesse naissante, dit Barthole (1), est une grâce accordée par le prince à celui qu'il élève au-dessus du commun des citoyens; mais la noblesse naissante n'est pas parfaite, et elle n'acquiert la race qu'au quatrième degré. *Non perficitur usque ad quartum gradum.*

Ceux qui sont les plus portés à favoriser la noblesse de race, conviènent qu'elle doit commencer au bisaïeul, se continuer au second degré, puis au troisième; et que ceux qui sont au quatrième deviènent véritablement nobles.

Cette noblesse se vérifie en deux manières, par titres et par témoins; la dernière preuve est spécialement reçue, lorsqu'il y a eu troubles, incendies, guerres, ou d'autres accidents. On justifie qu'on est de race noble,

1° Quand les prédécesseurs ont été réputés nobles, ou, en cas de dérogeance, quand on prouve les degrés supérieurs, et que les ancêtres ont porté la qualité de nobles, d'écuyers ou de chevaliers.

2° Quand on prouve que ses auteurs ont vécu noblement; que le père et l'aïeul ont porté les armes, et ont eu des charges convenables aux

---

(1) *Lib. de Dignit.*, Cap. 12.

nobles, comme des offices de baillis ou de sénéchaux; qu'ils ont eu des justices et des fiefs; qu'ils ont porté des armoiries qui leur étaient propres, et enfin qu'ils ont eu de temps en temps des sentences déclaratives de noblesse, données sur des titres et avec connaissance de cause.

Je dis donc que celui-là est véritablement noble de race, qui a les degrés nécessaires, c'est-à-dire qui a trois degrés de noblesse au-dessus de lui, et qui est en état, s'il a de la noblesse maternelle, de faire voir huit quartiers; mais je dis en même temps que, quand il pourrait remonter au-delà de cette noblesse de race, il ne pourrait être pour cela gentilhomme de nom et d'armes, comme plusieurs se l'imaginent, parce qu'il n'y a que la multiplicité des siècles, la première introduction des noms et armes, et l'ancienne investiture héréditaire des fiefs, qui donnent cette prérogative.

### Des Gentilshommes.

Le mot de gentilhomme vient de *gentilis homo*. Quelques-uns disent qu'il vient de *gentil* ou *payen*, à cause que les anciens Français qui conquirent la Gaule, qui était déjà chrétienne, furent appelés gentils par les originaires, parce qu'ils étaient encore payens. D'autres disent que, sur le déclin de l'empire, il y eut deux compagnies composées d'hommes distingués par leur bravoure, l'une appelée *gentilium* et l'autre *scutariorum*; que de là sont venus les noms de *gentilhomme* et d'*écuyer*.

Il vient peut-être aussi de *gentil*, parce qu'une gentille action signifie une action noble et glorieuse. Un auteur croit que ces noms de gentils et d'écuyers nous sont restés de la milice romaine, parce que c'était aux gentils et aux écuyers, comme aux plus braves soldats, que l'on distribuait les principaux bénéfices et les meilleures portions de terre, qu'on donnait pour récompense aux gens de guerre. Les Gaulois, qui avaient vu, durant l'empire des Romains, les écuyers et les gentils, entre les autres soldats, emporter sur les frontières les plus belles terres, commencèrent (comme il est à présumer), en conséquence de ce qu'ils avaient vu observer entre les Romains, à appeler gentilshommes ceux qu'ils virent être pourvus de pareils bienfaits par les rois.

La qualité de gentilhomme a été autrefois si honorable, que les rois juraient foi de gentilhomme, parce que cette qualité semble renfermer toutes les vertus qui rendent la foi inviolable; encore aujourd'hui, un bon gentilhomme croirait ne pouvoir plus mériter cette belle qualité, s'il manquait à sa parole, lorsqu'il l'a engagée sous ce titre.

François I$^{er}$, dans une assemblée des notables

en 1527, dit qu'il était né *gentilhomme* et non roi, qu'il parlait à gentilshommes, et qu'il en voulait garder les priviléges.

Henri IV relève ainsi la qualité de gentilhomme. *Si je faisais gloire*, disait-il en faisant l'ouverture des états de Rouen, *de passer pour un excellent orateur, j'aurais apporté ici plus de belles paroles que de bonnes volontés ; mais mon ambition tend à quelque chose de plus relevé que de bien parler. J'aspire aux glorieux titres de libérateur et de restaurateur de la France : déjà, par la faveur du ciel, et par le conseil de mes fidèles serviteurs, et par l'épée de ma brave et généreuse noblesse, dont je ne distingue point mes princes, la qualité de* GENTILHOMME *étant le plus beau titre que nous possédions*, etc.

### *Du Gentilhomme de nom et d'armes.*

Les maisons de nom et d'armes se sont formées dans le commencement des fiefs, des surnoms et des armoiries, et se sont rendues remarquables par les cris de guerre et par les exploits militaires ; l'exercice des armes n'étant alors permis qu'à ceux qui vivaient noblement. Comme l'établissement des monarchies ne s'est fait que par les armes, ceux qui ont été les premiers élevés sur le trône ont eu besoin d'être secondés par des hommes braves, grands et généreux, pour les y soutenir et les défendre.

S'il était juste que les plus grands et les plus vaillants fussent reconnus pour souverains, il l'était aussi que celui que ces héros avaient élu pour roi, les distinguât du peuple par des marques illustres.

C'est delà qu'est venue cette ancienne et parfaite noblesse des rois, et celle des vaillants hommes qui leur prêtaient les mains pour les couronner. Et c'est pour ces raisons que nous appelons gentilshommes de nom et d'armes, ceux qui sont d'une si ancienne race, que le commencement nous en est inconnu. L'on peut dire que cette noblesse vient de ceux qui sont nés de famille libre, et dont la race a été de tout temps exempte de roture, et a joui d'une pleine liberté.

Un gentilhomme de nom et d'armes, selon Jean Scohier, est celui qui porte le nom de quelque province, bourg, château, seigneurie, ou fief noble, qui a des armes particulières, quoiqu'il ne soit pas seigneur de ces terres. Car tel est seigneur d'une terre, qui n'a rien aux armes qui appartiènent à un autre qui n'a rien en la seigneurie, vu que les armes ne se peuvent donner à une terre ou seigneurie que par la concession du prince.

Dans tous les pays de l'Europe, il y a des gentilshommes de nom et d'armes; c'est-à-dire, une noblesse de si haute antiquité qu'on n'en peut montrer l'origine, et qui prouvent une possession de temps immémorial, par une suite de personnes distinguées par leur valeur et leurs exploits, par des marques distinctives de leurs maisons, comme par la couleur de leur livrée, ou par certains cris de guerre, ou par le nom de leur seigneurie, possédée de père en fils sans interruption; et enfin par les armes ou sceaux affectés à leur famille dans le temps que ces marques d'honneur ont commencé à être fixées dans l'Europe.

La parfaite noblesse, selon Chassané, est proprement l'ancienne et immémoriale, et dont on ne peut prouver par écrit quand elle a commencé, ni de quel prince elle a reçu son être.

Froissard, parlant de quelques chevaliers, dit qu'ils sont gentilshommes de nom, parce que leur noblesse est aussi ancienne que leur nom, qui les a toujours distingués des autres hommes, et depuis plusieurs siècles des annoblis; et gentilshommes d'armes, non-seulement parce qu'ils ont été les premiers dans les états conquis, où ils ont laissé des marques de leur valeur, mais principalement parce que les armoiries suivent naturellement les noms.

Le duc Philippe de Bourgogne, surnommé *le Bon*, voulant honorer les premiers de ses états du collier de l'ordre de la Toison d'Or qu'il avait institué, donna commission au sieur Coël, homme très-riche en manuscrits, de voir et d'examiner quelles étaient les maisons les plus anciennes et les plus illustres du pays : il répondit, après avoir consulté tous ses recueils et ceux de la maison de Bourgogne, que c'étaient celles *de nom et armes.*

André du Chesne, historiographe de France, écrit que les gentilshommes de nom et d'armes, sont ceux qui peuvent montrer que le nom et les armes qu'ils portent, ont été portés par leurs aïeux, et qu'ils ont toujours fait profession de cette qualité, dont on ne peut découvrir l'origine.

Il y a de la différence entre le gentilhomme de nom et d'armes, et le gentilhomme de quatre lignées. Le premier est noble de temps immémorial, et le dernier n'a besoin que de quatre quartiers des aïeux paternels et maternels. On exigeait cette noblesse des gentilshommes qui aspiraient aux honneurs, pour les obliger à ne prendre alliance que dans les familles nobles, à peine de déchoir des principales prérogatives des nobles ; parce que c'était interrompre sa noblesse de quatre lignes, et obscurcir la noblesse de nom et d'armes. *Lex erat* ( dit Denis d'Halicarnasse ) *ne patriciis cùm plebeiis licita essent connubia.*

François Coutier, baron de Souhey, dit que celui-là est gentilhomme de nom et d'armes, qui subsiste par soi-même, qui est noble sans déclaration du roi, dont la noblesse et la réputation viènent des armes, et qui en fait profession. Il met encore au nombre des gentilshommes de nom et d'armes, celui qui possède un fief, dont les tenants le desservent par pleines armes, affectées au nom de sa famille, et qui ne sont ni d'adoption, ni de concession.

Le père Menestrier est d'avis que le gentilhomme de nom et d'armes, est celui qui a un nom de famille et des armoiries qui le distinguent des autres, parce qu'il y a des gentilshommes qui n'ont ni l'un ni l'autre. Il ajoute que le gentilhomme de nom et d'armes, est celui dont le nom et les armes sont connus par les tournois, par des témoins qui sont du même ordre, et par les registres des hérauts, dans lesquels sont inscrits les noms et les armoiries des plus illustres familles, et encore par les titres, quartiers paternels et maternels, sans aucun reproche de roture.

Le troisième sens qu'il dit qu'on peut donner à cette qualité, est que les gentilshommes de nom et d'armes sont ceux qui avaient droit de porter bannière dans les armées, d'y représenter leurs armoiries et d'y crier leurs noms pour rallier les troupes, et que par-là ces gentilshommes de nom et d'armes se distinguaient des autres leurs inférieurs.

Il dit enfin que nul ne pouvait se présenter pour combattre dans les tournois, qu'il ne fût reconnu gentilhomme de nom et d'armes, par d'autres gentilshommes de pareille qualité qui en rendaient témoignage, d'où est venue la coutume de justifier la noblesse par la déposition des témoins, qui étaient reçus dans les ordres de chevalerie, et dans les grands chapitres.

On peut donc conclure de toutes ces opinions, que la noblesse de nom et d'armes est celle qui est d'origine inconnue, formée avec l'hérédité des fiefs et le commencement des noms. On la distingua d'abord par le cri du nom dans les armées, et par les armes érigées en trophées dans les combats sanglants, et en temps de paix dans les joûtes et les tournois. Toutes ces marques d'honneur ont paru dès l'institution de la grande noblesse en l'état qu'elle est, et elles font connaître la différence du gentilhomme de nom et d'armes avec les annoblis. Car, comme disait un ancien, *qui autem jus gentilitatis et majorum imagines nullas habent, hi terræ filii et à terrá orti et homines novi vocitabantur.*

Celui qui est annobli peut à la vérité, avec le temps, devenir gentilhomme, mais jamais gentilhomme de nom et d'armes, puisqu'il n'a pas l'ancienneté requise; et c'est cette ancienneté qui fait la différence entre les gentilshommes de nom et d'armes et les nouveaux annoblis. Et quoiqu'un gentilhomme se soit signalé par des faits héroïques, ou qu'il se soit distingué par des charges honorables, il n'est pas pour cela gentilhomme de nom et d'armes. On croirait donc mal-à-propos que tous les gentilshommes sont égaux.

La qualité de gentilhomme de nom et d'armes imprime dans son sujet, un caractère si adhérent, qu'il lui serait aussi difficile de s'en dépouiller que de sa propre essence. Quoique l'intérêt puisse le porter quelquefois à accepter une adoption dans une famille annoblie, et à en prendre le nom et les armes, il ne laisse pas néanmoins de conserver sa noblesse originelle. Les lois civiles ne peuvent jamais lui ravir son caractère, quoiqu'il en quitte les marques extérieures, pendant qu'il jouit de cette adoption, qui ne peut abolir les droits de sa naissance.

Il n'en est pas de même du simple annobli ; il ne peut jamais acquérir dans l'adoption ou dans l'alliance d'une ancienne maison, la qualité de gentilhomme de nom et d'armes; car cette qualité ne peut se communiquer que par la naissance, et elle ne passe jamais aux étrangers, ne pouvant compâtir par aucun moyen avec l'annoblissement. Les annoblis étant adoptés par d'anciennes maisons, sont obligés par les lois d'en porter le nom et les armes ; mais la raison naturelle leur défend d'en prendre le titre. Le prince même ne peut faire un gentilhomme de nom et d'armes, non plus qu'un noble de race.

Il faut donc avouer que la noblesse de cet ordre est le comble de la grandeur humaine. Plus elle vieillit, plus elle acquiert de force et de vigueur.

### De l'Homme d'armes.

Charles VII, en 1445, établit les compagnies d'ordonnance de cent hommes d'armes. Ce corps de troupes reglées, permanent, et soldé en paix comme en guerre, n'était composé que de gentilshommes.

Chaque homme d'armes avait avec lui trois archers, un écuyer et un page.

Le président Hénault parle ainsi des hommes d'armes, dans son histoire chronologique de France, sous la date de 1600.

» Edit portant réglement sur le fait des tailles,
» par lequel le roi déclare que la profession des
» armes n'annoblirait plus celui qui l'exercerait,
» et même qu'elle ne serait pas censée avoir an-
» nobli parfaitement la personne de ceux qui ne
» l'avaient exercée que depuis l'an 1563, c'est-à-
» dire depuis l'époque des guerres de religion en
» France. Cet article demande d'être éclairci.
» Tous *les hommes d'armes* étaient gentilshom-
» mes du temps de Louis XII, c'est-à-dire tous
» ceux qui composaient les compagnies d'ordon-
» nance; mais il ne faut pas entendre par les gen-
» tilshommes d'alors, les gentilshommes issus de
» race noble, il suffisait pour être réputé tel,
» qu'un homme né dans le tiers-état fit unique-
» ment profession des armes, sans exercer aucun
» autre emploi : il suffisait à plus forte raison, que
» cet homme né dans le tiers-état eût acquis un fief

» noble qu'il *desservait par service compétent*,
» c'est-à-dire, qu'il suivît son seigneur en
» guerre, pour être réputé gentilhomme Ainsi
» donc alors on s'annoblissait soi-même, et on
» n'avait besoin ni de lettres du prince, ni de pos-
» séder des offices pour obtenir la noblesse. Un
» homme extrait de race noble, et le premier
» noble de sa race, s'appelaient également gen-
» tilshommes de nom et d'armes (1). Cette no-
» blesse ainsi entendue subsista en France jus-
» qu'au règne de Henri III; alors la noblesse
» acquise par la possession des fiefs, et celle
» acquise par la profession des armes cessa d'être
» noblesse; l'article cent cinquante-huit de l'or-
» donnance de Blois, rapportée à l'année 1579,
» supprima la noblesse acquise par les fiefs, et
» l'édit de Henri IV, supprima celle acquise par
» les armes: depuis ce temps le gentilhomme
» n'est plus celui qui a servi à la guerre, ni qui a
» acquis des seigneuries ou fiefs nobles, mais ce-
» lui qui est extrait de race noble, ou qui a eu
» des lettres d'annoblissement, ou enfin qui pos-
» sède un office auquel la noblesse soit attachée.
» On peut être surpris que Henri IV, qui devait
» tant à ses braves capitaines, reconnût si peu
» leurs services militaires. Louis XV, par son

---

(1) Cette opinion de M. le président Hénault a été combattue il y a quelques années.

» édit de la noblesse de 1750, a prouvé le cas
» qu'il en faisait, et éternisé son règne par cette
» nouvelle loi, ainsi que par l'établissement d'une
» école militaire ».

### Des Annoblis par lettres-patentes.

Les annoblissements par lettres-patentes ne sont pas fort anciens. Le premier que nous connaissons en France est du treizième siècle, sous le règne de Philippe III, surnommé le Hardy, en faveur de Raoul l'orfèvre. Ils n'ont commencé à être fréquents que sous Philippe le Bel; et en Lorraine nous ne trouvons aucune lettre d'annoblissement avant les dernières années du règne de Charles II; ce qui nous fait présumer que René I, est celui qui a commencé à annoblir dans ses états ceux qu'il a jugés dignes de cet honneur, soit en considération des services rendus à l'Etat par leur capacité, ou en récompense de quelques actions de bravoure dans le militaire.

### Dérogeance.

Ceux qui étant nobles se font marchands ou artisans, sergents ou huissiers, ou qui exploitent les fermes d'autrui, ou prènent d'autres emplois qui ne conviènent qu'aux roturiers, dérogent à leur noblesse, et en perdent tous les priviléges; mais ils peuvent, après avoir quitté le trafic et la marchandise, ou quelqu'autre emploi dérogeant qu'ils *auraient* embrassé, s'en faire relever, en obtenant du prince des lettres de réhabilitation.

*Professions que peuvent exercer les Nobles.*

Comme la pauvreté accompagne souvent la vertu, et que la noblesse ne donne pas de quoi vivre, pour ne pas exposer les nobles qui pouvaient se trouver dans la disette, à la misère ou à la honte de se faire roturiers pour gagner leur vie, il leur était permis de faire, sans déroger, quelque profession honnête, comme d'avocat, médecin, notaire, d'enseigner les sciences, même de labourer les terres, pourvu qu'ils ne cultivassent que celles qui leur appartenaient.

Enfin il leur a été permis, pour des raisons de commerce, de pouvoir, sans déroger, faire trafic sur mer, pourvu qu'ils ne vendissent point en détail. Edit du mois d'août 1669, vérifié au parlement et à la cour des aides. *Ferrière en son introduction à la pratique.* Une ordonnance du 4 juin 1668, disait positivement que les notaires, même avant l'année 1560, seraient censés avoir dérogé à la noblesse, et exercé une profession roturière.

## Des Armoiries.

Les Armoiries sont des marques de noblesse et de dignité, figurées sur les écus et sur les enseignes, pour connaître les familles nobles et distinguer les races.

Leur origine vient des tournois, parce que les chevaliers qui devaient s'y trouver, prenaient diverses marques pour se reconnaître parmi eux, et ils les portaient sur leurs boucliers et cottes-d'armes ; c'est pour cette raison qu'elles furent nommées armes ou armoiries.

Les armes des chevaliers qui venaient aux tournois ou allaient à la guerre, étaient représentées en or ou en argent, avec diverses couleurs sur leurs écus. On y employait l'émail pour résister aux injures du temps, ce qui a fait donner le nom d'*émaux*, aux métaux, couleurs et fourrures qui entraient dans ces armoiries.

Il y avait aussi les habits caractéristiques des factions, ou quadrilles des tournois, c'est-à-dire, des chevaliers qui se distinguaient par les vêtements blancs, rouges, bleus et verts, qui sont l'argent, les gueules, l'azur et le sinople de nos armoiries.

Le sable, ou la couleur noire, fut introduit dans les tournois, par les chevaliers qui portaient le deuil, ou qui voulaient faire connaître quelque sensible déplaisir qu'ils avaient reçu.

L'hermine et le vair servaient aussi aux habits de tournois.

La plupart des pièces de l'écu, comme les pals, les chevrons, les sautoirs, sont des pièces des anciennes lices et bannières, où se faisaient les tournois.

Les rocs et les annelets sont venus des joutes et des courses de bagues.

Les bandes et les fasces, des écharpes qu'on y portait.

Les chevaliers prenaient aussi pour devises, des figures d'animaux, ou d'autres symboles, et affectaient souvent de se faire nommer chevaliers du cygne, du lion, de l'aigle, du soleil, de l'étoile, etc.

Enfin ceux qui ne s'étaient trouvés en aucun tournoi, n'avaient point d'armoiries, quoiqu'ils fussent gentils-hommes.

Les armoiries ne devinrent en usage qu'au dixième ou onzième siècle; car de tous les tombeaux des princes, des seigneurs et des gentils-hommes faits avant ce temps là, il n'y en a aucun où l'on remarque des armoiries. Les plus anciens n'ont que des croix et des inscriptions gothiques, avec la représentation de ceux qui y sont enterrés. Clément IV, qui mourut en 1268, est le premier de tous les papes qui ait des armoiries sur son tombeau à Viterbe; et s'il y a quelques tombeaux qui paraissent plus anciens que le dixième ou onzième siècle, et qui ayent des armoiries, on reconnaîtra, en les examinant soigneusement, qu'ils ont été refaits.

Les sceaux et les monnaies sont encore une preuve de cette vérité; car on n'y voit point d'armes que depuis le onzième siècle. Louis le Jeune, qui régnait vers l'an 1150, est le premier des rois de France qui ait eu un contre-sceel d'une fleurs de lys, et il choisit cet emblême par allusion à son nom de *Loys*, qui approche de celui de lys, ou bien parce qu'on le nommait *Ludovicus Florus*. Le plus ancien sceau des comtes de Flandres, où l'on voit des armoiries, est celui de Robert le Frison, attaché à un acte de l'an 1072; et aucun auteur au-dessus du onzième siècle, n'a fait mention de l'art du blason.

Il faut donc considérer comme fable, tout ce qui est dit par certains écrivains, qui prétendent que les armoiries sont aussi anciennes que le monde, et qui en distribuent gratuitement aux enfants de Seth, Caïn et de Jacob, aux Grecs, aux Perses et aux Romains.

Elles ne prennent leur origine véritable que dans les tournois ainsi que je l'ai déjà dit, et dans les voyages de la Terre-Sainte, parce que les principaux seigneurs qui se croisèrent, se distinguèrent alors par ces marques d'honneur.

Les *Croix* de tant de formes et de couleurs différentes ont été choisies par les croisés.

Les *Merlettes* marquent les voyages d'outremer, parce que ce sont des oiseaux qui passent les mers tous les ans. On les a représentées sans bec et sans pieds, pour signifier les blessures qu'on avait reçues.

Les *Lions* indiquent aussi les voyages faits en Syrie et en Égypte contre les barbares.

Souvent les armoiries ont des rapports symboliques ; ainsi on a donné des lions à ceux qui avaient du courage et de la valeur ; des aigles à ceux qui avaient de la sagacité et de l'élévation d'esprit ou de cœur, etc.

Il y a encore les *Armes parlantes.* Ce sont celles où il y a quelques pièces ou meubles qui font allusion au nom de la famille ; et celles-ci sont en très-grand nombre.

Les armoiries se composent de métaux, couleurs et fourrures, qu'on nomme *émaux.*

*Les métaux, au nombre de deux, sont :*

L'or, ou *jaune*; il signifie richesse, force, foi, pureté, constance ; dans la gravure, on le représente par un nombre infini de petits points ;

2° L'argent, qu'on représente tout blanc ; il signifie innocence, blancheur, virginité.

*Les couleurs au nombre de cinq, sont :*

1° L'azur, ou *bleu*; il signifie royauté, majesté, beauté, sérénité : on le représente dans la gravure par des lignes horizontales, c'est-à-dire, par des lignes tirées du flanc droit au flanc gauche ;

2° Le Gueules, ou *rouge* ; il signifie courage, hardiesse, intrépidité ; il est représenté par des lignes perpendiculaires, c'est-à-dire tirées du haut en bas ;

3° Le Sinople, ou *vert*; il signifie espérance, abondance, liberté; il est représenté dans la gravure par des lignes diagonales, c'est-à-dire tirées de l'angle droit à l'angle gauche ;

4° Le Sable, ou *noir*; il signifie science, modestie, affliction; on le représente par des lignes horizontales et perpendiculaires, croisées les unes sur les autres ;

5° Le Pourpre, ou *violet*; il signifie dignité, puissance, souveraineté; il est représenté par des lignes diagonales de gauche à droite.

*Les fourrures, au nombre de deux, sont:*

1° Le vair; c'est un fond d'azur, chargé de petites pièces d'argent, en forme de cloches renversées : il y a quatre cloches d'argent renversées à la première et troisième tires (rangs), et trois et deux demies à la deuxième et quatrième tires. Le contre-vair se forme en opposant les cloches les unes aux autres par leurs bases ;

2° L'hermine ; on le représente par l'argent, chargé de mouchetures de sable. Le contre hermine est au contraire représenté par un champ de sable, semé de mouchetures d'argent.

Ces deux fourrures signifient grandeur, autorité, empire.

On ajoute la couleur de *carnation* pour les parties du corps humain, telles que le visage, les mains et les pieds; et la couleur *naturelle*, pour les arbres, plantes, fruits, et animaux, lorsqu'ils paraissent comme la nature les produit.

Quant aux principes raisonnés de l'art du blason, je m'occupe dans ce moment d'un travail, qui les mettra à la portée des gens du monde. Cette science, qui a paru jusqu'ici presqu'inintelligible, y sera reproduite avec toutes les explications susceptibles d'être entendues de ceux à qui on parle. Ce nouvel ouvrage, orné de planches gravées en taille-douce, paraîtra sous quelques mois.

# TABLEAU HISTORIQUE

DES

# GRANDS VASSAUX DE LA COURONNE.

La faiblesse des rois de France successeurs de Charlemagne, les força, pour s'attacher des créatures, de démembrer la monarchie, et de donner à titre de gouvernements, toutes les provinces du royaume ; de sorte qu'à la fin du neuvième siècle, l'état de la monarchie française, se trouvait à-peu-près semblable à celui où nous avons vu l'empire d'Allemagne jusqu'en 1795. Elle avait un chef et des membres qui en composaient le corps. Le prince était très-puissant, lorsqu'il était uni avec eux, et très-faible lorsqu'il ne s'agissait que de ses intérêts particuliers.

Ces membres étaient les grands vassaux de la couronne. Ils étaient possesseurs des provinces de la monarchie, et en jouissaient à titres héréditaires ; et il était tel de ces vassaux, qui, par l'étendue de son fisc et par le nombre de ses sujets, était plus puissant que le roi.

Mais par une politique aussi juste que bien entendue, nos rois de la troisième race, et surtout ceux de l'auguste maison de Bourbon, ont réuni à leur couronne ces grands-fiefs, dont l'existence nuisait non-seulement à l'unité de la puissance royale, mais encore fatiguait les peuples et les rendait esclaves de leurs gouverneurs, tandis qu'ils ne devaient être que les sujets du roi.

## État *des Grands Vassaux de la couronne de France, avant la réunion des grands fiefs.*

Les ducs de France, comtes de Paris.
Les comtes de Vermandois.
Les comtes et ducs de Valois.
Les comtes de Ponthieu.
Les comtes de Boulogne.
Les comtes de Calais et d'Oye.
Les princes de Sedan.
Les comtes et ducs d'Orléans.
Les comtes et ducs d'Anjou.
Les comtes du Maine.
Les comtes de Blois, Chartres et Touraine.
Les comtes de Dunois.
Les comtes de Nevers.
Les comtes et ducs de Berri.
Les comtes et ducs de Vendôme.
Les ducs de Normandie.
Les comtes d'Evreux.
Les comtes du Perche.
Les comtes et ducs d'Alençon.
Les comtes de Champagne.

Les ducs de Bourgogne.
Les comtes d'Auxonne.
Les comtes de Tonnerre.
Les comtes de Sémurois.
Les comtes de Sens.
Les comtes de Mâcon.
Les comtes de Dijon.
Les comtes de Châlons.
Les comtes de Charolais.
Les ducs de Bretagne.
Les comtes de Penthièvre.
Les ducs de Guyenne.
Les ducs de Gascogne.
Les comtes de Foix.
Les vicomtes de Béarn.
Les comtes d'Albret.
Les rois de Navarre.
Les comtes d'Armagnac.
Les comtes de Bigorre.
Les comtes d'Angoulême.
Les comtes de Périgord.
Les vicomtes de Limosin.
Les comtes de Querci.
Les comtes de Fézenzac.
Les comtes d'Astarac.
Les comtes de Pardiac.
Les comtes de Fezenzaguet.
Les comtes de Rouergue.
Les vicomtes de Turenne.
Les comtes d'Auvergne.

Les dauphins d'Auvergne.
Les rois d'Aquitaine.
Les comtes de Toulouse.
Les comtes de Carcassonne, Béziers et Nimes.
Les comtes de Montpellier.
Les rois d'Arles et de Bourgogne.
Les comtes de Lyonnais.
Les comtes de Forez.
Les comtes de Beaujolais.
Les comtes et ducs de Bourbonnais.
Les comtes de Mont-Luçon.
Les comtes de la Marche.
Les comtes de Bresse.
Les comtes de Vienne.
Les dauphins de Viennois.
Les comtes de Valentinois.
Les comtes de Diois.
Les marquis de Saluces.
Les comtes de Provence.
Les comtes de Forcalquier.
Les princes d'Orange.
Les comtes de Marseille.
Les comtes de Flandres.
Les comtes d'Artois.
Les comtes de Bourgogne.
Les ducs de Lorraine.
Les ducs de Bar.

## Époques *des réunions des grands fiefs à la couronne de France.*

### Sous Charles le Chauve.

|  | Ans de J. C. |
|---|---|
| Le royaume d'Aquitaine en | 866 |

### Sous Lothaire I<sup>er</sup>.

| Le comté de Quercy en | 960 |
|---|---|

### Sous Hugues Capet.

| Le comté de Paris en | 987 |
|---|---|
| Le comté d'Orléans en | 987 |

### Sous Robert le Pieux.

| Le comté de Sens en | 1017 |
|---|---|
| Le comté de Chartres en | 1019 |
| Le comté de Touraine en | 1019 |
| Le comté de Champagne en | 1019 |
| Le comté de Brie en | 1019 |

### Sous Henri I.

| Le comté de Touraine en | 1045 |
|---|---|

### Sous Philippe I.

| Le duché de Gascogne en | 1070 |
|---|---|
| Le comté de Dijon en | 1082 |
| Le comté de Valois en | 1097 |

### Sous Louis VI, dit le Gros.

| Le comté de Diois en | 1116 |
|---|---|
| Le comté du Maine en | 1127 |
| Le comté de Fézenzac en | 1140 |

## GRANDS FIEFS.

### Sous Philippe II, Auguste.

| | |
|---|---|
| Le comté d'Alençon en | 1195 |
| Le comté d'Auvergne en | 1198 |
| Le comté d'Artois en | 1199 |
| Le comté d'Evreux en | 1200 |
| Le comté de Touraine en | 1203 |
| Le comté du Maine en | 1203 |
| Le comté d'Anjou en | 1203 |
| Le duché de Normandie en | 1205 |
| Le comté de Poitou en | 1206 |
| Le comté de Forcalquier en | 1209 |
| Le comté de Valois en | 1215 |
| Le comté de Vermandois en | 1215 |

### Sous Saint Louis.

| | |
|---|---|
| Le comté de Carcassonne en | 1229 |
| Le comté de Béziers en | 1229 |
| Le comté de Nîmes en | 1229 |
| Le comté de Marseille en | 1230 |
| Le comté de Charolais en | 1230 |
| Le comté de Montluçon en | 1238 |
| Le comté du Perche en | 1240 |
| Le comté de Mâcon en | 1245 |
| Le comté de Châlons en | 1247 |
| Le royaume d'Arles et de Bourgogne en | 1254 |
| Le comté de Boulogne en | 1261 |
| Le comté de Viennois en | 1261 |
| La ville de Vienne en | 1266 |

### Sous Philippe III, le Hardi.

| | |
|---|---|
| Le marquisat de Provence en | 1272 |

| | |
|---|---|
| Le comté de Toulouse en | 1272 |
| Le comté de Semur en | 1280 |
| Le comté d'Ossonne en | 1280 |
| Le comté d'Alençon en | 1283 |
| Le comté de Chartres en | 1284 |
| Le vicomté de Béarn en | 1290 |
| Le comté de la Marche en | 1303 |
| Le comté d'Angoulême en | 1307 |
| Le comté de Bigorre en | 1307 |
| Le comté de Lyon en | 1310 |
| Le comté de Rouergue en | 1312 |

## Sous Charles IV, le Bel.

| | |
|---|---|
| Le comté de Charolais en | 1327 |

## Sous Philippe VI, de Valois.

| | |
|---|---|
| Le comté de Champagne en | 1328 |
| Le comté de Brie en | 1328 |
| Le comté de Valois en | 1328 |
| Le comté d'Anjou en | 1328 |
| Le comté du Maine en | 1328 |
| Le comté de Chartres en | 1329 |
| Le dauphiné de Viennois en | 1349 |
| Le comté de Montpellier en | 1350 |

## Sous Charles V, le Sage.

| | |
|---|---|
| Le comté d'Auxerre en | 1365 |
| Le duché de Valois en | 1375 |
| Le duché d'Orléans en | 1375 |
| Le comté de Ponthieu en | 1380 |

## GRANDS FIEFS.

### Sous Charles VI.

| | |
|---|---|
| Le comté de Forez en | 1382 |
| Le comté de Dunois en | 1382 |
| Le comté de Blaisois en | 1391 |
| Le comté de Beaujolais en | 1400 |
| Le comté de Fézenzaguet en | 1403 |
| Le comté de Pardiac, en | 1403 |

### Sous Charles VII.

| | |
|---|---|
| Le comté de Tonnerre en | 1424 |
| Le comté de Valentinois en | 1434 |
| Le comté de Comminges en | 1444 |
| Le comté de Penthièvre en | 1445 |
| Le comté de Périgord en | 1460 |
| La vicomté de Limoges en | 1460 |

### Sous Louis XI.

| | |
|---|---|
| Le duché de Berry en | 1465 |
| Le duché de Normandie en | 1468 |
| Le duché de Guienne en | 1474 |
| Le duché de Bourgogne en | 1477 |
| Le comté de Boulogne en | 1477 |
| Le comté de Pardiac en | 1477 |
| Le comté de la Marche en | 1477 |
| Le duché d'Anjou en | 1480 |
| Le comté du Maine en | 1381 |
| Le comté de Provence en | 1481 |

### Sous Louis XII.

| | |
|---|---|
| Le duché d'Orléans en | 1498 |

# GRANDS FIEFS.

Le duché de Valois en — 1498
Le comté de Foix en — 1501

### Sous François I.

Le comté d'Angoulême en — 1515
Le comté d'Astarac en — 1521
Le duché de Bourbonnais en — 1523
Le duché d'Auvergne en — 1523
Le comté de Clermont en — 1523
Le comté de Forez en — 1523
Le comté de Beaujolais en — 1523
Le comté de la Marche en — 1523
Le duché d'Alençon en — 1525
Le comté du Perche en — 1525
Le comté d'Armagnac en — 1525
Le comté de Rouergue en — 1525
Le dauphiné d'Auvergne en — 1531

### Sous Henri II.

Le duché de Bretagne en — 1547
L'évêché de Metz, Toul et Verdun en — 1555
Le comté de Calais en — 1558
Le comté d'Oye en — 1558

### Sous Henri III.

Le comté d'Evreux en — 1583

### Sous Henri IV, le Grand.

La vicomté de Béarn en — 1589
Le royaume de Navarre en — 1589
Le comté d'Armagnac en — 1589

| | |
|---|---|
| Le comté de Foix en | 1589 |
| Le comté d'Albret en | 1589 |
| Le comté de Bigorre en | 1589 |
| Le duché de Vendôme en | 1589 |
| Le comté de Périgord en | 1589 |
| La vicomté de Limoges en | 1589 |
| Le comté de Bresse en | 1601 |

### Sous Louis XIII, le Juste.

| | |
|---|---|
| Le comté d'Auvergne en | 1615 |
| La principauté de Sédan en | 1642 |

### Sous Louis XIV, le Grand.

| | |
|---|---|
| Le comté d'Artois en | 1659 |
| Le comté de Flandres en | 1659 |
| Le comté de Nivernais en | 1665 |
| Le comté de Bourgogne ou Franche-Comté en | 1678 |
| La principauté d'Orange en | 1700 |
| Le comté de Dunois en | 1707 |
| Le duché de Vendôme en | 1712 |

### Sous Louis XV, le Bien-Aimé.

| | |
|---|---|
| Le duché de Lorraine en | 1735 |
| Le duché de Bar en | 1735 |
| La vicomté de Turenne en | 1738 |

# DE LA PAIRIE

## ET DES PAIRS DE FRANCE,

DEPUIS L'INSTITUTION DE CETTE DIGNITÉ JUSQU'EN 1789.

---

Les *Pairs* sont plus anciens dans les Gaules que ne l'est la *Pairie réelle*.

Les Francs ayant soumis les Gaulois, traitèrent les vaincus comme des esclaves qu'ils affranchissaient de temps en temps. Il s'en suit delà, que les Francs étaient les nobles et les Gaulois les roturiers; les premiers ne formèrent donc que deux ordres de personnes libres, les ecclésiastiques et les nobles. Le peuple et la plupart des bourgeois des villes étaient *Serfs*; et c'était de ces peuples ou de ces *serfs*, qu'on tirait ceux qui, par quelque belle action de guerre, obtenaient de leurs seigneurs leur affranchissement ou liberté, et auxquels on donna, quand le temps et les occasions en eurent augmenté le nombre, le nom de *Pairs-Bourgeois*. Ces pairs étaient ainsi nommés, parce qu'ils étaient dans leur ordre tous égaux en dignité; *Pares*; c'était un privilège de la nation française de ne pouvoir être jugée que par ses *Pairs*.

Les *Pairs-Bourgeois* furent nommés dans la suite *Tiers-état ou Mayeurs*. Les nobles furent les seuls qui conservèrent sous Charlemagne le titre de Pairs.

Sous Charlemagne tous les seigneurs et tous les grands l'étaient encore. La pairie dépendant de la noblesse de sang, était personnelle ; l'introduction des grands fiefs fit les pairies réelles et les arrières-fiefs formèrent des pairies subordonnées ; il n'y eut *plus* de *Pairs* relativement à la couronne du roi, que les barons du roi nommés *Barons du royaume* ou *Pairs de France*, mais il y en avait bien plus de douze, et chaque baron avait lui-même *ses Pairs*.

L'origine de la pairie réelle remonte aussi loin que celle des fiefs ; mais les pairies ne devinrent héréditaires que comme les fiefs auxquels elles étaient attachées : ce qui n'arriva que vers la fin de la seconde race et au commencement de la troisième.

L'établissement des fiefs ne fit qu'introduire une nouvelle forme dans un gouvernement, dont l'esprit général demeura toujours le même : la valeur militaire fut toujours la base du système politique ; la distribution des terres et des possessions, l'ordre de la transmission des biens, tout fut réglé sur le plan d'un système de guerre. Les titres militaires furent attachés aux terres mêmes, et devinrent avec ces terres la récompense de la valeur; chacun ne pouvait être jugé que par les seigneurs des fiefs de même degré.

La pairie était alors une dignité attachée à la possession d'un fief qui donnait droit d'exercer la justice conjointement avec *ses Pairs*, ou pareils, dans les assises du fief dominant, soit pour les affaires contentieuses, soit par rapport à la féodalité.

Tout fief avait des pairies, c'est-à-dire, d'autres fiefs mouvants de lui ; et les possesseurs de ces fiefs servants qui étaient censés égaux entr'eux, composaient la cour du seigneur dominant, et jugeaient avec, ou sans lui, toutes les causes dans son fief.

Il fallait quatre *Pairs* pour rendre un jugement. Si le seigneur en avait moins, il en empruntait de son seigneur suzerain. Dans les causes où ce seigneur était intéressé, il ne pouvait être juge; il était jugé par *ses Pairs*. C'est de cet usage de la pairie que viènent les hommes de fief en Hainaut, Artois et Picardie.

On trouve, dès le temps de Lothaire, un jugement rendu en 929, par le vicomte de Thouars avec *ses Pairs*, pour l'église de Saint-Martin de Tours.

Le comte de Champagne avait *sept Pairs*; celui de Vermandois six; le comte de Ponthieu avait aussi les siens, et il en était de même dans chaque seigneurie : cette police des fiefs forme le second âge du droit de la pairie, laquelle, depuis cette époque, devint réelle; c'est-à-dire, que le titre de *Pair* fut attaché à la possession d'un fief de même valeur que celui des autres vassaux.

Il se forma dans la suite trois ordres ou classes; savoir, de la religion, des armes et de la justice. Tout officier royal devint le supérieur et le juge de tous les sujets du roi, de quelque rang qu'ils fussent; mais dans chaque classe les membres du tribunal supérieur conservèrent le droit de ne pouvoir être jugés que par leurs confrères, et non par les tribunaux inférieurs qui ressortissent devant eux. De là vint cette éminente prérogative qu'avaient *les Pairs de France*, de ne pouvoir être jugés que par la cour de parlement, suffisamment garnie *de Pairs*, parce qu'alors le parlement était considéré comme la cour des Pairs, c'est-à-dire, le tribunal seul compétent pour juger les Pairs du royaume.

Quoi qu'il en soit, on entendait communément par le terme d'*Anciens Pairs de France*, les *douze Barons* auxquels seuls le titre de *Pairs de France*, appartenait du temps de Louis VII, dit le Jeune, ce qui n'est fondé cependant que sur ce que les douze plus anciens *Pairs* connus, furent ceux qui assistèrent, sous Louis VI, au sacre de Philippe Auguste, le 1er novembre 1179, dans l'ordre suivant:

PAIRS LAÏQUES.

Le duc de Bourgogne; Hugues III.

Le duc de Normandie; Henri le Jeune, roi d'Angleterre.

Le duc de Guienne; Richard d'Angleterre, frère du précédent.

Le comté de Champagne; Henri I$^{er}$.

Le comte de Flandres; Philippe d'Alsace.

Le comte de Toulouse; Raymond.

### PAIRS ECCLÉSIASTIQUES.

L'archevêque duc de Reims; Guillaume de Champagne.

L'évêque duc de Laon; Royer de Rosay.

L'évêque duc de Langres, Manassès de Bar.

L'évêque comte de Beauvais, Barthelemi de Montcornet.

L'évêque comte de Châlons; Gui de Joinville.

L'évêque comte de Noyon; Baudouin.

Dans la suite les Rois de France ayant réuni les grands fiefs héréditaires à leur couronne, et voulant illustrer des familles de leur royaume qui avaient rendu d'éminents services et à leur personne et à l'état, érigèrent de nouvelles Pairies, et en augmentèrent le nombre à leur volonté.

Ainsi la Pairie devint la première dignité de l'État.

Les Pairs furent les grands du royaume, et les premiers officiers de la couronne; ils composaient la cour du roi, c'est-à-dire, son premier tribunal, que par cette raison on appelait la *Cour des Pairs*. Depuis que le parlement et la cour du roi ont été unis, le parlement a toujours été considéré comme la cour des Pairs.

Anciennement les *femelles* étaient exclues des fiefs par les mâles; mais elles y succédaient à leur défaut, lorsqu'elles étaient rappelées à la succession par leurs père et mère; elles succédaient même ainsi aux plus grands fiefs, et en exerçaient toutes les fonctions.

Les Pairs de France furent créés pour soutenir la couronne, comme les électeurs ont été établis pour le soutien de l'Empire; c'est ainsi que le procureur-général s'en expliqua les 19 et 26 février 1410, en la cause des archevêque et archidiacre de Reims.

Nos rois faisaient souvent signer des chartes et ordonnances par les Pairs, soit pour les rendre plus authentiques, soit pour avoir leur consentement aux dispositions qu'ils faisaient de leur domaine, et aux règlements qu'ils publiaient lorsque leur intention était que ces règlements eussent aussi leur exécution dans les terres de leurs barons ou pairs.

Mais la principale cause pour laquelle les Pairs de France ont été institués, a été pour assister le roi de leurs conseils dans ses affaires les plus difficiles, et pour lui aider à rendre la justice dans sa cour, de même que les autres pairs de fiefs y étaient obligés envers leur seigneur : les pairs de France étaient juges naturels des nobles du royaume en toutes leurs causes réelles et personnelles.

Les Pairs se tenaient près de la personne du Roi, lorsqu'il tenait ses États-généraux; et comme ils étaient les plus anciens et les principaux membres du parlement, ils y avaient entrée, séance et voix délibérative en la grand'-chambre, et aux chambres assemblées toutes les fois qu'ils jugeaient à propos d'y venir, n'ayant pas besoin pour cela de convocation ni d'invitation.

La place des Pairs, aux audiences de la grand'-chambre, était sur les hauts sièges à la droite.

L'âge pour la séance des pairs laïques au parlement, était fixé à 25 ans.

Aux lits de justice, les *Pairs* laïques précédaient les évêques *Pairs*.

Au sacre du Roi, les *Pairs* faisaient une fonction royale; ils y représentaient la monarchie, et y paraissaient avec l'habit royal, et la couronne en tête; ils soutenaient tous ensemble la couronne du roi, et c'étaient eux qui recevaient le serment que le monarque faisait d'être le protecteur de l'église et de ses droits et de tout son peuple.

Outre ces fonctions qui étaient communes à tous les Pairs, ils en avaient encore chacun de particulières au sacre; c'est ce que je vais déduire.

## État des Pairs de France, avec leurs fonctions au sacre de nos Rois.

### Les six Pairs ecclésiastiques en 1789.

1° L'Archevêque duc de REIMS, qui avait la prérogative d'oindre, sacrer et couronner le Roi.

*Titulaire :* Alexandre-Angélique de Talleyrand-Périgord, né en 1737.

2° L'Evêque duc de LAON, qui portait la Sainte-Ampoule au sacre du Roi.

*Titulaire :* Louis-Hector-Honoré-Maxime de Sabran, des comtes de Forcalquier.

3° L'Evêque duc de LANGRES, qui portait le sceptre.

*Titulaire :* César-Guillaume de la Luzerne, né en 1738.

4° L'Evêque comte de BEAUVAIS; il portait et présentait le manteau royal.

*Titulaire :* François-Joseph de la Rochefoucauld.

5° L'Evêque comte de CHALONS; il portait l'anneau royal.

*Titulaire :* Anne-Antoine-Jules de Clermont-Tonnerre.

6º. L'Evêque comte de NOYON ; il portait la ceinture ou baudrier.

*Titulaire :* Louis-André de Grimaldi, prince de Monaco.

*L'Archevêque de Paris, duc de Saint-Cloud, était Pair ecclésiastique ; mais le rang de cette pairie se réglait par celui de son érection qui datait seulement de 1622.*

Titulaire : *Antoine-Éléonor-Léon Le Clerc de Juigné.*

*Les six anciens Pairs laïques.*

1º Le duc de BOURGOGNE ; il porte la couronne royale, et ceint l'épée au Roi.

2º Le duc de GUIENNE ; il porte la première bannière carrée.

3º Le duc de NORMANDIE ; il porte la seconde bannière.

4º Le comte de CHAMPAGNE ; il porte l'étendard de la guerre.

5º Le comte de TOULOUSE ; il porte les éperons.

6º Le comte de FLANDRES ; il porte l'épée du Roi.

Ces six derniers Pairs n'existant plus depuis la réunion des grands fiefs à la couronne, étaient ordinairement représentés par les personnages les plus considérables du royaume, au sacre des rois.

Les Princes du Sang, ayant atteint l'âge de vingt ans, étaient *Pairs nés.*

Les Princes légitimés, étaient aussi *Pairs nés.*

DUCS ET PAIRS HÉRÉDITAIRES AVANT 1789,
*mis par ordre alphabétique* (1).

XVI. Aignan (Saint). Érection de la baronnie de Saint-Aignan en comté, avril, avant Pâques 1537. c'est-à-dire, 1538; érection du même comté en duché-pairie, pour hoirs mâles, décembre 1663; enregistrement et première réception en lit de justice, 15 même mois; création de grandesse d'Espagne, pour hoirs et successeurs, avec assiette sur le comté de Buzançois, en Berry, 25 avril; 3 juin, 24 septembre et 14 octobre 1701. Lettres-patentes du roi, portant confirmation, février 1702, et enregistrement en la chambre des comptes, 14 même mois; cession du duché-pairie en ligne collatérale, 2 décembre 1716.

*Titulaire :* Marie-Paul-Victoire de Beauvilliers, duc de Saint-Aignan.

---

(1) En mettant les duchés-pairies par ordre alphabétique, on désigne ici leur ordre chronologique par le chiffre romain qui est en tête de chaque article, et qui indique l'ordre numérique ou d'ancienneté dans lequel ils doivent être classés.

XXX. AIGUILLON. Acquisition du duché-pairie d'Aiguillon, par Madeleine de Vignerot, veuve d'Antoine de Beauvoir du Roure, seigneur de Combalet, et nièce du cardinal de Richelieu, en 1636 ou 1637; nouvelle érection pour la même, ensemble pour ses héritiers et successeurs tant mâles que femelles, tels qu'elle voudrait les choisir, janvier 1618; et enregistrement au parlement, 19 mai suivant; testament en faveur de Marie-Thérèse de Vignerot-Duplessis, sa nièce, sœur d'Armand-Jean, premier duc de Richelieu, et de Jean-Baptiste Amador, marquis de Richelieu, mars 1675; et ouverture de succession à son profit, premier avril suivant; mort de la même Marie-Thérèse de Vignerot-Duplessis, sans alliance, et succession ouverte, au profit de Louis, marquis de Richelieu, son neveu, 18 décembre 1704; mort de celui-ci, et succession ouverte au profit d'Armand-Louis, comte d'Agénois, son fils, 22 octobre 1730; requête de ce dernier au parlement, à fin de réception en la dignité de duc et pair, à lui dévolue par succession, 10 janvier 1731; opposition des ducs, le même mois et février suivant; arrêt du parlement, prononçant main-levée des oppositions, et ordonnant réception avec rang du jour de la prestation du serment, conformément à l'édit de 1711, 10 mai suivant; première réception ou serment, 26 du même mois; décret du conseil du sénat de Gênes, qui a reçu Emmanuel-Armand de Vignerot-Duplessis, avec le maréchal, duc de Richelieu et leurs descendants, au corps des nobles Génois et ordonne que leurs noms seront inscrits dans le livre d'or, 17 octobre 1748; inscription de celui du même Emmanuel-Armand, même jour.

*Titulaire* : Armand-Désiré de Vignerot-Duplessis, duc de Richelieu, pair de France.

Albert, *voyez* Chaulnes.

X. Albret et Chateau-Thierry. Cession faite au nom du roi, des duchés-pairies de Château-Thierry, ensemble des comtés d'Auvergne, d'Evreux et Beaumont en Périgord, baronnie de la Tour en Auvergne, et autres terres en échange de la principauté de Sédan et Raucourt, avec extension à tous hoirs, successeurs et ayant-causes, tant mâles que femelles, à perpétuité, et clause de continuation des mêmes titres, dignités et prééminences, et même de la pairie, sous une seconde foi et hommage, 20 mars 1651; lettres-patentes contenant ratification de l'échange et continuation des deux titres du duché et de la pairie y jointe, avec rang du jour des premières érections, avril suivant. Premier arrêt du parlement, qui fixe le rang au jour de l'enregistrement, et du serment à faire en la cour. Autre arrêt contenant enregistrement de l'échange, avec restriction du rang des deux duchés et de la pairie, au jour de la date de cet arrêt même, et à charge qu'il sera obtenu nouvelles lettres du roi 20 février 1652. Lettres-patentes contenant rétablissement et érection, en tant que de besoin, pour enfants, héritiers, successeurs et descendants, tant mâles que femelles, à perpétuité, avec rang du jour du précédent arrêt du parlement, et dérogation à toute clause de réunion à la couronne, même mois de février 1652. Confirmation des mêmes lettres, avec même clause du rang du jour du même arrêt du parlement, août 1662; enregistrement et première réception, 2 décembre 1665. Vente de la vicomté de Turenne au roi, 8 mai 1738.

*Titulaire :* Godefroi-Charles-Henri de la Tour d'Auvergne, duc souverain de Bouillon, prince d'Empire, duc d'Albret et de Château-Tierry.

XXXVIII AUBIGNY. Premier don de la seigneurie d'Aubigny-sur-Niere, à Jean Stuard, seigneur baron de Ruley, en Écosse, connétable de l'armée écossaise, au service de France, etc., avec restriction à ses descendants mâles, 26 mars 1422, c'est-à-dire, 1423; réversion au domaine du roi, 1672; nouveau don à Louise-Renée de Keronalle de Penancoet, duchesse de Portsmouth, pour un de ses fils, au choix du roi d'Angleterre, et pour descendants mâles, avec clause de réunion à la couronne, décembre 1673; enregistrement au parlement, 14 avril 1674; et en la chambre des comptes, 26 mars 1683; érection en duché-pairie, pour la même duchesse, ensemble pour Charles Lenox, lord, duc de Richemont, son fils et pour descendants mâles, janvier 1684; enregistrement premier juillet 1777.

*Titulaire* : Charles Lenox, duc d'Aubigny en Berry, pair de France, lord, duc de Richemont au comté d'York, en Angleterre, et de Lenox, en Ecosse.

XIX. AUMONT. Érection du marquisat d'Isles en duché-pairie, sous le nom d'Aumont, pour descendants mâles, avec dérogation à la fixation du nombre des pairs, novembre 1665; enregistrement et première réception en lit de justice, 2 décembre même année; substitution des noms et armes de Rochebaron et de Villequier, le......

*Titulaire* : Louis-Marie-Guy d'Aumont, duc d'Aumont-Rochebaron, pair de France. *Voyez* Villequier, aux ducs non pairs.

AYEN, *voyez* Noailles.

BEAUVILLIERS, *voyez* Saint-Aignan.

BÉTHUNE, *voyez* Sully.

XX. BÉTHUNE-CHAROST. Érection de la seigneurie de Charost et autres en duché-pairie, sous le nom de Béthune-Charost, pour hoirs et descendants mâles, mars 1672; enregistrement, 9 août 1690, et première réception 11 du même mois; séparation de cette branche de celle de Béthune, comtes de Selles, 5 février 1605.

*Titulaire* : Armand-Joseph de Béthune, duc de Charost en Berry, pair de France ( éteint ).

XXIX. Biron. Érection des baronnies de Biron, terres de Montault, Mont-Ferrand et autres en duché-pairie, sous le nom de Biron, pour hoirs mâles, juin 1593 ; enregistrement et première réception, 30 même mois; extinction, 31 juillet 1602; nouvelle érection pour enfants et descendants mâles, premier février 1723; enregistrement et première réception en lit de justice, 30 même mois, dévolution du duché de Lauzun, par succession féminine, 19 novembre suivant; succession au titre de Biron, par mort de neveu, 27 mai 1739.

*Titulaire* : Charles-Antoine-Armand de Gontaut, duc de Biron, pair de France.

Bouillon, *voyez* Albret.

Brancas, *voyez* Villars.

VII. Brissac. Érection de la seigneurie de Brissac en Anjou, en comté, décembre 1560; érection du même comté en duché-pairie, pour hoirs et successeurs mâles, avec dérogation à la clause de la réunion à la couronne, avril 1611; enregistrement et première réception, 8 juillet 1620 ; succession en lignes collatérales, 29 décembre 1698 et 18 avril 1732.

*Titulaire* : Louis-Hercule-Timoléon de Cossé, duc de Brissac, pair de France.

Broglie, *voyez* aux ducs non pairs.

Chabot, *voyez* Rohan.

Chateau-Thierry, *voyez* Albret.

XXIV. Chaulnes. Mariage d'Honoré d'Albert, maréchal de France, avec Charlotte-Eugénie d'Ailly, comtesse de Chaulnes, avec clause des noms et armes d'Ailly, acquisition du comté de Chaulnes, ensemble de la vidamé d'Amiens et autres terres par ce mariage, 13 janvier 1620; érection du comté de Chaulnes en duché-pairie, pour hoirs et successeurs mâles, janvier 1621; enregistrement, 6 mars suivant, et première réception, 9 du même mois; extinction et succession en ligne collatérale, avec charge des noms et armes d'Ailly, 4 septembre 1698; nouvelle érection pour hoirs et descendants mâles; octobre 1711; enregistrement et première réception, premier décembre même année.

*Titulaire* : Marie-Joseph-Louis d'Albert d'Ailly, duc de Chaulnes, pair de France.

Chevreuse, *voyez* Luynes.

XXXIV. Choiseul-Beaupré. Séparation des barons de Beaupré d'avec les seigneurs d'Aigremont, vers 1430; extinction de ces derniers, vers 1720.

Dévolution de la baronnie de Stainville et autres terres en vertu de testament d'oncle maternel, à charge de jonction des noms et armes de Stainville, le ....; enregistrement à la chambre des comptes de Bar, 27 octobre 1717; union de cette baronnie avec les seigneuries de Mesnil sur Saux, Lavinecourt et Montplonne, et érection en marquisat, 27 avril 1722; érection de ce marquisat et terres y jointes en duché, sous le nom de Choiseul, pour enfants et descendants mâles, novembre 1758; enregistrement, 29 même mois; érection du même duché en pairie, décembre suivant; enregistrement, 12 janvier 1759; première réception, 25 même mois; translation des titre et dignité de duché-pairie, sur Amboise, sous le nom de Choiseul-Amboise, 10 février 1762; enregistrement, 16 même mois; assurance de la succession de ce duché, après la mort du duc de Choiseul, au comte de Choiseul-Stainville, son neveu, 29 mai 1782; possession, 8 mai 1785.

*Titulaire* : Claude-Antoine-Gabriel de Choiseul-Beaupré, duc de Choiseul-Stainville, pair de France.

XXXV. CHOISEUL-PRASLIN. Séparation des seigneurs de Chevigny d'avec les seigneurs d'Aigremont, aujourd'hui éteints, vers 1490; érection de la terre de Montgomer près Chinon en Poitou, en duché-pairie, pour hoirs et successeurs mâles, 2 novembre 1762; mutation d'assise et transport du titre de duché sur la terre de Villars près Melun, août 1764.

*Titulaire* : Renaud-César-Louis de Choiseul, duc de Praslin, pair de France.

XXXVII. CLERMONT-TONNERRE. Érection en duché-pairie, en 1775 ; réception en parlement, 13 mars 1782.

*Titulaire* : Jules-Henri, duc de Clermont-Tonnerre, pair de France.

XXI. SAINT-CLOUD. Érection de la seigneurie de Saint-Cloud et autres y jointes, en duché-pairie, pour l'archevêque de Paris, avril 1674 ; enregistrement au parlement, 18 août 1690 ; première réception, 19 même mois ; changement du siège du duché sur la terre de Bois-le-Vicomte.

*Titulaire* : Antoine-Éléonor-Léon Le Clerc de Juigné.

XXXIX. COIGNY. Érection de la *seigneurie* de Coigny en comté, en 1650 ; érection du même comté en duché-pairie, pour enfants et descendants mâles, février 1747 ; enregistrement, 18 avril suivant ; érection du même duché en pairie, 1787.

*Titulaire* : Marie-François-Henri de Franquetot, duc de Coigny, pair de France.

COSSÉ, *voyez* Brissac.

CROY, *voyez* aux ducs non pairs, p. 148.

CRUSSOL, *voyez* Uzès.

XXXII. DURAS. Dévolution de la seigneurie de Duras, en vertu du testament d'oncle maternel, 19 mai 1324; de celle de Rozan, par succession de mère, 25 juin 1504; et de celle de Lorges, par pactes de mariage, 22 janvier, 12 avril, 20 mai 1603, la dernière, cédée depuis pour partage de cadet; érection de Duras en marquisat, février 1609, et de Rozan en comté, octobre 1625; érection des mêmes marquisat et comté en duché-pairie, pour hoirs, successeurs et ayant-causes, issus de loyal mariage, à charge d'extinction du titre, défaut d'hoirs mâles, mai 1668, non registrée; autre érection en duché seulement, pour enfants et descendants mâles, février 1689; enregistrement, premier mars même année; démission du titre, mai 1733; et érection du duché en pairie, en faveur du démissionnaire, pour enfants et descendants mâles, décembre 1755; enregistrement et première réception, 12 février 1757.

*Titulaire :* Emmanuel-Félicité de Durfort, duc de Duras, pair de France. *Voyez* aux ducs non pairs et aux ducs à brevets.

Durfort, *voyez* Duras aux ducs-pairs et Lorges, aux ducs non pairs.

II. Elbeuf. Érection du marquisat d'Elbeuf en duché-pairie, pour descendants mâles et femelles, avec dérogation à la clause de la réunion à la couronne, novembre 1581; enregistrement et première réception, 29 mars 1582; succession en ligne collatérale, 12 mai 1748; extinction de cette branche en 1763, et succession en ligne collatérale, même année.

*Titulaire* : Charles-Eugène de Lorraine, duc d'Elbeuf, prince de Lambesc.

XXIII. FITZ-JAMES. Lettres de naturalité, 17 décembre 1703 ; acquisition de la seigneurie de Warty et autres, en.... érection de la même terre en duché-pairie, sous le nom de Fitz-James, pour enfants mâles du second lit, et leurs descendants mâles, mai 1710 ; enregistrement, 23 même mois, et première réception 11 décembre suivant.

*Titulaire* : Jean-Charles, duc de Fitz-James.

XXXI. FLEURY. Érection des terres de Rocozel et de Ceilhes en marquisat, sous le nom de Rocozel, septembre 1724 ; érection du même marquisat, de la baronnie de Pérignan et autres terres, en duché-pairie, sous le nom de Fleury, pour enfants et descendants mâles, en ligne directe, mars 1736 ; enregistrement au parlement de Paris, 14 même mois ; première réception, mai suivant.

*Titulaire* : André-Hercule de Rosset-Rocozel, duc de Fleury, pair de France, premier gentilhomme de la chambre du roi.

FRANQUETOT, *voyez* Coigny.

IX. FRONSAC. Acquisition du duché-pairie de Fronsac, 16 juin 1633 ; nouvelle érection en tant que de besoin pour successeurs, héritiers et ayant-causes, mâles et femelles, à perpétuité, avec rang du jour de la première érection, juillet 1634; enregistrement sans aucune restriction, 5 du même mois; legs testamentaire de ce duché, avec substitution à Armand-Jean de Vignerot, petit-fils d'une sœur du cardinal de Richelieu; possession, 2 mai 1674, et première réception même année. *Voyez* Richelieu.

GESVRES, *voyez* Trêmes.

GONTAUT, *voyez* Biron.

GOYON DE MATIGNON, *voyez* Valentinois.

XIII. GRAMONT. Substitution des nom et armes de Gramont à Antoine d'Aure, vicomte d'Aster, par Claire de Gramont, sa mère, en 1551 ou 1552. Érection de la terre de Guiche en comté, sous le nom de Gramont, décembre 1563. Brevet portant promesse d'érection en duché-pairie, 13 décembre 1543; lettres-patentes contenant érection pour successeurs mâles, novembre 1648; enregistrement et première réception en lit de justice, 15 décembre 1663; succession en ligne collatérale, 10 mai 1741; dévolution du duché d'Humières, par succession féminine, 6 novembre 1751.

*Titulaire*: Antonin, duc de Gramont, pair de France. *Voyez* aux ducs à brevet les noms Lesparre et Lauzun.

Grimaldy, *voyez* Valentinois.

Guemené, *voyez* Montbazon.

XXII. Harcourt. Érection de la terre de la Motte et autres en marquisat, sous le nom de la Motte-Harcourt, août 1593; acquisition de l'ancien marquisat de Thury, 16......; érection des mêmes terres et autres en duché, sous le nom de Harcourt, pour enfants et descendants mâles, novembre 1700; enregistrement au parlement de Paris, 18 mars 1701, et à Rouen, 30 juillet même année; érection du même duché en pairie, avec même clause, novembre 1709; enregistrement, 28 février 1710, et première réception, 9 août suivant; érection de la baronnie de Beuvron en marquisat, août 1593; enregistrement au parlement de Rouen, 17 septembre 1746; autre érection de la seigneurie de Meilleraye en marquisat, avril 1698; aliénation, 1731; acquisition de l'ancien comté de l'Isle-Bonne..... Succession en ligne collatérale, 10 juillet et 26 septembre 1750.

*Titulaire* : François-Henri, duc d'Harcourt, pair de France.

Havré, *voyez* Croy.

Lenox, *voyez* Aubigny.

Liancourt, *voyez* le mot Estissac aux ducs non pairs.

Luxembourg, *voyez* Piney, page 136, et

Bouteville et Châtillon-sur-Loing, page 147.

VI. Luynes. Érection du comté de Maillé en duché-pairie, sous le nom de Luynes, pour hoirs et successeurs mâles, avec dérogation à la clause de réunion à la couronne, août 1619; enregistrement et première réception, 14 novembre suivant; acquisition du duché-pairie de Chevreuse, 15 octobre 1655; lettres-patentes contenant approbation de l'acquisition et confirmation du duché, seulement pour enfants tant mâles que femelles, héritiers, successeurs et ayant-causes, avec nouvelle érection en tant que de besoin, décembre 1667; enregistrement, 16 mars 1668; concession faite au nom du roi, du comté de Montfort-l'Amaury, en échange de la ville de Chevreuse, et autres terres dépendantes du duché, premier février 1692. Lettres-patentes portant confirmation de l'échange et union du comté de Montfort au château de Dampierre, chef-lieu du duché, avec même extension, à tous hoirs mâles et femelles, successeurs et ayant-causes, même mois de février 1692; enregistrement au parlement, 28 dudit, et en la chambre des comptes, 5 mars suivant.

*Titulaire* : Louis - Joseph - Charles - Amable d'Albert, duc de Luynes, en Touraine, pair de France, duc de Chevreuse.

Mancini Mazarini, *voyez* Nivernais.

III. Montbazon et Guémené. Érection des

baronnies de Montbazon et Sainte-Maure en comté, février 1547, c'est-à-dire 1548; érection du même comté en duché-pairie pour hoirs mâles, avec dérogation à la clause de réunion à la couronne, mai 1588; enregistrement, 27 avril 1589; mort de l'impétrant, premier novembre suivant; confirmation pour un frère cadet et descendants mâles, avec rang du jour de la première érection, mars 1594; enregistrement et première réception, 15 mars 1595; érection de la seigneurie de Guémené en principauté, septembre 1570, enregistrée au parlement et à la chambre des comptes de Bretagne, même année.

*Titulaire* : Jules-Hercule-Mériadec de Rohan, duc de Montbazon, pair de France, prince de Guémené, chef des nom et armes de Rohan.

MONTMORENCY, *voyez* Piney, page 136; Bouteville et Châtillon-sur-Loing, page 147; Laval, page 155; Montmorency, page 152, et Beaumont, page 147, aux ducs non pairs.

XV. MORTEMART. Érection de la terre et marquisat de Mortemart en duché-pairie, pour hoirs et successeurs mâles, décembre 1650; enregistrement et première réception en lit de justice, 15 décembre 1663; succession en ligne collatérale, premier août 1746.

*Titulaire* : Victurnien-Jean-Baptiste-Marie de Rochechouart, duc de Mortemart, prince de Tonnay-Charente.

NEUVILLE, *voyez* Villeroy.

XXVIII. NIVERNAIS. Acquisition du duché-pairie de Nevers et de la baronnie de Donzy par le cardinal Mazarin, 11 juillet 1659; lettres-patentes portant confimation et continuation du duché-pairie pour héritiers successeurs et ayant-causes, conformément à la première érection du mois de janvier 1538, c'est-à-dire 1539, en même forme et avec mêmes prérogatives, rang et préséance, octobre 1660, non registrées; testament et codicille, qui instituent Philippe-Jules Mancini, fils d'une sœur, héritier des duchés de Nevers, baronnie de Donzy et biens d'Italie, à charge de jonction des noms et armes de Mazarin, 6 et 7 mars 1661; succession ouverte, 9 du même mois; lettres-patentes, portant nouvelle confirmation pour hoirs, successeurs et ayant-causes en mêmes termes que la première, janvier 1676, et ordonnance de soit montré au procureur-général du parlement, pour l'enregistrement, 31 décembre suivant; lettres de surannation, 29 avril 1692; nouvelle expédition avec clause de conformité à l'édit du mois de mai 1711, pour le rang, 24 août 1720; enregistrement, 31 décembre suivant; première réception, 14 janvier 1721; dévolution de grand d'Espagne et de la principauté de Vergague en Italie, par succession d'aïeul maternel et de mère, 11 janvier 1738; vente de cette principauté, avec réserve des titres honorifiques, 1750.

*Titulaire*: Louis-Jules Barbon Mancini Mazarini, duc de Nivernais.

XVIII. Noailles. Érection de la seigneurie d'Ayen en comté, en mars 1593, en faveur de Henri, sieur de Noailles; érection du même comté en duché-pairie, sous le nom de Noailles, pour héritiers et successeurs mâles légitimes, avec dérogation à la fixation du nombre des pairs, décembre 1663, et première réception en lit de justice, 15 du même mois.

*Titulaire*: Louis, duc de Noailles. *Voyez* aux duc non pairs, au mot Ayen; et aux ducs à brevets, au mot Poix.

Quélen, *voyez* la Vauguyon.

XII. Piney ou Luxembourg. Érection de la terre de Piney et autres en duché, pour François de Luxembourg, comte de Ligny, et baron de Tingry, ensemble pour ses successeurs et ayant-causes, tant mâles que femelles, septembre 1576, et enregistrement, 19 septembre 1577: érection du même duché en pairie, avec pareille extension à tous hoirs, successeurs et ayant-causes, mâles et femelles, à perpétuité, octobre 1581; enregistrement, 29 décembre suivant, et première réception, 30 du même mois; succession en ligne féminine, 23 mai 1616; premier mariage de l'héritière, et substitution des noms et armes, 6 juillet 1620; et lettres-patentes pour réception du mari, comme duc et pair, 10 du même mois ; entérinement des lettres et réception, avec rang du jour de la première érection, 8 février 1621 ; mort du mari, 25 novembre 1630 ; second mariage de l'héritière, 1633 ou 1634, et titre de duc conféré au second mari ; mais sans confirmation de la part du roi, ni réception. Cession du duché par un unique fils du premier mari, à une fille unique du second, pour mariage avec François-Henri de Montmorency, à charge de jonction des noms et armes de Luxembourg, mars 1661 ; lettres-patentes portant confirmation de la substitution et du duché-pairie, pour hoirs, mâles et femelles, avec réversion à la maison de Gesvres, à défaut de postérité, même mois ; opposition à la préséance, 17 janvier 1662. Arrêt du parlement qui entérine les lettres-patentes, et ordonne par provision que François-Henri de Montmorency n'aura rang que du jour de sa réception, 20 mai suivant, et réception, 22 du même mois ; rang fixé définivement à ce jour, par l'édit de 1711 ; érection de Tingry en principauté, janvier 1587 ; aliénation, premier avril 1640.

*Titulaire* : Anne-Charles-Sigismond de Montmorency-Luxembourg.

POTIER, *voyez* Trêmes.

PRASLIN, *voyez* Choiseul.

VIII. RICHELIEU. Érection de la seigneurie en duché-pairie, pour héritiers, successeurs et ayant-causes, mâles et femelles, à perpétuité, avec dérogation à la clause de réunion à la couronne, août 1631 ; enregistrement, 4 janvier suivant, et première réception, 5 du même mois ; legs testamentaire de ce duché à Armand-Jean de Vignerot, petit-fils d'une sœur du cardinal de Richelieu, avec substitution de Fronsac, et charge du nom et armes seules de du Plessis, 13 mai 1642. Dévolution du duché de Richelieu par succession ouverte, 4 décembre suivant, et première réception, 15 janvier 1657 ; décret du sénat de Gênes, qui, pour services signalés rendus à la république, ordonne que Louis-François du Plessis, duc de Richelieu, et son fils, seront inscrits dans le livre d'or des nobles Génois ; que leurs descendants mâles jouiront à perpétuité des mêmes prérogatives que les autres nobles, et qu'ils pourront joindre à leurs armes celles de la république, 17 octobre 1748. Sentence du châtelet de Paris, qui permet jonction des armes de la république de Gênes avec celles de du Plessis, nonobstant la clause du testament du cardinal de Richelieu, contenant défense de toutes jonctions d'autres armes, et sur avis des parents appelés à la substitution, portant que cette jonction n'y était point contraire, 20 janvier 1750. Diplôme des doges, gouverneurs et procurateurs de la république de Gênes, contenant attestation de l'exécution du décret précédent, faite avec les suffrages des deux conseils, et approbation de toute la république de Gênes, 7 janvier 1751. Lettres-patentes portant permission d'accepter la concession, et d'en jouir ainsi que des armes, conformément au réglement donné par le juge d'armes, même mois, enregistrement au parlement et ailleurs, le.....; succession des duchés pairies, août 1788.

*Titulaire* : Louis-Joseph-Antoine du Plessis-Richelieu, duc de Richelieu, de Fronsac, pair de France, noble Génois.

ROCHECHOUART, *voyez* Mortemart, page 134.

XXXVI. ROCHEFOUCAULD (la). Érection de la baronnie de la Rochefoucauld en comté, avril 1528; érection du même comté en duché-pairie, pour successeurs mâles, avril 1622; enregistrement, 4 septembre 1631, et première réception, 24 juillet 1637; extension du duché-pairie aux filles du duc et à leurs descendants mâles, mais pour n'avoir rang que du jour de la première réception à venir, 5 février 1732; enregistrement, 12 mars suivant; dévolution du duché de la Roche-Guyon par succession féminine, premier août 1674; nouvelle érection pour enfants et descendants, tant mâles que femelles, novembre 1679; enregistrement, 27 mars 1681; dévolution du duché dans la branche de la Rochefoucauld-Roye, 4 mars 1762; nouvelle réception, 24 avril 1769.

*Titulaire* : Louis-Alexandre, duc de la Rochefoucauld-Roye, pair de France. *Voyez* aux ducs non pairs, au mot Estissac.

Rocozel, *voyez* Fleury.

XXV. Rohan-Rohan. Érection de la baronnie de Fontenay en duché-pairie, pour hoirs et successeurs mâles, avec dérogation à la fixation du nombre des pairs, juillet 1626, non enregistrée; extinction, dévolution en ligne féminine, 9 octobre 1642; dévolution de la maison de Chabot avec le duché de Rohan et la seigneurie de Soubise, par mariage, 6 juin 1649; réversion avec la même seigneurie de Soubise, par autre mariage d'une fille de Rohan-Chabot, 17 avril 1663; nouvelle érection en duché-pairie, sous le nom de Rohan-Rohan, pour enfants et descendants mâles, octobre 1714; enregistrement et première réception, 18 décembre suivant; érection de la seigneurie de Soubise en principauté, mars 1667; enregistrement aux parlements de Paris et de Bordeaux, même année; dévolution du duché-pairie de Ventadour et de celui de Joyeuse, par successions féminines, 28 septembre 1717, 31 juillet 1724.

*Titulaire* : Charles-Louis de Rohan, duc de Rohan-Rohan, pair de France.

V. Sully. Érection de la baronnie de Sully en duché-pairie, pour hoirs et descendants mâles, en ligne masculine, avec dérogation à la clause de réunion à la couronne, et à la fixation du nombre des pairs laïques, février 1606; enregistrement, 25 du même mois; première réception, 9 mars suivant; succession en ligne collatérale, 24 décembre 1710 et 2 février 1729. Arrêt du conseil d'état, qui juge le titre ducal dévolu à un aîné, par préférence à un cadet, quoiqu'héritier plus proche, 13 mars 1730; dévolution de la principauté souveraine d'Henrichemont et de Boisbelle, ensemble des marquisats de Conty, vicomté de Breteuil et autres terres, par succession de la première branche ducale, à défaut de mâles.

*Titulaire* : Maximilien-Gabriel-Louis de Béthune, duc de Sully.

IV. THOUARS OU LA TRÉMOUILLE. Erection de l'ancienne vicomté de Thouars en duché, pour hoirs, successeurs et ayant-causes, tant mâles que femelles descendants et collatéraux, juillet 1563; enregistrement, 21 octobre suivant; pairie pour hoirs mâles seulement, avec dérogation à la clause de réunion à la couronne, août 1595; enregistrement et première réception, 7 décembre 1599; dévolution du comté de Laval-au-Maine et de la baronnie de Vitré, en Bretagne, et prétention au royaume de Naples, par succession des comtes de Laval, de la maison de Montfort, et par extinction de diverses lignes aînées, décembre 1605.

*Titulaire*: Jean-Bretagne-Charles-Godefroy de la Trémouille, duc de Thouars, pair de France, prince de Tarente, prince héréditaire de BOUILLON.

TINGRY. *Voyez* Piney.

TOUR-D'AUVERGNE (de la). *Voyez* Albret.

TRÉMOUILLE. *Voyez* Thouars.

XVII. TRÊMES OU GESVRES. Erection de la seigneurie de Gesvres en baronnie, janvier 1597, et de la même baronnie en marquisat, janvier 1626; érection de la seigneurie de Trêmes en comté, janvier 1610; brevet portant exécution d'une promesse faite par Louis XIII, peu avant sa mort, d'ériger ce comté en duché-pairie, 21 août 1643; lettres-patentes d'érection pour hoirs et successeurs mâles, novembre 1648; lettres de surannation, 11 décembre 1663; enregistrement et première réception en lit de justice, 15 même mois; mutation du nom de duché de Trêmes en celui de Gesvres, juillet 1670; enregistrement 2 août suivant; lettres-patentes qui conservent à la maison de Gesvres le droit aux nom et armes de Luxembourg, et la succession au duché-pairie de Piney, et en vertu de la même substitution primordiale, mars 1661, et enregistrement 22 mai 1662; succession en ligne collatérale, 19 septembre 1757.

*Titulaire*: Louis-Joachim-Paris Potier, duc de Trêmes, pair de France.

I. Uzès. Erection de la vicomté d'Uzès, et autres terres en duché, pour hoirs mâles, avec clause de réunion à la couronne à défaut de descendants mâles, mai 1565, enregistrement à Toulouse, 26 mars 1566. Erection du même duché en pairie, janvier 1572, enregistrement au parlement de Paris, et première réception, 3 mars même année; dévolution du duché-pairie de Montausier, par succession féminine, 17 mai 1590.

*Titulaire* : François-Emmanuel de Crussol; duc d'Uzès.

XXVII. Valentinois. Erection de la baronnie de Thorigny en comté, pour Jacques Goyon, sire de Matignon, depuis maréchal de France, septembre 1565, enregistrement le 28 mai 1566; dévolution de l'ancien duché d'Estouteville, et de droit à la principauté de Neufchâtel en Suisse, et par succession de la duchesse de Nemours, et par représentation d'Eléonore d'Orléans-Longueville, femme de Charles Goyon, sire de Matignon, comte de Thorigny, fils et successeur du premier maréchal de Matignon, 16 juin 1707; brevet contenant approbation du mariage entre Jacques-François-Léonor Goyon de Matignon, comte de Thorigny, et Louise-Hyppolite Grimaldy, fille aînée et présomptive héritière d'Antoine, prince de Monaco, duc de Valentinois, pair de France, à charge de substitution du nom et armes de Grimaldy, avec mutation des nom et armes de Goyon-Matignon en ceux de Grimaldy, et promesse de continuation du duché-pairie de Valentinois, pour n'avoir rang que du jour de la future réception, sous condition de retour au même prince de Monaco, s'il lui naissait des enfants mâles, et de jouissance des honneurs pour le gendre, sa vie durant, soit dans ce cas, soit en cas de prédécès de sa femme, des enfants mâles, 24 juillet 1715; célébration de mariage, 20 octobre même année; lettres-patentes portant mutation du nom de Goyon-Matignon en celui de Grimaldy, avec continuation du duché-pairie, et nouvelle érection, en tant que de besoin, pour enfants et descendants mâles, décembre suivant; enregistrement, 2 septembre 1716, et première réception 14 décembre suivant; démission en faveur du fils, le...

*Titulaire* : Honoré-Charles-Maurice-Anne de Grimaldy, duc de Valentinois, prince héréditaire de Monaco.

XXXII. VAUGUYON (de la). Erection des seigneuries de Broutay, Tregarenteuc, du Plessis-Monteville, Buelenquelleneuc et autres y jointes, en vicomté, décembre 1656; et enregistrement au parlement, 18 juillet 1657; les mêmes terres vendues depuis; dévolution du comté de la Vauguyon, ensemble des baronnies de Tonneins dessous Villeton, Grateloup et la Gruère, et de la Châtellenie de Saint-Megrin, tant en vertu de testament d'aïeul maternel, à charge de jonction des noms et armes de Stuer et de Caussade, que par succession de mère, 17 août 1671, et 13 octobre 1693; le comté de la Vauguyon vendu depuis; acquisition du bourg de Saint-Pierre de Tonneins, vulgairement appelé *Tonneins dessous*, 18 mars 1756, et du marquisat de Challonges, 20 avril 1758; union et érection des mêmes baronnies de Tonneins et autres, et du marquisat de Challonges en duché-pairie, sous le nom de la Vauguyon, pour hoirs et descendants mâles, sans mutation du nom de Tonneins, chef-lieu du duché, août même année; enregistrement 15 décembre suivant, première réception, 11 janvier 1759.

*Titulaire* : Paul-François de Quélen Stuer de Caussade, duc de la Vauguyon, pair de France.

VIGNEROT. *Voyez* Richelieu et Aiguillon.

XXVI. VILLARS-BRANCAS. Brevet contenant promesse d'érection d'une terre en duché-pairie, 18 octobre 1626; érection de la baronnie d'Oise et des terres de Villars et Champtercier en duché, sous le nom seul de Villars, pour hoirs et successeurs mâles, avec clause de réunion à défaut de la ligne masculine, septembre 1627; enregistr. au parlement d'Aix, 23 juillet 1628;

érection du même duché en pairie, pour hoirs et successeurs mâles, avec dérogation à la clause de réunion, juillet 1652, et enregistr. à Aix, 15 février 1657; lettres de surannation adressées au parlement de Paris, 2 septembre 1716, enregistrement 5, et première réception, 7 du même mois.

*Titulaire* : Louis de Brancas, duc de Brancas, pair de France.

XIV. VILLEROY. Érection de la terre de Villeroy en marquisat, janvier 1605; brevet portant promesse d'érection en duché-pairie, 15 décembre 1648; lettres-patentes contenant érection pour hoirs et successeurs mâles, septembre 1651; enregistrement et première réception en lit de justice, 15 décembre 1663; dévolution du duché-pairie de Retz, par succession féminine, janvier 1716.

*Titulaire* : Gabriel-Louis-François de Neufville, duc de Villeroy.

## DUCS HÉRÉDITAIRES NON PAIRS.

Après avoir traité des pairies, je vais rapporter les duchés simples, dont la plupart ont été héréditaires. Ceux qui en étaient revêtus jouissaient des mêmes honneurs que les ducs et pairs, quand les lettres étaient registrées, à l'exception des prérogatives attachées à la pairie.

AUMONT. *Voyez* Villequier.

BEAUMONT. Séparation de la branche ducale de Piney-Luxembourg janvier 1695; brevet de duc héréditaire, 7 janvier 1765, première réception, 1769.

*Titulaire* : N..... de Montmorency, comte de Luxembourg, prince de Tingry.

BOUTEVILLE. *Voyez* Chatillon-sur-Loing.

BROGLIE. Erection de la terre, seigneurie et baronnie de Ferrières en Normandie, en duché, sous le nom de Broglie, pour hoirs mâles, juin 1742; enregistrement au parlement et chambre des comptes de Paris, 20 août et 16 novembre suivant; enregistrement au parlement et chambre des comptes de Normandie, premier février 1744 et 25 mai 1745; concession du titre de prince du Saint-Empire, pour descendants mâles et femelles, par diplôme du 28 mai 1759.

*Titulaire* : Victor-François de Broglie, duc de Broglie.

CAMBRAY. Duché ecclésiastique érigé par l'empereur Maximilien I, le 28 juin 1510.

*Titulaire* : Ferdinand-Maximilien-Mériadec, prince de Rohan de Guemené, archevêque, duc de Cambray.

CHATILLON-SUR-LOING ou BOUTEVILLE. Dévolution de la seigneurie de Chatillon-sur-Loing et autres, par legs testamentaire et mort de tante paternelle, 24 juillet 1695; érection des mêmes terres en duché, pour enfants et descendants mâles, février 1696, et enregistrement, 3 mars suivant; permission du roi, pour changer le titre de duc de Châtillon en celui de Bouteville, après l'érection de Mauléon en duché-pairie, sous le nom de Châtillon, mars 1736; succession à ce duché; 1785.

*Titulaire* : Anne-Henri-René-Sigismond de Montmorency-Luxembourg, duc de Bouteville, premier baron chrétien de France.

CHASTELET. Erection des terres et seigneuries de Cirey en duché héréditaire, 2 février 1777.

*Titulaire* : Louis-Marie-Florent, duc de Chastelet-d'Haraucourt.

CROY. Erection de la terre de Croy en Picardie, en duché, pour hoirs et descendants mâles; 4 juillet 1598; nouvelle érection et assise du duché, sur les terres et seigneuries de Croy, Wally, Conty, le Bosquet et fief du vieux Tilloy, leurs appartenances et dépendances, pour ne composer à l'avenir qu'un seul et même corps de duché, sous le nom de duché de Croy, dont le chef-lieu sera la terre de Wally, par lettres-patentes du mois de novembre 1773, registrées au parlement, 13 décembre 1774; création de grandesse par Charles V, diplôme qui en confirme les dispositions, 28 juin 1772.

*Titulaire* : Anne-Emanuel-Ferdinand-François

de Croy, duc de Croy, grand-d'Espagne de la première classe, prince d'Empire, chef de nom et armes de sa maison.

DURFORT-DURAS. *Voyez* aux ducs pairs page 128, et le nom de Lorges aux ducs non pairs page 150.

ESTISSAC. Séparation de la branche ducale de la Rochefoucauld, août 1572; substitution aux noms et armes de Roye et de Roucy, novembre même année; brevet portant concession du titre et des honneurs de duc, octobre 1737; acquisition du duché de Villemor et terres y jointes..... nouvelle érection en duché, sous le nom d'Estissac, pour enfants et descendants mâles, août 1758; enregistrement au parlement, 5 septembre suivant.

*Titulaire* : François-Alexandre-Frédéric de la Rochefoucauld, duc de Liancourt et d'Estissac, chef du nom et armes de la maison. *Voyez* aussi la Rochefoucauld aux ducs pairs.

LA FORCE. *Brevet de duc héréditaire le...* 1787.

*Titulaire* : Nompar, duc de Caumont la Force, marquis de la Force.

LAVAL. Séparation des seigneurs de Montmorency, novembre 1230; possession de la seigneurie de Laval au Maine; par cession de mère, et adoption du nom de Laval, 1240; séparation des sires de Laval, dont la succession passe en 1423 ou 1424, aux sires de Montfort et de Kergorley, depuis comtes de Laval, et postérieurement dans la maison de la Trémouille, août 1295; et de la branche des seigneurs de Loué, depuis marquis de Nesle et comtes de Juigny, dont les biens ont passé par diverses successions féminines dans la maison de Mailly, octobre 1499; partage de la branche de la seigneurie de la Macheferrière, avec deux tiers de celle de Lesay, dont le troisième y est joint par acquisition; érection de la même terre de Lesay en marquisat, janvier 1642, et mutation du nom de Lesay, en celui de Laval-Lesay, octobre 1643; dévolution du marquisat de Magnac, première baronnie du comté de la Marche, par succession d'une branche de la maison de Salignac-Fénélon, octobre 1683; union de la baronnie d'Arnac et autres terres voisines au même marquisat de Magnac, et érection du tout en duché, sous le nom de Laval; pour enfants et descendants mâles, en ligne directe et légitime, selon l'ordre de primogéniture, avec extension aux enfants et descendants mâles de feu Joseph-Pierre, comte de Montmorency-Laval, unique fils du dernier maréchal de Montmorency-Laval, octobre 1758; enregistrement, 29 novembre suivant.

*Titulaire*: Guy-André Pierre de Montmorency-Laval, chef du nom et armes de sa maison, duc

de Laval, et en cette qualité premier baron de
la province de la Marche.

Levis. *Brevet de duc héréditaire, avec les honneurs du Louvre, 26 avril* 1784.

*Titulaire* : Pierre-Marc-Gaston de Levis, duc de Levis.

Lorges. Séparation de la maison de Durfort-Duras, janvier 1665 ; cession de la seigneurie de Lorges, par partage, le..... cette terre fut vendue depuis; acquisition de la baronnie de Quentin et autres en Bretagne, 29 septembre 1681 ; érection de la même baronnie en duché, pour enfants et descendants mâles, mars 1691 ; enregistrement au parlement de Paris, 21 même mois, et à Rennes, 12 octobre suivant ; mutation du nom de duché de Quentin en celui de Lorges, avec consentement du seigneur propriétaire de la terre de Lorges, et pour enfants, postérité et ayant-causes, possédant le duché, novembre 1706; enregistrement à Paris, 7 décembre même année ; don du duché de Randan, par une tante paternelle, mai 1733, et dévolution de la propriété par son décès, 17 mai 1640; nouvelle érection du duché de Lorges, pour enfants et descendants mâles, 25 mars 1773 ; enregistrement au parlement de Bretagne, 4 mai suivant ; extinction de la première branche ducale, en dé cembre 1775; succession par mariage, la même année.

*Titulaire* : Jean-Laurent de Durfort-Civrac, duc de Lorges.

MAILLÉ. *Brevet de duc héréditaire, le.....* 1784.

*Titulaire* : Charles-René de Maillé de la Tour-Landry, duc de Maillé.

MONTMORENCY. Acquisition du duché-pairie de Beaufort, par Charles François - Frédéric de Montmorency - Luxembourg, 18 mars 1688; lettres portant approbation de l'acquisition et nouvelle érection en duché seulement, pour enfants et descendants mâles et femelles, à perpétuité, en mai suivant; enregistrement, 13 juillet même année; mutation du nom de duché de Beaufort en celui de duché de Montmorency, sur motif de changement du nom de duché-pairie de Montmorency en celui d'Enghien, octobre 1689; enregistrement, 2 janvier 1690.

*Titulaire* : Anne-Léon, duc de Montmorency-Fosseux, premier baron de France, et premier baron chrétien, connétable héréditaire de la province de Normandie.

POLIGNAC. *Brevet de duc héréditaire le* 20 *septembre* 1780.

*Titulaire* : Jules, comte de Polignac, marquis de Manciny.

Saulx-Tavanes. *Brevet de duc héréditaire* 29 mars 1786.

*Titulaire* : Charles-François-Casimir de Saulx-Tavanes, duc de Saulx.

Villequier. *Brevet de duc héréditaire janvier 1759, réception 1774.*

*Titulaire* : Louis-Alexandre-Céleste d'Aumont, duc de Villequier.

## DUCS A BREVET.

Ayen. *Brevet de duc, en mars 1755.*

*Titulaire* : Jean-Louis-François-Paul de Noailles, duc d'Ayen.

Beuvron. *Brevet de duc, le .... 1784.*

*Titulaire* : Anne-François de Harcourt, duc de Beuvron.

Broglie. *Brevet de duc, au mois de ....*

*Titulaire* : Auguste-Joseph de Broglie, prince de Revel, duc de Broglie.

Castries-Charlus. *Brevet de duc, le ..... 1784.*

*Titulaire* : Armand-Nicolas-Augustin de la Croix, comte de Charlus, duc de Castries.

Chabot. *Brevet de duc, au mois de ....*

*Titulaire* : Germain-Louis-Antoine-Auguste de Rohan-Chabot, duc de Chabot.

Coigny. *Brevet de duc, le* . . .

*Titulaire* : François-Marie-Casimir de Franquetot, marquis de Coigny.

Cossé. *Brevet de duc, le* .... 1784.

*Titulaire* : Hyacinte-Hugues-Timoléon, marquis de Cossé, duc de Cossé.

Croy. *Brevet de duc, le* ....

*Titulaire* : Anne-Emmanuel-Ferdinand, duc de Croy.

Crussol. *Brevet de duc, le* ....

*Titulaire* : Marie-François-Emmanuel de Crussol, duc de Crussol.

Duras. *Brevet de duc, au mois de* .... 1770.

*Titulaire* : Emmanuel-Céleste de Durfort, duc de Duras.

Gand. *Brevet de duc, le* ....

*Titulaire* : Guillaume-Louis-Camille, comte de Gand et du Saint-Empire.

Grammont. *Voyez* aux ducs-pairs, et Lesparre et Lauzun aux ducs à brevet.

Guiche. *Brevet de duc, le* ....

*Titulaire* : Antoine-Louis-Marie de Grammont, duc de Guiche.

Guines. *Brevet de duc, le* ....

*Titulaire* : Adrien-Louis de Bonnières, duc

de Guines et de Souastres, gouverneur de Maubeuge, lieutenant-de-roi de la province d'Artois.

LAURAGUAIS. *Brevet de duc, en janvier* 1755.

*Titulaire* : Louis-Léon-Félicité de Brancas, duc de Lauraguais.

LAUZUN. *Brevet de duc, au mois de* ....

*Titulaire* : Armand-Louis de Gontaut, duc de Lauzun.

LAVAL. *Brevet de duc, le 13 juillet* 1783.

*Titulaire* : Anne-Alexandre-Sulpice-Joseph de Montmorency, duc de Laval.

LESPARRE. *Brevet de duc, au mois de* ....

*Titulaire* : Louis-Antoine-Armand de Gramont, duc de Lesparre.

MAILLY. *Brevet de duc, le* ....

*Titulaire* : Louis-Marie, duc de Mailly.

NARBONNE. *Brevet de duc, au mois de* ....

*Titulaire* : Jean-François, duc de Narbonne-Lara.

POIX. *Brevet de duc, au mois de* ...

*Titulaire* : Louis-Philippe-Marc-Antoine de Noailles, prince et duc de Poix.

PRASLIN. *Brevet de duc, le* ....

*Titulaire* : Antoine-César de Choiseul, duc de Praslin.

Tour-d'Auvergne (la). *Brevet de duc*, le 1ᵉʳ août 1772.

*Titulaire* : Godefroy-Maurice-Marie-Joseph, comte de la Tour-d'Auvergne, fils.

## GRANDS D'ESPAGNE.

Les seigneurs français honorés du titre de *grands d'Espagne*, par convention faite entre les deux couronnes, jouissent en France des honneurs des ducs, ainsi que nos ducs jouissent en Espagne des honneurs des grands.

Beauvau. Diplôme impérial, par lequel Marie de Beauvau, marquis de Craon et d'Harouel, et son fils aîné sont créés princes de l'empire, 13 novembre 1722; autre diplôme portant création de grandesse d'Espagne pour les mêmes, 8 mai 1727; lettres-patentes de confirmation 17.....

*Titulaire* : Charles-Just, prince de Beauvau.

Beauvilliers. *Voyez* Buzançois.

Berton. *Voyez* Crillon.

Brancas-Cereste. Diplôme de création, 15 février 1730; prise de possession à Madrid, 14 mai suivant; lettres-patentes de confirmation, avec assiette sur..... succession en ligne collatérale, 3 février 1753; permission du roi, pour prendre le titre de duc de Cereste, 16 février 1785.

*Titulaire* : Louis-Paul, marquis de Brancas, duc de Cereste, grand d'Espagne.

Buzançois. Création de grandesse pour hoirs et successeurs, avec assiette sur le comté de Buzançois en Berry, 25 avril 1701; conservation de grandesse, et grandesse et réception, 28 juin 1765.

*Titulaire* : Charles-Paul-François de Beauvilliers, comte de Buzançois, grand d'Espagne.

Caylus. Diplôme de création, le.... 1774, assiette sur.... succession, 1783.

*Titulaire* : Joseph-Louis Robert de Lignerac, duc de Caylus, grand d'Espagne, grand-bailli d'Epée, lieutenant-général, commandant pour le roi dans la Haute-Auvergne.

Chimay. Diplôme de création de grandesse, 3 avril 1708; lettres-patentes portant confirmation et assiette sur.... succession en ligne collatérale, par mort de frère, 4 février 1742.

*Titulaire* : Philippe-Gabriel-Marie d'Alsace-Hennin-Liétard, prince de Chimay et du Saint-Empire.

Crillon-Mahon. Diplôme de création, 30 mars 1782; assiette sur....

*Titulaire* : Louis de Balb-Berton, duc de Crillon et de Mahon.

Croy. Diplôme de création le ... 1706; assiéte sur.... succession, 1784.

*Titulaire* : Anne-Emmanuel-Ferdinand-François de Croy-Solre. *Voyez* aussi Havré.

Egmont. Première érection de grandesse, pour Charles, comte d'Egmont, vers 1520; extinction ou privation, 4 juin 1568; rétablissement vers 1680; mort du dernier mâle de la ligne, et succession ouverte au profit d'une sœur mariée à Nicolas Pignatelli, duc de Bisache, 15 septembre 1707; consulte à Madrid, où le même Nicolas Pignatelli est déclaré grand d'Espagne, aux droits de sa femme, 27 mars 1708; mort de l'héritière, et succession ouverte au profit de son fils, 4 mai 1714, et prise de possession, 1717; succession en ligne collatérale, 3 juillet 1753.

*Titulaire* : Casimir Pignatelli d'Egmont, duc de Bisache, au royaume de Naples, prince de Gavre, au comté d'Alost en Flandres, marquis de Renty en Artois, et de Longueville dans le Hainaut français, comte de Barlaimont, duc titulaire de Juliers et de Gueldres.

Esclignac. Diplôme de création, le....

*Titulaire* : N... de Preissac-Fesenzac, marquis d'Esclignac.

Estaing. Diplôme de création pour services rendus, 30 mars 1782; assietté...

*Titulaire* : Charles-Théodat, comte d'Estaing.

GAND. Diplôme de création, le .... 1785; assiette sur...

*Titulaire* : Charles-François-Gabriel, vicomte de Gand, comte du Saint-Empire, gentilhomme d'honneur de monseigneur comte d'Artois.

GHISTELLES. Diplôme de création, en faveur de Guillaume de Melun, prince d'Epinoy, chevalier de la Toison d'Or, par Philippe V, du... ; succession à la grandesse par mariage, 9 octobre 1758.

*Titulaire* : Philippe-Alexandre-Emmanuel-François-Joseph, prince de Ghistelles, marquis de Saint-Floris, de la Vieille-Chapelle et de Croix.

GRIMALDI. *Voyez* Valentinois.

HAUTEFORT Diplôme de création, mars 1723; confirmation et assiette ....; acquisition du marquisat de Villacerf, 1737; succession en ligne féminine, 3 février 1761.

*Titulaire* : Armand-Charles-Emmanuel, comte de Hautefort.

HAVRÉ. Diplôme de création le .... 1528; avénement à la grandesse, 1761.

*Titulaire* : Joseph-Anne-Auguste-Maxime de Croy, duc d'Havré.

MANCINI-MAZARINI. *Voyez* Nivernais.

MARCK ( de la ). Diplôme de création, 8 décembre 1740; assietté sur succession en ligne féminine, 18 juin 1748.

*Titulaire* : Louis-Ingelbert-Marie-Raimond-Auguste-Pierre de Ligne, duc Souverain d'Aremberg, prince de l'Empire, grand d'Espagne, chevalier de la Toison d'Or, comte de La Marck.

Monaco. *Voyez* Valentinois.

Montbarrey. Diplôme de création de prince du Saint-Empire, 5 mars 1774; consentement du roi pour prendre ce titre.... avril suivant; diplôme de création de grandesse d'Espagne, 1780; assiette sur....

*Titulaire* : Alexandre-Marie-Eléonor de Saint-Mauris, prince de Montbarrey.

Montmorency. *Voyez* Robecque.

Mouchy. Diplôme de création, 5 mars 1712; lettres patentes portant confirmation avec assiette sur la terre de Lamotte-Tilly, décembre suivant; enregistrement, 6 septembre 1713; diplôme de translation sur la terre de Mouchy-le-Châtel, 7 mai 1749; lettres-patentes de confirmation, octobre suivant; enregistrement, 7 mai 1750.

*Titulaire* : Philippe de Noailles, maréchal duc de Mouchy, grand d'Espagne.

Nassau-Siégen. Diplôme de création donné par Charles V vers 1520, au comte de Nassau, dit *le Vieux*, sixième aïeul du prince de Nassau-Siégen, en faveur duquel la grandesse a été renouvelée en 1783.

*Titulaire*: Charles-Henri-Nicolas Othon, prince de Nassau-Siegen.

Nivernais. Diplôme de création, 1709; succession d'aïeul maternel et par mort de mère, 11 janvier 1738.

*Titulaire* : Louis-Jules Barbon Mancini Mazarini, duc de Nivernais, grand d'Espagne.

Noailles. *Voyez* Mouchy.

Oudeauville. Diplôme de création, en 1703.

*Titulaire* : le duc d'Oudeauville, pair de France.

Périgord. Diplôme de création, 1er octobre 1714; lettres-patentes de confirmation et assiette, en ....; mort du titulaire et succession en ligne féminine, 24 février 1757.

*Titulaire*: Gabriel-Marie de Talleyrand, comte de Périgord.

Robecque. Diplôme de création, avril 1713; lettres-patentes portant confirmation avec assiette sur .... succession paternelle, 1745.

*Titulaire* : Anne-Louis-Alexandre de Montmorency, prince de Robecque, grand d'Espagne.

Rouvroy-Saint-Simon. Diplôme de création,

21 janvier 1722; dévolution, 1er février suivant; succession, 1774.

*Titulaire*: N... de Rouvroy, marquis de Saint Simon. *Voyez* aussi Valentinois.

SAINT-MAURIS. *Voyez* Montbarrey.

SALM-KIRBOURG. Diplôme de création le..... 1520; avénement à la grandesse, le.... 1778.

*Titulaire* : Frédéric-Jean-Othon, prince de Salm.

TALLEYRAND. *Voyez* Périgord.

TESSÉ. Diplôme de création, novembre 1704; lettres-patentes portant confirmation, avec assiette sur la terre de Vernie au Maine, septembre 1705; enregistrement, même année; réception, 1742.

*Titulaire*. René-Mans de Froulay, comte de Tessé au Maine, baron d'Ambrières et de Vernie, seigneur châtelain de Froulay.

VALENTINOIS. Premier diplôme de création pour Louis de Rouvroy, duc de Saint-Simon, avec faculté d'asseoir la grandesse sur une terre en Espagne, et de la céder à Arnaud de Rouvroy, marquis de Ruffec, son second fils, 22 janvier 1722, et démission du titre le même jour; décret portant permission de faire l'assiette sur une terre en France, au choix du roi, 1723; nouveau diplôme contenant approbation de la cession faite au marquis de Ruffec, duc de Saint-

Simon, avec pouvoir d'en disposer par testament, don, entrevifs ou autre, à son gré, en faveur du même marquis, et de ses frères, sœurs ou descendants de tels parents, alliés ou même étrangers, que le duc voudrait, de la dignité et majorat accordés sous le titre et dénomination ordonnés en France, 18 juin même année; érection du fief de Rasse, situé dans la ville de la Rochelle, en comté, pour enfants et descendants mâles et femelles; à défaut de mâles, l'ordre de primogéniture observé, 4 mai 1728; lettres-patentes contenant approbation et confirmation de la substitution perpétuelle du comté de Rasse, et union de la grandesse à ce comté, avec cession de la jouissance des honneurs, sur le seul fondement de la vocation à la substitution, même mois, et enregistrées au parlement, 25 février 1730, en la chambre des comptes, 20 mai suivant, avec clause qu'en cas de succession en ligne féminine, l'héritière sera tenue de prendre de nouvelles lettres du roi; mort du cessionnaire, et ouverture de succession au profit de la fille unique d'un frère aîné prédécédé, 20 mai 1754.

*Titulaire* : Honoré-Charles de Grimaldi, duc de Valentinois, grand d'Espagne, prince de Monaco.

## GRANDS D'ESPAGNE

DE LA PREMIÈRE CLASSE,

en 1814, 1815 et 1816.

M. le prince de Poix, de la maison de Noailles, pair de France, capitaine des Gardes-du-Corps du Roi.

M. le duc de Valentinois, pair de France.

M. le duc de Brancas, pair de France.

M. le comte de la Marck, prince d'Aremberg.

M. le prince de Montmorency.

M. le prince de Beauvau.

M. le duc de Noailles, pair de France.

M. le prince de Chalais.

M. le duc de Saint-Aignan, pair de France.

M. le marquis de Saint-Simon.

M. le duc d'Oudeauville, pair de France.

M. le duc de Crillon.

M. le comte de Caylus.

M. le duc de Laval-Montmorency, pair de France.

M. le vicomte de Gand.

M. le duc d'Esclignac.

M. le duc de Narbonne.

# DE LA PAIRIE

## ET DES PAIRS DE FRANCE,

### EN 1814, 1815 ET 1816.

Sa Majesté Louis XVIII, dans la Charte constitutionnelle qu'il a donnée au royaume en 1814, a établi l'état de la pairie en France, sur les bases suivantes:

*De la chambre des Pairs.*

Art. 24. » La chambre des pairs est une portion essentielle de la puissance législative.

25. » Elle est convoquée par le roi en même
» temps que la chambre des députés des départe-
» ments. La session de l'une commence et finit
» en même temps que celle de l'autre.

26. » Toute assemblée de la chambre des pairs
» qui serait tenue hors du temps de la session de
» la chambre des députés, ou qui ne serait pas
» ordonnée par le roi, est illicite et nulle de
» plein droit.

27. » La nomination des pairs de France ap-
» partient au roi. Leur nombre est illimité; il
» peut en varier les dignités, les nommer à vie,
» ou les rendre héréditaires selon sa volonté.

28. » Les pairs ont entrée dans la chambre à
» vingt-cinq ans, et voix délibérative à trente
» ans seulement.

29. » La chambre des pairs est présidée par le
» chancelier de France, et, en son absence, par
» un pair nommé par le roi.

30. » Les membres de la famille royale et les
» princes du sang sont pairs par le droit de leur
» naissance; ils siègent immédiatement après le
» président, mais ils n'ont voix délibérative
» qu'à vingt-cinq ans.

31. » Les princes ne peuvent prendre séance
» à la chambre que de l'ordre du roi exprimé,
» pour chaque session, par un message, à peine
» de nullité de tout ce qui aurait été fait en
» leur présence.

32. » Toutes les délibérations de la chambre
» des pairs sont secrètes.

33. » La chambre des pairs connaît des crimes
» de haute trahison et des attentats à la sûreté de
» l'État, qui seront définis par la loi.

34. » Aucun pair ne peut être arrêté que de
» l'autorité de la chambre, et jugé que par elle
» en matière criminelle.

47. » La chambre des députés reçoit toutes
» les propositions d'impôt; ce n'est qu'après
» que ces propositions ont été admises qu'elles
» peuvent être portées à la chambre des pairs.

48. » Aucun impôt ne peut être établi ni

» perçu, s'il n'a été consenti par les deux cham-
» bres et sanctionné par le roi.

50. » Le roi convoque chaque année les deux
» chambres; il les proroge et peut dissoudre celle
» des députés des départements; mais, dans ce
» cas, il doit en convoquer une nouvelle dans le
» délai de trois mois.

53. » Toute pétition à l'une ou à l'autre des
» chambres ne peut être faite et présentée que
» par écrit. La loi interdit d'en apporter en per-
» sonne à la barre. »

*Liste nominative des cent cinquante-quatre pairs que Sa Majesté a nommés à vie le 4 juin 1814, pour composer la chambre des pairs de France.*

M. l'archevêque de Reims.
M. l'évêque de Langres.
M. l'évêque de Châlons.
M. le duc d'Uzès.
M. le duc d'Elbœuf.
M. le duc de Montbazon.
M. le duc de la Trémouille.
M. le duc de Chevreuse.
M. le duc de Brissac.
M. le duc de Richelieu.
M. le duc de Rohan.
M. le duc de Luxembourg.
M. le duc de Grammont.

M. le duc de Mortemart.
M. le duc de Saint-Aignan.
M. le duc de Noailles.
M. le duc d'Aumont.
M. le duc d'Harcourt.
M. le duc de Fitz-James.
M. le duc de Brancas.
M. le duc de Valentinois.
M. le duc de Fleury.
M. le duc de Duras.
M. le duc de la Vauguyon.
M. le duc de Praslin.
M. le duc de la Rochefoucauld.
M. le duc de Clermont-Tonnerre.
M. le duc de Choiseul.
M. le duc de Coigny.
M. le prince de Bénévent.
M. le duc de Croy.
M. le duc de Broglie.
M. le duc de Laval-Montmorency.
M. le duc de Montmorency.
M. le duc de Beaumont.
M. le duc de Lorges.
M. le duc de Croy-d'Havré.
M. le duc de Polignac.
M. le duc de Lévis.
M. le duc de Maillé.
M. le duc de Saulx-Tavanne.
M. le duc de la Force.
M. le duc de Castries.

M. de Noailles, prince de Poix.
M. le duc d'Oudeauville.
M. le prince de Chalais.
M. le duc de Serent.
M. le duc de Plaisance.
M. le prince de Wagram.
M. le maréchal duc de Tarente.
M. le maréchal duc d'Elchingen.
M. le maréchal duc d'Albuféra.
M. le maréchal duc de Castiglione.
M. le maréchal comte de Gouvion-Saint-Cyr.
M. le maréchal duc de Raguse.
M. le maréchal duc de Reggio.
M. le maréchal duc de Conégliano.
M. le maréchal duc de Trévise.
M. le comte Abrial.
M. le comte de Barral, archevêque de Tours.
M. le comte Barthélemy.
M. le cardinal de Bayanne.
M. le comte de Beauharnais.
M. le comte de Beaumont.
M. le comte Bertholet.
M. le comte de Beurnonville.
M. le comte Barbé-Marbois.
M. le comte Boissy-d'Anglas.
M. le comte Bourlier, évêque d'Evreux.
M. le duc de Cadore.
M. le comte de Canclaux.
M. le comte Casa-Bianca.
M. le comte Chasseloup-Laubat.

M. le comte Cholet.
M. le comte Clément de Ris.
M. le comte Colaud.
M. le comte Colchen.
M. le comte Cornet.
M. le comte Cornudet.
M. le comte d'Aboville.
M. le comte d'Aguesseau.
M. le maréchal duc de Dantzick.
M. le comte Davous.
M. le comte Demont.
M. le comte de Croix.
M. le comte Dedelay-d'Agier.
M. le comte Dejean.
M. le comte d'Embarrère.
M. le comte Depère.
M. le comte d'Estutt de Tracy.
M. le comte d'Harville.
M. le comte d'Haubersaert.
M. le comte d'Hédouville.
M. le comte Dupont.
M. le comte Dupuy.
M. le comte Emmery.
M. le comte Fabre de l'Aude.
M. le comte Fontanes.
M. le comte Garnier.
M. le comte Gassendi.
M. le comte Gouvion.
M. le comte Herwin.
M. le comte de Jaucourt.

M. le comte Journu Aubert.
M. le comte Klein.
M. le comte de Lacépède.
M. le comte de Lamartillière.
M. le comte Lanjuinais.
M. le comte Laplace.
M. le comte de Fay de Latour-Maubourg.
M. le comte Lecouteulx-Canteleu.
M. le comte Lebrun de Rochemont.
M. le comte Legrand.
M. le comte Lemercier.
M. le comte Lenoir-Laroche.
M. le comte de Lespinasse.
M. le comte de Malleville.
M. le comte de Montbadon.
M. le comte de Montesquiou.
M. le comte Pastoret.
M. le comte Père.
M. le maréchal comte Pérignon.
M. le comte de Pontécoulant.
M. le comte Porcher de Richebourg.
M. le comte de Rampon.
M. le comte Redon.
M. le comte de Sainte-Suzanne.
M. le comte de Saint-Vallier.
M. le comte de Ségur.
M. le comte de Sémonville.
M. le maréchal comte Serrurier.
M. le comte Soulès.
M. le comte Shée.
M. le comte de Tascher.

M. le comte de Thévenard.
M. le comte de Valence.
M. le maréchal duc de Valmy.
M. le comte de Vaubois.
M. le comte Vernier.
M. le comte de Villemanzy.
M. le comte de Vimar.
M. le comte Volney.
M. le comte Maison.
M. le comte Dessolle.
M. le comte Victor de Fay de Latour-Maubourg.
M. le duc de Feltre.
M. le comte Belliard.
M. le comte Curial.
M. le comte de Vaudreuil.
M. le comte de Vioménil.
M. le Bailly de Crussol.
M. le marquis d'Harcourt.
M. le marquis de Clermont-Gallerande.
M. le comte Charles de Damas.

S. Exc. Mgr. le chancelier de France, Charles-Henri Dambray, présida la chambre des pairs en 1814, jusqu'en mars 1814.

---

Les Français vivaient heureux et paisibles en 1814, sous le gouvernement du meilleur des rois, lorsque tout à coup Napoléon Bonaparte, échappé de l'île d'Elbe, ramena au sein de la mère-patrie l'effroi, la désolation et la mort.

Le Roi, obligé par cet événement de s'éloigner de la France, ajourna à un temps plus calme les séances de la chambre des pairs, qui dès-lors cessa toutes ses fonctions. Mais l'usurpateur, qui avait besoin de fasciner les yeux du peuple, institua une autre chambre, et la composa de la majeure partie de ses sectaires les plus dévoués. Cette institution ne dura qu'un moment : les victoires des armées alliées, et les vœux bien sincères de la pluralité des Français, ayant replacé sur le trône S. M. Louis XVIII, l'ancienne chambre fut rappelée par le Roi et reprit ses fonctions ; elle fut augmentée d'un nombre considérable de pairs.

Je donne ici littéralement les ordonnances qui ont paru à cette occasion.

## ORDONNANCE DU ROI.

LOUIS, par la grace de dieu, ROI DE FRANCE ET DE NAVARRE,

A tous ceux qui ces présentes verront, Salut.

Il nous a été rendu compte que plusieurs membres de la chambre des Pairs ont accepté de siéger dans une soi-disant chambre des Pairs, nommés et assemblés par l'homme qui avait usurpé le pouvoir dans nos États, depuis le 20 mars jusqu'à notre rentrée dans le royaume.

Il est hors de doute que des Pairs de France, tant qu'ils n'ont pas été rendus héréditaires, ont pu et peuvent donner leur démission, puisqu'en cela ils ne font que disposer d'intérêts qui leur sont purement personnels. Il est également évident que l'acceptation de fonctions incompatibles avec la dignité dont on est revêtu, suppose et entraîne la démission de cette dignité, et par conséquent les Pairs qui se trouvent dans le cas ci-dessus énoncé, ont réellement abdiqué leur rang, et sont démissionnaires de fait de la pairie de France.

A ces causes, nous avons ordonné et ordonnons ce qui suit

Art. 1<sup>er</sup>. Ne font plus partie de la chambre des Pairs, les dénommés ci-après :

M. le comte Clément-de-Ris.
M. le comte Colchen.
M. le comte Cornudet.
M. le comte d'Aboville (1).
M. le maréchal duc de Dantzik.
M. le comte de Croix.

---

(1) M. le comte d'Aboville a été solennellement rétabli dans sa dignité de pair, en vertu de l'art. 2, par l'ordonnance du Roi, en date du 14 août 1815.

PAIRS DE FRANCE. 175

M. le comte Dedelay-d'Agier.
M. le comte Dejean.
M. le comte Fabre ( de l'Aude ).
M. le comte de Gassendi.
M. le comte Lacépède.
M. le comte Latour-Maubourg.
M. le duc de Praslin.
M. le duc de Plaisance.
M. le maréchal duc d'Elchingen.
M. le maréchal duc d'Albuféra.
M. le maréchal duc de Conégliano.
M. le maréchal duc de Trévise.
M. le comte de Barral, évêque de Tours.
M. le comte de Boissy-d'Anglas (1).
M. le duc de Cadore.
M. le comte de Canclaux ( *rétabli* ).
M. le comte de Montesquiou.
M. le comte de Pontécoulant.
M. le comte Rampon.
M. le comte de Ségur.
M. le comte de Valence.
M. le comte Belliard.

2. Pourront cependant être exceptés de la disposition ci-dessus énoncée, ceux des dénommés qui justifieront n'avoir ni siégé, ni voulu siéger

---

(1) M. le comte de Boissy-d'Anglas est compris dans l'ordonnance d'institution des pairs héréditaires. Voyez la page suivante.

dans la soi-disant chambre des Pairs, à laquelle ils avaient été appelés, à la charge par eux de faire cette justification dans le mois qui suivra la publication de la présente ordonnance.

3. Notre président du conseil des ministres est chargé de l'exécution de la présente ordonnance.

Donné au château des Tuileries, le 24 juillet de l'an de grâce 1815, et de notre règne le vingt-unième.

*Signé* LOUIS.

Par le Roi,

Le prince de TALLEYRAND.

## ORDONNANCE DU ROI.

LOUIS, par la grâce de Dieu, Roi de France et de Navarre,

En vertu de l'art. 27 de la charte constitutionnelle,

Nous avons ordonné et ordonnons ce qui suit :

Sont nommés membres de la chambre des pairs,

M. le marquis d'Albertas.

M. le marquis d'Aumont.

M. le duc d'Antichamp.

M. le marquis d'Avarai.

M. de Bausset (ancien évêque d'Alais).

M. Berthier, fils aîné du maréchal Berthier,

prince de Wagram ( qui prendra séance à l'âge prescrit par la charte constitutionnelle ).

M. Bessières, fils aîné du maréchal Bessières, duc d'Istrie ( qui prendra séance à l'âge prescrit par la charte constitutionnelle ).

M. le comte Boissy-d'Anglas.

M. le marquis de Boisgelin ( Bruno ).

M. le comte de la Bourdonnaye-Blossac.

M. de Boissy du Coudray.

M. le baron Boissel de Monville.

M. le marquis de Bonnay ( ministre plénipotentiaire du roi en Danemarck ).

M. le marquis de Brézé.

M. le comte de Brigode ( maire de Lille ).

M. le comte de Blacas.

M le prince de Bauffremont.

M. le duc de Bellune.

M. le comte de Clermont-Tonnerre ( officier des mousquetaires gris )

M. le duc de Caylus.

M. le comte du Cayla.

M. le comte de Castellane ( ancien préfet de Pau ).

M. le vicomte de Châteaubriant.

M. le comte de Choiseul-Gouffier.

M. le comte de Contades.

M. le comte de Crillon.

M. le comte Victor de Caraman ( ministre de Sa Majesté près le roi de Prusse).

M. le marquis de Chabannes.

M. le comte de la Châtre (ambassadeur du Roi en Angleterre).

M. le général Compan.

M. le comte de Durfort (capitaine-lieutenant des gendarmes de la garde du Roi).

M. Emmanuel d'Ambray.

M. le comte Etienne de Damas.

M. le chevalier d'Andigné.

M. le duc d'Alberg (qui prendra séance lorsqu'il aura reçu ses lettres de grande naturalisation).

M. le comte Hennequin d'Ecquevilly.

M. le comte François d'Escars.

M. le comte Ferrand.

M. le marquis de Frondeville (ancien préfet de l'Allier.

M. le comte de la Ferronnais.

M. le comte de Gand.

M. le marquis de Gontault-Biron (fils aîné).

M. le comte de la Guiche.

M. le marquis de Grave.

M. l'amiral Gantheaume.

M. le comte d'Haussonville.

M. le marquis d'Herbouville (ancien préfet de Lyon).

M. le marquis de Juigné.

M. le comte de Lally-Tollendal.

M. Lannes, fils aîné du maréchal Lannes, duc de Montebello (qui prendra séance à l'âge prescrit par la charte constitutionnelle).

M. le marquis de Louvois.

M. Christian de Lamoignon.

M. le comte de Latour-Dupin-Gouvernet.

M. le comte Lauriston.

M. le comte de Machaut d'Arnouville.

M. le marquis de Mortemart.

M. le comte Molé (directeur général des ponts-et-chaussées).

M. le marquis de Mathan.

M le comte de Mailly.

M. le vicomte Mathieu de Montmorency.

M. le comte de Mun.

M. le comte de Muy.

M. le général Monnier.

M. le comte de Saint-Maure-Montauzier.

M. l'abbé de Montesquiou.

M. le comte de Nicolaï (Théodore).

M. le comte de Noé.

M. le comte de Narbonne-Pelet.

M. le marquis d'Orvilliers.

M. le marquis d'Osmond (ambassadeur près de S. M. le roi de Sardaigne).

M. le comte Jules de Polignac.

M. le marquis de Raigecourt.

M. le baron de la Rochefoucault.

M. le comte de Rougé (des Cent-Suisses).

M. le comte de la Roche-Jacquelin (fils aîné de feu le marquis de la Roche-Jacquelin).

M. le général Ricart.

M. le marquis de Rivière.

M. le comte de la Roche-Aimon.

M. de Saint-Roman.

M. le comte de Reuilly.

M. le Pelletier de Rosambo.

M. le comte de Sabran (maréchal de camp).

M. de Sèze (premier président de la cour de cassation).

M. le baron Séguier (premier président de la cour royale de Paris.

M. le comte de Suffren-Saint-Tropez.

M. le marquis de la Suze.

M. le comte de Saint-Priest.

M. le marquis de Talaru.

M. le comte Auguste de Talleyrand (ministre de Sa Majesté en Suisse).

M. le marquis de Vence.

M. de Vibraye (l'aîné de la branche aînée).

M. le vicomte Olivier de Vérac.

M. Morel de Vindé.

Donné en notre château des Tuileries le 17 août 1815.

*Signé* LOUIS.

Par le Roi,

*Signé* le prince DE TALLEYRAND.

M. le comte de Lynch, maire de la ville de Bordeaux, pair de France.

*Ordonnance sur l'hérédité de la Pairie.*

LOUIS, par la grâce de Dieu, ROI DE FRANCE ET DE NAVARRE,

A tous ceux qui ces présentes verront, salut:

Voulant donner à nos peuples un nouveau gage du prix que nous mettons à fonder, de la manière la plus stable, les institutions sur lesquelles repose le gouvernement que nous leur avons donné, et que nous regardons comme le seul propre à faire leur bonheur; convaincu que rien ne consolide plus le repos des Etats que cette hérédité de sentiments qui s'attache, dans les familles, à l'hérédité des hautes fonctions publiques, et qui crée ainsi une succession non interrompue de sujets dont la fidélité et le dévouement au prince et à la patrie sont garantis par les principes et les exemples qu'ils ont reçus de leurs pères;

A ces causes, usant de la faculté que nous nous sommes réservée par l'article 27 de la Charte,

Nous avons déclaré et déclarons, ordonné et ordonnons ce qui suit:

Art. 1er. La dignité de pair est et demeurera héréditaire, de mâle en mâle, par ordre de primogéniture, dans la famille des pairs qui composent actuellement notre chambre des pairs.

2. La même prérogative est accordée aux pairs que nous nommerons à l'avenir.

3. Dans le cas où la ligne directe viendrait à manquer dans la famille d'un pair, nous nous réservons d'autoriser la transmission du titre dans la ligne collatérale qu'il nous plaira de désigner; auquel cas le titulaire, ainsi substitué, jouira du rang d'ancienneté originaire de la pairie dont il se trouvera revêtu.

4. Pour l'exécution de l'article ci-dessus, il nous sera présenté incessamment un projet d'ordonnance portant règlement, tant sur la forme dans laquelle devra être tenu le registre-matricule, où seront inscrites par ordre de dates, les nominations des pairs qu'il nous a plu ou qu'il nous plaira de faire, que sur le mode d'expédition et sur la forme des lettres-patentes qui devront être délivrées aux pairs, en raison de leur élévation à la pairie.

5. Les lettres-patentes délivrées en exécution de l'article ci-dessus, porteront toute collation d'un titre sur lequel sera instituée chaque pairie.

6. Ces titres seront ceux de baron, vicomte, comte, marquis et duc.

7. Nous nous réservons, suivant notre bon plaisir, de changer le titre d'institution des pairies, en accordant un titre supérieur à celui de la pairie originaire.

8. Notre président du conseil des ministres est chargé de l'exécution de la présente ordonnance.

Donné à Paris, au château des Tuileries, le 19 août de l'an de grâce 1815, et de notre règne le vingt-unième.

*Signe* LOUIS.

Et plus bas,
  Par le Roi,
    *Signe* le prince DE TALLEYRAND.

# ÉTAT ACTUEL
## DE
## LA NOBLESSE DE FRANCE.

---

ABBEVILLE, *voyez* BOUBERS.

ABOVILLE (D'), famille des plus anciennes de Normandie, divisée en plusieurs branches, savoir :

*Première branche à Paris.*

François-Marie, comte d'ABOVILLE, né à Brest le 24 janvier 1730; pair de France, lieutenant-général des armées du roi, commandeur de l'ordre royal et militaire de Saint-Louis, grand officier de la Légion d'Honneur, marié en 1771 à Angélique-Gabrielle Martin de Vraine. De ce mariage sont issus :

    1° Augustin-Gabriel, baron d'Aboville, né le 20 mars 1774, maréchal des camps et armées du roi, commandant de la Légion d'Honneur, chevalier de l'ordre royal et militaire de Saint-Louis ;

    2° Augustin-Marie d'Aboville, né le 12 avril 1776, maréchal des camps et armées du roi, grand-cordon de l'ordre royal et militaire de Saint-Louis ; il a perdu un bras à la bataille de Wagram ;

3° Jeanne-Gabrielle d'Aboville, née le 29 juin 1772 ; elle a épousé, le 20 avril 1795, François le Maistre, commissaire des poudres et salpêtres à la Fère, dont deux filles.

*Deuxième branche en Normandie.*

Louis-Charles d'ABOVILLE, ancien lieutenant de vaisseau, chevalier de l'ordre royal et militaire de Saint-Louis, ancien député aux états-généraux de 1789.

*Frère.* François-Gabriel d'ABOVILLE, ancien officier de la marine royale, chevalier de l'ordre royal et militaire de Saint-Louis :

*Cousin.* Auguste-Nicolas d'ABOVILLE, né le 12 juin 1772, ancien officier de marine au service d'Autriche, actuellement lieutenant de vaisseau au service de S. M. Louis XVIII, marié le 9 février 1806, avec Sophie-Olympe-Elzéarine fille d'Antoine-Elzéar de Fulconis, chevalier de l'ordre royal et militaire de Saint-Louis, et capitaine de vaisseau. Il a de ce mariage :

1° Auguste-Eugène Elzéar d'Aboville, né le 4 juillet 1807 ;

2° Eugène-Augustine-Elzéarine-Anne d'Aboville, née le 26 juillet 1807.

*Troisième branche en Lorraine.*

Nicolas-Clément d'ABOVILLE, écuyer, né le 21 novembre 1767, marié en 1793, à Marie-Thérèse Gilliot, dont :

1º. Charles-Joseph-Edouard d'Aboville, né le 17 mai 1798 ;
2º Charles-Joseph-Eugène d'Aboville, né le 10 décembre 1799 ;
3º Adèle-Thérèse-Clémentine d'Aboville, née le 15 décembre 1800.

*Armes* : « de sinople, au château crénelé » d'argent maçonné, ouvert et ajouré de sable ; » la branche établie en Normandie, porte le » château d'or girouetté d'argent.

*Voyez* la généalogie de cette famille dans le Tome VII du nobiliaire de France.

ALEXANDRE D'HANACHE, famille ancienne originaire de Picardie, où la branche aînée est encore établie de nos jours ; la deuxième branche est établie à Paris.

*Première branche.*

Charles, vicomte d'HANACHE, chevalier de l'ordre royal et militaire de Saint-Louis, ancien garde du corps de S. A. R. Monsieur, frère du roi ; il a pour fils :

Charles, vicomte d'Hanache garde-du-corps de Monsieur, en 1814.

*Seconde branche.*

Louis-Maximilien, comte d'HANACHE, né en 1745, chevalier de l'ordre royal et militaire de Saint-Louis, ancien capitaine d'infanterie; il a eu l'honneur de suivre sa majesté à Gand, et de rentrer en France avec elle. Il est veuf de Henriette du Puy, dont sont issus:

- 1° Ernest, vicomte d'Hanache, lieutenant d'infanterie de la garde royale, ayant suivi le roi à Gand, en qualité de garde du corps dans la compagnie écossaise.
- 2° Henriette, comtesse d'HANACHE, chanoinesse de Poulangis.

*Neveu de Louis Maximilien.* Charles, marquis d'HANACHE, chevalier de l'ordre royal et militaire de Saint-Louis, a suivi le roi à Gand, d'où il s'est rendu avec le marquis de la Roche-Jacquelin son ami dans la Vendée, où il a servi avec honneur et distinction, en qualité d'adjudant-général de l'armée royale.

*Armes* : d'argent, à l'aigle éployée de gueules, becquée et armée d'or.

ANDÉOL ( DE SAINT- ), *voyez* MALMAZET.

ANDIGNÉ (D'), l'une des plus anciennes maisons de l'Anjou, dont elle est originaire, et répandue dans les ci-devant provinces d'Anjou, de Bretagne, du Maine et même en Touraine, il y a plus de deux siècles. Elle a fait les preuves dites de cour en 1771, pour les branches de Bretagne, et en 1786, pour celles d'Anjou.

*Généalogie partielle du nom.*

Aux 1er et 2e registres de l'Armorial Général de France, première partie, et dans l'Histoire de la Noblesse de Touraine, par l'Hermite de Souliers, a l'occasion d'une branche fondue depuis dans la maison de Madaillan-Lesparre. Il est encore fait mention de celle d'Andigné dans l'Histoire de Sablé, par Menage, 2e partie; et dans les Remarques sur la vie de Pierre Airault, par Gilles Menage

*Branches existantes en Anjou.*

Ire. Celle des marquis et comtes d'Andigné, dite de Sainte-Gemme *olim* du Bois de la Cour, actuellement chef du nom et armes, par l'extinction, en 1728, des seigneurs d'Andigné, d'Angrie, etc., marquis de Vezins, qui représentaient les aînés du nom, et dont le dernier, dit le comte de Vezins, avait épousé en 1721, Sophie-Éléonore de Choiseul, héritière des sires de Traves et nièce propre du maréchal duc de Villars, morte à Paris, en 1786. Cette branche est représentée par

Paul-Marie-Céleste, marquis D'ANDIGNÉ, comte de Sainte-Gemme d'Andigné, ancien chef d'escadron aux chasseurs de Rohan, chevalier de l'ordre royal et militaire de St-Louis, né le 5 mai 1763, marié par contrat du 17 novembre 1785, à Victoire-Marie de Contades, fille de Georges-Gaspard-François-Auguste, marquis de Contades, brigadier des armées du roi, et de dame Julie-Victoire de Constantin, et petite-fille du maréchal de France de ce nom.

*Frères*, 1°. Louis-Marie-Auguste-Fortuné D'ANDIGNÉ, dit le comte d'Andigné, né le 12 janvier 1765; d'abord lieutenant de vaisseaux, avant la révolution, si connu depuis dans les guerres de l'Ouest, sous le nom de chevalier d'Andigné, maréchal-des-camps et armées du roi, chevalier de l'ordre royal de Saint-Louis, nommé en 1814 et 1815 commissaire du roi dans les départements de Maine-et-Loire, de la Loire-Inférieure, etc.; après le 20 mars, général en chef des armées royales sur la rive droite de la Loire; nommé par le roi président de l'assemblée électorale de Maine-et-Loire, et général commandant du même département, élevé à la dignité de pair de France par l'ordonnance du roi du 17 août 1815;

2° Charles-François D'ANDIGNÉ, né le 26 février 1769, reçu de minorité chevalier de justice de l'ordre de Malte (où il a fait ses caravanes et non ses vœux), ancien colonel d'artillerie, marié par contrat du..., à N. du Breuil-du-Bosc, d'une ancienne maison originaire du Limosin, dont deux filles.

*Sœur.* Louise-Hyacinte-Charlotte d'Andigné, née le...., veuve de Louis-André-Hector le Gros, baron de Princé, ancien capitaine de grenadiers au régiment de Picardie.

*Seconde branche en Anjou, dite des seigneurs de Mayneuf et de l'Isle-Briant,* représentée par :

Charles-François, vicomte d'Andigné de Mayneuf, ancien premier chef d'escadron au régiment de Royal Champagne, cavalerie, chevalier de l'ordre royal et militaire de Saint-Louis, né le premier octobre 1748; marié par contrat du 23 novembre 1778, à demoiselle Rosalie d'Andigné, fille unique de François-Charles-Joseph d'Andigné, seigneur de la Barre, etc., dernière de sa branche, et petite-nièce de François-Joseph d'Andigné de la Barre, mort évêque de Dax, en 1736; de son mariage est issu un fils unique,

> Charles d'Andigné, né le 2 octobre 1779, mort à Bayreuth en Allemagne, en décembre 1801.

*Frères* : 1º Feu Charles-Jean D'ANDIGNÉ, chevalier seigneur de Villeguier-la-Tour, né le 15 février 1750; d'abord page du roi à sa grande écurie, puis capitaine d'artillerie au régiment d'Auxonne, marié par contrat du 22 janvier 1783, à demoiselle Geneviève Pays du Vau, fille de François-Charles Pays du Vau, seigneur de Rosseau, etc., ( cousine issue de germain de la duchesse de Brancas-Cereste ), qu'il laissa veuve sans enfants en 1794, année de sa mort;

2º Louis-Jules-François D'ANDIGNÉ DE MAYNEUF, né le 4 mai 1756, prêtre docteur en théologie, ancien abbé commendataire de l'abbaye royale de Noyers au diocèse de Tours, ancien vicaire général de celui de Châlons-sur-Marne, et lors des assemblées provinciales, député pour le clergé à la commission intermédiaire de celle de Champagne ;

3º Louis-Gabriel-Auguste, comte D'ANDIGNÉ DE MAYNEUF, ancien conseiller au parlement de Bretagne, maintenant membre de la chambre des députés pour le département de Maine-et-Loire, session d'octobre 1815, né le 2 avril 1763, veuf de demoiselle Armande de Robien, fille de M. le vicomte de Robien, ancien lieutenant des vaisseaux du roi et de N..... de Gonidec de Tressan, dont 1º Agathe, âgée de 10 ans, et Sophie de 8 ans; et remarié le 4 août 1812, à Adélaïde-Louise-Nathalie du Parc, fille de Constantin-Frédéric-Thimoléon comte du Parc, colonel de cavalerie, chevalier de l'ordre royal et militaire de Saint-Louis, et de Marie-Claudine-Élisabeth de *Caillebot la Salle*, fille du marquis de la Salle, chevalier des ordres du roi, lieutenant-général, ancien commandant de la province d'Alsace, et de N. de Clermont-Chaste, des comtes de Roussillon, branche de Clermont-Tonnerre ; de ce dernier mariage sont issues ;

1° Charlotte d'Andigné,
2° Rosalie d'Andigné, } l'une et l'autre en bas âge.

*Sœur.* Augustine-Françoise D'ANDIGNÉ, née le 23 juillet 1753, veuve de Joseph-François Poulain, chevalier seigneur du Mat, etc., capitaine de cavalerie, chevalier de l'ordre royal et militaire de St-Louis, qu'elle avait épousé, le 26 mai 1781, dont un fils et deux filles.

*Branche puînée de Mayneuf,* formée par :

Henri-Joseph D'ANDIGNÉ DE MAYNEUF, reçu en 1711, chevalier de justice de l'ordre de Malte, qu'il abandonna ( n'ayant pas fait ses vœux ), pour se marier à demoiselle N. de St-Germain ; cette branche est représentée par,

Didier D'ANDIGNÉ, fils de feu N. d'Andigné de Mayneuf, ancien lieutenant-colonel d'infanterie, chevalier de l'ordre royal de Saint-Louis et de N. du Mesnil, sa seconde femme ( la pre-

mière étant Anne du Buat, dame du Teillay );
le susdit Didier d'Andigné, a épousé en 1814,
damoiselle Adèle de la Ruée, d'une très-bonne
maison alliée aux premières de Bretagne.

*Sœur* : Fortunée... D'ANDIGNÉ DE MAYNEUF,
tenue sur les fonds de baptême par le chevalier
d'Andigné, maréchal-des-camps et armées du
roi, pair de France, et par Louise-Hyacinthe-
Charlotte d'Andigné, baronne de Princé.

*Branches transplantées en Bretagne.*

I<sup>re</sup>. Celle des seigneurs marquis de la Châsse,
formée en 1550, par un Lancelot d'Andigné,
sorti d'Anjou, et frère cadet du premier seigneur
de Mayneuf, qui épousa Fertranne de la Châsse,
héritière de cette ancienne maison, et nièce de
Regnault de la Châsse, procureur-général-syndic
des États de Bretagne, mort non marié; cette
branche est représentée par,

Charles, marquis d'ANDIGNÉ de la CHASSE,
capitaine de cavalerie, fils de feu Paul-Jean-
Marie, marquis d'Andigné de la Châsse, substitué par convention de famille à son frère aîné,
dit le comte d'Andigné, maréchal-de-camp, et
ancien premier sous-lieutenant des chevau-legers
de la garde, mort en 1790; marié par contrat
signé à Versailles par le roi et la famille royale,
le 19 octobre 1788, avec Caroline-Clotilde Jeanne
Marie de Rafelis-Saint-Sauveur, fille de feu Jo-

17

seph-Marie de Ratelis, marquis de Saint-Sauveur, maréchal-de-camp, commandeur de l'ordre royal et militaire de Saint-Louis, inspecteur-général de cavalerie, etc., et de Jeanne, comtesse de Bar, sa veuve. Ledit marquis Charles avait pour grand oncle paternel l'ancien évêque de Châlons-sur-Saône (Joseph-François d'Andigné, décédé en 1806).

*Sœurs*: 1° Joséphine d'ANDIGNÉ de la CHASSE, mariée le 28 novembre 1810, à Thomas-Louis-Benjamin, baron de Poix, d'une ancienne maison de Picardie, transplantée en Berry, fils du comte de Poix, ancien lieutenant-colonel du régiment de la Reine, et de N.... de Pierre-Buffière ; elle est veuve, avec trois enfants ;

2° Caroline D'ANDIGNÉ de la CHASSE, non encore mariée.

*Branches cadettes de la Chasse.*

Ire. Celle de Saint-Germain, représentée par,

N... D'ANDIGNÉ, marquise de Saint-Gilles qui en est l'héritière, et avait pour oncle e vicomte d'Andigné de Saint-Germain, maréchal-de-camp, mort après 1800 ;

IIe. Celle de la Marche, représentée par,

N..., comte D'ANDIGNÉ, colonel d'infanterie et ancien commandant de la compagnie d'officiers du régiment de Brie. Il a épousé, avant son émigration, N... de Belle-Isle-Pepin, sœur de la comtesse de Sourdis, et fille du comte de Belle-Isle-Pepin, chef d'escadre des armées navales. Il a eu de son mariage deux filles, la marquise et la comtesse de la Bretèche, qui ont épousé les deux frères ;

III<sup>e</sup>. Celle de Beauregard, revenue en Anjou, est représentée par :

Joseph-Émmanuel D'ANDIGNÉ, seigneur de Beauregard, père de quatre fils, tous quatre convenablement mariés, et ayant de nombreuses familles ;

IV<sup>e</sup>. Celle du Grandelieuck en Bretagne, cadette de la précédente, subdivisée en deux rameaux : on en ignore les détails.

*Branches dans le Maine.*

I<sup>re</sup>. Transplantée avant 1400, et formée par un puîné de la branche principale en Anjou, dite des seigneurs d'Angrie ; représentée par :

Louis, vicomte D'ANDIGNÉ, servant en 1814, dans les gendarmes de la garde du roi ; il a été ensuite l'un des aides-de-camp de son parent, le maréchal-de-camp d'Andigné, pair de France, lorsqu'il était général en chef des armées royales. Il est fils de feu Louis-Charles-René d'Andigné, dit le vicomte d'Andigné-St-Bricé, capitaine des vaisseaux du roi, ancien commandant à l'Isle d'Indret près Nantes, et de Marguerite-Marthe de Murphy; l'un de ses ascendants paternels fut compris dans la première promotion de l'ordre de Saint-Louis.

*Sœur*: Hortense-Marguerite-Marthe D'ANDIGNÉ, mariée à Henri-Jérôme d'Andigné, son cousin germain, frère puîné du suivant;

*Seconde branche sortie de la précédente, représentée par :*

Guillaume-Jean-Baptiste D'ANDIGNÉ, du surnom de Reittau, ancien capitaine au corps royal de l'artillerie, ayant servi dans l'armée de monseigneur le prince de Condé, marié à Victoire-Aimée de Robethon, fille de N. de Robethon, officier supérieur des cent-suisses.

*Frère*: Henri-Jérôme D'ANDIGNÉ, mentionné dans la branche précédente.

*Sœur*: Marie D'ANDIGNÉ, mariée au marquis de Marnière (du nom de Guer)-

*Armes*: « D'argent, à trois aigles au vol abaissé » de gueules, becquées et membrées d'azur. » Devise: *Aquila non capit muscas* ».

ARCONVILLE (D'), *voyez* THIROUX.

AUBIER DE LA MONTEILHE, famille ancienne d'Auvergne, où elle réside encore de nos jours.

## Branche aînée.

Emmanuel d'Aubier de Condat, seigneur de d'Aire, d'abord officier au régiment de Jarnac, dragons, émigré en 1791, devenu aide-de-camp du duc de Deux-Ponts, ensuite capitaine de cavalerie au service d'Autriche, chevalier de Saint-Louis, marié en 1802, à N......... d'Achier, dont sont nés :

1° Emmanuel d'Aubier ;
2° N....... d'Aubier.

## Branche puînée.

Emmanuel d'Aubier, chevalier, seigneur de Rioux, de la Monteilhe et de Sauzet, né le 20 septembre 1749, gentilhomme ordinaire du roi Louis XVI (1), a été nommé, le 13 mars 1790, chambellan du roi de Prusse. (La lettre de ce

---

(1) Il en a exercé les fonctions auprès de Louis XVI jusqu'au dernier instant. L'ayant suivi à l'assemblée législative le 10 août 1792; ayant veillé à son chevet la première nuit de sa captivité aux Feuillants, il demeura auprès de son bon maître jusqu'à ce qu'il en fut arraché par ordre de l'assemblée, la nuit du 11 août. Chargé par ce prince et sa famille d'informer ses frères et le roi de Prusse des événements du 10 août et de leurs conséquences, il les joignit près

monarque à M. d'Aubier porte que c'est en témoignage de son estime pour le dévoûment à Louis XVI, dont il a donné de si grandes preuves. A été ensuite nommé commandeur de l'ordre prussien de l'Aigle Rouge. ( La lettre de

de Luxembourg le 22 août, et fit campagne avec eux.

Le 12 décembre suivant, il fut aux avantpostes faire remettre aux généraux français sa réquisition de le recevoir prisonnier, et de le transférer à la barre pour y défendre Louis XVI; il en a le reçu portant refus. Il fit la réquisition au ministre de France à La Haye, et fit parvenir à M. de Malesherbes sa prière de lui procurer les moyens d'arriver pour être entendu, sur faits justificatifs, de son maître. M. de Malesherbes, lui répondit, par lettres du 12 janvier 1793, que ce prince le conjurait de ne point se compromettre, parce que cela serait inutile, le qualifiant une des personnes dont il était le plus aimé, et qu'il estimait le plus. Cette lettre étant tombée dans les mains du roi de Prusse, par effet des circonstances de guerre, ce monarque lui envoya la clef de chambellan, en lui envoyant une lettre qui fait autant d'honneur à ce monarque, par les sentiments qu'il y exprime pour Louis XVI, qu'elle en fait à Emmanuel d'Aubier, par l'estime qu'il lui témoigne.

ce monarque porte que c'est en témoignage de satisfaction des sentiments et de la conduite de M. d'Aubier ).

Il a rejoint son altesse royale Monsieur, frère de Louis XVIII, à Paris, le 14 mars 1814, pour lui rendre compte des mesures de la noblesse d'Auvergne, pour hâter la restauration de l'autorité légitime des Bourbons, et lui demander ses ordres. Il est rentré dans ses fonctions de gentilhomme ordinaire de la chambre du roi, à l'arrivée de Louis XVIII à Compiègne; charge qu'il exerce.

Il avait épousé, le 4 novembre 1768, Jeanne Margère de Crevecœur; de ce mariage sont issus :

1º Antoine d'Aubier, qui suit;
2º. Jérôme-Emmanuel d'Aubier de la Monteilhe, dont l'article viendra, mort en ne laissant que des filles ;
3º Jean-Baptiste d'Aubier de Rioux, dont l'article viendra aussi ensuite.

Antoine d'Aubier de la Monteilhe, chevalier, seigneur de Sauzet, né le 12 décembre 1769, fut d'abord officier au régiment d'infanterie de Viennois, ensuite lieutenant au corps royal d'artillerie, puis lieutenant dans la garde royale créée en 1791, et qui fut licenciée en 1792; émigra en août, joignit les princes, fit la campagne dans les compagnies de cavalerie des gentilshommes d'Auvergne; passa, en mars 1793, au service du roi de Prusse, fut aide-de-camp du maréchal de Kalkerseut, décoré de l'ordre du Mérite militaire, fait chef d'escadron et ensuite major.

Il a épousé, en 1805, Henriette de Haussen, fille du baron de Haussen, lieutenant-général des armées du roi de Prusse, grand-croix de l'ordre Prussien de l'Aigle Noir, chevalier de l'ordre de Saint-Jean de Jérusalem.

Ils n'ont en ce moment qu'un fils nommé Gustave Haussen d'Aubier, conformément aux lettres-patentes du roi de France, portant réunion des deux noms. Il est né en janvier 1809.

Jean-Baptiste-Antoine D'AUBIER DE RIOUX, frères des deux précédents, fut d'abord officier d'infanterie en France, puis émigra; fut ensuite lieutenant d'infanterie au service du roi de Prusse; y épousa la fille de son excellence le grand écuyer Mardefeld; fut fait prisonnier à Magdebourg. Devenu veuf, il rentra au service de France; il y est devenu lieutenant-colonel de la légion départementale de la Haute-Vienne, chevalier de l'ordre royal et militaire de St-Louis et de la Légion d'honneur.

Il a épousé Petra de Flor, fille d'un gentilhomme Espagnol, nièce de l'évêque de Guipuscoa, native de Burgos, d'une famille très-fidèle aux Bourbons. Ils n'ont en ce moment que deux enfants:

1° Prosper-Antoine-d'Aubier, né en 1811, en Espagne;

2° Suzanne d'Aubier, née à Paris, en 1814.

*Armes* : « Les armes de cette famille sont d'or, » à un chevron de gueules, accompagné en chef » de deux molettes d'éperon d'azur, et en pointe » d'un croissant aussi d'azur, surmonté d'une » bannière qui remonte à l'époque des croisades; » devise : *Unguibus et rostro fidelis* ».

*Voyez le tome II du Nobiliaire de France*, 1814.

AUBUISSON ( D' ), famille noble d'extraction, et d'ancienne chevalerie, établie en Languedoc, où elle possède, depuis plusieurs siècles, les seigneuries de Neilhous et de Ramondville-Saint-Agné.

Antoine D'AUBUISSON fut du nombre des assaillants avec le roi René de Sicile, le duc de Bourbon, le duc de Villequier, et plusieurs autres seigneurs, lors du tournoi de l'entreprise du Dragon, l'an 1444.

Cette maison a contracté des alliances avec celles de Poitiers, de Velasco, d'où descendent, par les femmes, les rois d'Espagne et de Portugal.

Elle a eu un évêque de Barcelonne, et a donné dans la garde de nos rois, et dans les armées de terre, des officiers distingués, et des chevaliers dans l'ordre royal et militaire de Saint-Louis. Des lettres écrites par les rois Henri II et

Henri IV à Pierre d'Aubuisson, prouvent l'estime particulière que ces princes portaient à cet officier.

Cette maison est représentée aujourd'hui par :

Julien-Honoré-Germain, marquis d'Aubuisson, chevalier, fils de Jean-Germain-Marie, marquis d'Aubuisson, chevalier, maréchal-des-logis de la première compagnie des Mousquetaires, émigré en 1791, né en 1786, fut admis dans l'ordre de Malte au mois de juin 1787, et en 1814 il fut un de ceux qui se réunirent chez S. M. l'empereur Alexandre, pour demander le retour de son roi. Il s'est présenté, en mars 1815, comme volontaire royal de la garde nationale de Paris. Il a épousé en 1805, noble demoiselle de Besancelle, dont il a :

> Louis-Germain Ranulphe d'Aubuisson, chevalier, né le 18 août 1806, inscrit sur la liste des candidats pour être page de S. M., comme il conste par la lettre de son excellence le comte de Blacas, ministre de la maison du roi, en date du 5 novembre 1814, et nommé par le roi élève de l'Ecole royale militaire de la Flèche, le 30 décembre 1814.

*Frère.* Pierre-Gabriel-Germain d'Aubuisson, chevalier.

*Sœur.* Françoise-Mélanie d'Aubuisson, mariée à M. le chevalier de Saint-Serain.

Il existe une autre branche d'Aubuisson, dite de Voisins, qui habite Toulouse. Plusieurs membres de cette branche ont émigré et ont fait les campagnes des princes.

*Armes* : « Écartelé, au 1 et 4 d'or, à l'aigle
» de sable fondante en bande sur un buisson de
» sinople, et accompagné en chef de deux croi-
» settes ancrées de gueules, qui est d'AUABUIS-
» SON ; au 2 et 3 de huit points d'or équipolés à
» sept de vair, à la bordure, composée de Castille
» et de Léon, de huit pièces, qui est de VELASC,
» couronne ducale, deux lions pour supports ;
» devise : *L'honneur est mon seul guide* ».

*Voyez le tome I du Nobiliaire de France,* 1814.

AUCOUR (D'), *voyez* GODARD.

AVARAY (D'), *voyez* BESIADE.

BAILLE DE BEAUREGARD, famille originaire du Nivernais, dont la branche aînée est établie maintenant à Auxerre dans la Bourgogne, et la branche puînée à Issoudun, dans le Berry. Cette famille est représentée aujourd'hui par :

*Branche aînée.*

Louis-Henri BAILLE DE BEAUREGARD, écuyer, chevalier de l'ordre royal et militaire de Saint-Louis et de la Légion d'Honneur, major d'un régiment d'infanterie.

*Frère.* Louis-Adalbert BAILLE, écuyer, capitaine au 164ᵉ régiment d'infanterie.

### *Branche puînée.*

Louis-Marie-Bernard BAILLE DE BEAUREGARD, écuyer, né le 9 mai 1786, juge d'instruction et premier juge au tribunal d'Issoudun, département de l'Indre, administrateur des hospices, marié le 13 octobre 1812, à Jeanne Lefebvre, fille de Jean-Baptiste Lefebvre et de Thérèse Gavard, de laquelle est issu :

Louis Albert Jean-Baptiste, né à Nevers le 29 mars 1814.

*Armes :* « D'argent à la face d'azur, accompagnée en chef de trois roses de gueules et en pointe d'un lion-léopardé du même ».

*Voir sur cette famille : Dictionnaire de la Noblesse, tom. 3, p. 30, à la table alphabét., bibliothèque du Roi ; Nobiliaire de France, tome 2, pages 256 et suiv.*

BARACÉ, *voyez* D'ESTRICHÉ.

BARBAN (DE SAINT-), *voyez* DU PIN.

BARBEY, famille de Normandie, représentée par :

Marie-André-Théophile BARBEY, né à Saint-Sauveur-le-Vicomte en 1785, de Vincent-Félix-Marie Barbey, écuyer, sieur Dumotel, et de dame Louise-Françoise-Jacqueline-Marie Lucas de la Blairie; marié en 1807, à Ernestine-Eulalie-Théodose Ango, fille de Louis-Hector-Amédée Ango, bailli de longue robe du bailliage royal de Saint-Sauveur-le-Vicomte, dont sont issus;

1° Jules-Amédée Barbey;
2° Léon-Louis-Frédéric Barbey;
3° Edouard-Théophile Barbey;
4° Ernest-Louis Barbey.

*Armes* : « D'azur, à deux bars adossés d'argent; » au chef d'or, chargé de trois tourteaux de » gueules. »

BARBIER DE LA SERRE, famille originaire de l'Agénois, divisée en deux branches, représentées par :

*Première branche, à Agen.*

Alexandre BARBIER de la SERRE, né en janvier 1735.

*Seconde branche, en Hainaut.*

Louis-Joseph BARBIER DE LA SERRE.

*Frères.* Arsène-Guillaume BARBIER DE LA SERRE, ancien officier au régiment de Saintonge;

Alexis Joseph BARBIER DE LA SERRE, ancien officier de la marine royale;

Alexandre BARBIER DE LA SERRE;

Nicolas-Charles-Marie BARBIER DE LA SERRE, ancien officier d'artillerie;

Auguste BARBIER DE LA SERRE.

*Armes*: d'azur, à trois flammes d'or, et une étoile d'argent en pointe.

*Voyez le tome III du Nobiliaire universel de France, in-8°. 1815.*

BARDEL (DE), en Dauphiné, famille ancienne originaire de Provence, distinguée par une longue suite de services militaires. Elle prouve qu'au douzième siècle, elle était d'extraction noble, par les titres de *miles et de domicelli*, que prenait Honoré de-Bardel, dans des actes de 1110. Il habitait alors le mandement de Mison et possédait les terres de Vaumeil et de Montfort. Ses descendants s'établirent en Dauphiné dans le quinzième siècle, et y fondèrent plusieurs branches dont deux se sont éteintes en 1768 et 1774, et les autres y existent encore de nos jours. Il appert par les preuves faites à Malte pour l'admission de Jean Honoré de Bardel, et de François-Xavier, son frère, que depuis le quinzième siècle jusqu'au dix-septième, cette famille a eu trente-deux officiers tués ou morts au service de nos rois. La branche que nous rapportons a contracté des alliances avec les meilleures maisons de la Provence et du Dauphiné, notamment avec celles d'Agoult, et de la Tour-du-Pin. Elle est divisée aujourd'hui en deux rameaux, et représentée par :

### Premier rameau.

Honoré-Jean-Paul DE BARDEL, capitaine des vaisseaux du roi, chevalier de l'ordre royal et militaire de Saint-Louis établi à Mereuil dans le Gapençon en Dauphiné. Il a épousé, le 29 juin 1800, Françoise-Angélique-Marguerite de Gruel de Monferran, fille de Dominique Gaëtan de Gruel de Monferran, encore lieutenant colonel du régiment de Flandre et chevalier de l'ordre royal et militaire de Saint-Louis, et de Marie de Jaseil du Poët. De ce mariage sont issus :

1° Joseph-Gaëtan-Célestin de Bardel, né le 15 août 1806 ;
2° Marie-Felize-Honorine de Bardel, née le 14 avril 1801.

### Deuxième rameau.

Ignace-François-Xavier DE BARDEL, frère d'Honoré-Jean-Paul, ancien capitaine de frégate de la marine royale, chevalier de l'ordre royal et militaire de Saint-Louis, établi à Paris, est marié à Henriette-Justine-Catherine-Jeanne d'Autard-de-Bragard, ancien colonel d'infanterie, chevalier de l'ordre royal militaire de Saint-Louis et de la Légion d'Honneur, et de Marie Maigre-de-Fontreynière. De ce mariage sont issus ;

1° Ange-Henri-Hector de Bardel, né le 3 août 1799 ;

2° Auguste de Bardel, né le 22 novembre 1804;

3° Angelle-Eugénie de Bardel, née le 30 janvier 1796;

4° Olympe-Antoinette de Bardel, née le 17 mai 1798;

5° Henriette de Bardel, née le 20 juillet 1803.

*Frère.* Auguste-Pompée de Bardel.

*Armes* : « D'azur, à la bisse en spirale d'argent; au chef cousu de gueules, chargé de trois étoiles d'or. »

BARRÈS du MOLARD (de), en Vivarais, famille ancienne, connue dans le Languedoc depuis l'an 1283. Elle est représentée par :

Jean-Scipion-Fleury de BARRÈS-DU-MOLARD, chevalier, vicomte héréditaire de Barrès par décision du 6 décembre 1814, né le 7 mars 1779, ancien élève de l'école militaire de Sorèze, actuellement chef de bataillon d'artillerie, et membre du collège électoral du département de l'Ardèche. En 1814 et 1815, il a fait partie des députations envoyées auprès de S. M. Louis XVIII, par la ville de Privas et le département de l'Ardèche. Il a épousé en 1800, demoiselle Louise-Caroline-Jacqueline-Rosalie de Rochefort, fille de François, baron de Rochefort, chevalier, ancien capitaine d'infanterie, chevalier de l'ordre royal et militaire de Saint-Louis, et de dame Louise Moreton de Chabrillant. Il a de ce mariage ;

> 1° Jean-Scipion-Henri de Barrès, né le 25 février 1803, nommé élève du roi à l'école militaire de la Flèche, le 30 décembre 1814 ;
>
> 2° Marie-Charles de Barrès, né le 10 janvier 1808 ;
>
> 3° Laurent-Alphonse-Edouard de Barrès, né le 27 novembre 1810 ;
>
> 4° Michel-Amédée de Barrès, né le 29 septembre 1812 ;
>
> 5° Marie-Françoise-Louise-Hélène de Barrès, née le 18 août 1800 ;
>
> 6° Françoise-Joséphine-Adèle de Barrès, née le 27 novembre 1801 ;
>
> 7° Jacqueline-Marie-Pauline de Barrès, née le 25 juin 1804 ;
>
> 8° Marie-Philippe-Caroline de Barrès, née le 5 juin 1806 ;
>
> 9° Marie-Joséphine de Barrès, née en 1814.

*Frères.* Pierre-Alphonse de BARRÈS-DU-MOLARD, né le 10 septembre 1780 ;

Philippe Casimir de BARRÈS-DU-MOLARD, né le 20 octobre 1783 ; il s'est établi à la Trinité où il a épousé N.... Bernard de Riveneuve, dont il a trois enfants.

*Sœur.* Marie-Rosalie de BARRÈS-DU-MOLARD, demoiselle, née le 26 juin 1790.

*Armes :* « D'argent, à trois barres, accom-
» pagnées en chef d'un croissant et cotoyées en
» pointe de trois étoiles, le tout de gueules. »

*Voyez pour la généalogie détaillée de cette famille, le tome VI du Nobiliaire universel de France, in-8°. 1815.*

BARRUEL – BEAUVERT (DE); ancienne maison originaire d'Ecosse, dont le premier titre est le testament de *noble et magnifique Clément* de Barruel ( *aliàs* ) de Barwel, vivant en 1350 et 1390.

Antoine-Joseph, comte DE BARRUEL-BEAUVERT, chevalier, ancien colonel d'infanterie, chevalier de l'ordre royal et militaire de Saint-Louis, commandeur de l'ordre noble et chapitral d'Allemagne, décoré de l'Ange Gardien, ( avec autorisation de S. M. ), et l'un des otages de LOUIS XVI, lors de l'arrestation de ce vertueux prince à Varennes; a fait ses preuves d'ancienne noblesse, pour son admission dans le chapitre noble d'Allemagne où il a été reçu en 1788, et chez M. le Maître, chargé de l'établissement des preuves de noblesse des écuyers et pages de leurs altesses royales MONSIEUR et MONSEIGNEUR, comte d'Artois; lorsque le comte de Barruel-Beauvert traitait d'une place d'officier supérieur des gardes-du-corps d'un des enfants de France. — Depuis la souche de la maison du comte de Barruel-

Beauvert qui remonte aux croisades, jusques au chef actuel de cette famille illustre, il existe quatorze rejetons. Les enfants du comte de Barruel-Beauvert et de mademoiselle Doublet de Linas, son épouse, sont ;

1° Ferdinand - Paul - Joseph - Eugène de Barruel-Temple, né à Paris le 27 juillet 1803, actuellement élève du roi à l'école militaire de la Flèche ;

2° Hipolyte-Joseph-Maurice de Barruel-Montlaur, né à Paris, le 17 novembre 1804, actuellement inscrit sur la liste des pages du roi ;

3° Antoinette-Elizabeth-Eugénie de Barruel-Beauvert, née à Paris le 22 avril 1800.

*Armes* : « D'or, à la bande d'azur, chargée » de trois étoiles d'argent : couronne ducale ; te- » nants, deux anges, portant chacun un drapeau » herminé ; devise ; *virtute sideris.* Cri d'arme : » *Dieu, et mon souverain.* »]

*Voyez le tome second du Nobiliaire universel de France, in-8°. 1814.*

BARRUEL SAINT-PONS ( DE ), famille différente de la précédente, originaire de Vivarais, établie maintenant à Pont-de-Veyle en Bresse. elle est représentée aujourd'hui par :

Louis-François DE BARRUEL SAINT-PONS, né

le 12 mars 1740, chef de bataillon du corps royal de l'artillerie, chevalier de l'ordre royal et militaire de Saint-Louis, marié le 7 février 1785 à Marie-Hélène-Victoire de Veyle de la Salle, chanoinesse et comtesse du noble chapitre de Salle, en Beaujolais, fille de Paul-Henry de Veyle de la Salle et de Denise de Ramos. De ce mariage est issu :

>Louis-Camille-Marie de Barruel-Saint-Pons, né le 23 décembre 1789, sous-lieutenant d'infanterie.

*Armes* : « Barré d'or et d'azur. »

*Voyez le tome second du Nobiliaire universel de France, in 8°, 1814.*

BATZ DE TRENQUELLÉON ( DE ), maison ancienne, originaire de Béarn, établie maintenant à Nérac en Albret. Elle a fourni des pages de la grande écurie du roi, des abbés commendataires, etc., etc, — et dont la généalogie se trouve dans l'armorial général de France de M. d'Hozier, registre V, première partie.

Cette famille divisée en trois branches, est représentée aujourd'hui par :

PREMIÈRE BRANCHE.

*Barons de Trenquelléon, à Nérac.*

Charles-Policarpe DE BATZ, baron DE TRENQUELLÉON, seigneur de Saint-Julien, né le 26 janvier 1792 marié le 7 octobre 1813 à Adèle-Serène-Bernardin, de Sevin de Segougnac, fille de Jean-Chrisostôme de Sevin, baron de Segougnac, ancien capitaine de cavalerie au régiment de Deux-Ponts; et de Louise-Paule-Florent Manas de Lamezan, de laquelle est issu:

Charles-Louis-Jean-Joseph de Batz de Trenquelléon, né le 18 mars 1815.

### SECONDE BRANCHE.

*Seigneurs de Gajean, au duché d'Albret.*

François DE BATZ, écuyer, seigneur DE GAJEAN, chef d'escadre des armées navales, chevalier de l'ordre royal et militaire de Saint-Louis, né en 1759, marié en 1775 à Marie Gabrielle de Villecour, de laquelle sont issus:

1° Joseph-Armand de Batz de Gajean, lieutenant au service de S. M. très-chrétienne, né le 26 février 1796.

2° Louis-Augustin-Timoléon de Batz de Gajean, né en octobre 1804.

3° Charlotte-Ursule de Batz de Gajean, née en février 1798;

4° Marie-Elisabeth-Céline de Batz de Gajean, née en juin 1801;

5° Marie-Françoise-Anaïs de Batz de Gajean, née en octobre 1808;

6° Marie-Antoinette-Thérèse-Eugénie de Batz de Gajean, née en septembre 1810,

### TROISIÈME BRANCHE.

#### Barons de Mirepoix, à Auch.

Alexandre DE BATZ, baron DE MIREPOIX, seigneur de Sainte-Christil, ancien officier au régiment de Bourbonnais, né en 1751, marié en 1784 à N. de Montégut, fille de M. de Montégut, conseiller au parlement de Toulouse, de laquelle sont issus :

    1° Charles-Alexandre-Ange de Batz, né en 1795.
    2° Henry-Gaspard de Batz, né en 1797.
    3° Henriette de Batz qui a épousé M. de Lary comte de Latour, dont plusieurs enfants ;
    4° Charlotte de Batz, née en 1788.

*Armes.* « Parti, au 1 de gueules, au Saint-
» Michel d'argent ; au deux d'azur au rocher de
» cinq coupeaux d'argent sommé d'un lion d'or.

*Voyez le tome VI du nobiliaire universel de France, in-8, 1815.*

BAVALAN, *voyez* QUIFISTRE.

BEAUREGARD, *voyez* BAILLE DE BEAUREGARD.

BEC-DE-LIÈVRE (DE), maison fort ancienne, originaire de Bretagne, distinguée par ses belles alliances et par ses services de robe et d'épée.

Elle a fait ses preuves de cour, et subsiste en quatre branches représentées par :

### PREMIÈRE BRANCHE.

Louis-Marie-Christophe, marquis de BEC-DE-LIÈVRE, seigneur d'Avaugour, de la Seilleraye, de la Brousse, de Kerbra, de Mauves, etc., marquisat et seigneurie en Bretagne, né le 19 juin 1783, reçu chevalier de Malte le 11 décembre 1784; il a épousé, le 9 septembre 1805, dame Caliste-Françoise-Joséphine de Larlan, dame de la Brousse et de Kerbra, fille de feu Jacques-François, comte de Larlan, et de dame Victoire-Françoise-Brigitte de Kerguelen. Il a eu de ce mariage :

1° Hilarion-François-Marie-Albéric de Bec-de-Lièvre, né le 15 février 1814;

2° Aliénor-Louise-Caliste-Marie-Juliette-Mathilde de Bec-de-Lièvre, née le 13 octobre 1807;

3° Emilie-Caroline-Alix de Bec-de-Lièvre, née le 9 juin 1810.

*Sœurs.* Marie-Madeleine-Juliette DE BEC-DE-LIÈVRE, mariée, en 1800, à Louis-Auguste-Victor de Ghaisne, comte de Bourmont, lieutenant-général, gouverneur de la 16ᵉ division militaire, commandant de la 2ᵉ division de la garde royale, chevalier de l'ordre royal et militaire de Saint-Louis et de Saint-Joseph de Wurtzbourg, etc.

Emilie-Joséphine de BEC-DE-LIÈVRE, mariée en 1800, à Philippe-Alexis-Fortuné Le Clerc, baron de Vezins, possesseur de la forêt et baronnie de Vezins, en Anjou.

SECONDE BRANCHE, *dite* DE PENHOUET.

Gabriel-Narcisse-Auguste, vicomte de BEC-DE-LIÈVRE, par érection en vicomté de la terre du Bouexic en 1628, que cette famille possédait depuis près de cinq siècles, marié à dame Eugénie de Viry. De ce mariage est issue :

Gabrielle-Adélaïde-Émélie de Bec-de-Lièvre.

TROISIÈME BRANCHE, *dite* DU BROSSEY.

Alexandre de BEC-DE-LIÈVRE DU BROSSEY, officier.

QUATRIÈME BRANCHE, *dite* DE CANY.

Henriette-Jeanne-Hélie de BEC-DE-LIÈVRE DE CANY, née le 14 novembre 1742, mariée le 22 juillet 1767, à Louis-François, vicomte de Talaru, colonel d'infanterie. Elle fut nommée, en décembre 1768, dame de compagnie de madame Adélaïde de France.

Armande-Louise-Marie de BEC-DE-LIÈVRE, dite *mademoiselle de Cany* ; née le 20 juillet 1769, mariée à Anne-Louis-Christian, prince de Montmorency, né le 26 mai 1769.

Anne-Louise-Marie de BEC-DE-LIÈVRE DE

Cany, mariée, le 21 janvier 1787, à Anne-Christian de Montmorency-Luxembourg, duc de Beaumont, pair de France, prince de Tingri, né le 22 juin 1767; dont postérité:

*Armes*: de sable, à deux croix de calvaire tréflées et fichées d'argent, accompagnées en pointe d'une coquille du même, couronne de marquis; supports, deux lions. Devise, *hoc tegmine tutus*.

*On peut consulter sur cette maison dom Lobineau et dom Maurice, histoire de Bretagne; le père Toussaint, Armorial de Bretagne; Encyclopédie, tom. II, volume des planches; Farin, histoire de Rouen; les registres des parlements de Bretagne et de Normandie, et des chambres des comptes de Nantes et de Rouen; le dictionnaire de Moréri; l'ancien Nobiliaire général de France; le Nobiliaire universel de France, in-8°, tome premier. 1814.*

BELIN ( de Saint ), très ancienne maison originaire de Champagne, où elle est encore établie ainsi qu'en Bourgogne. Elle est représentée aujourd'hui par:

*Branche aînée, dite de Saint-Belin-Mâlin.*

Louis-Edmond-Ferdinand-Charles-Gabriel, comte de Saint-Belin-Mâlin, fils aîné de Louis-Nicolas, comte de Saint-Belin-Malin, mort victime du tribunal révolutionnaire à Paris, le 20 avril 1794, et de Marguerite-Hortense le Prestre de Neubourg, sa veuve, né le 29 septembre 1779 marié à l'Isle-de-Bourbon en 1807, à Félicité Boussu, de laquelle il a :

1° Blanche de Saint-Belin, née en 1808.
2° Henriette de Saint-Belin, née en 1813.

*Frère.* Louis-François-Nicolas-Marie-Dorothée, vicomte DE SAINT-BELIN, né le 3 septembre 1780, chevalier de Saint-Louis et de la Légion d'Honneur, chef d'escadron des dragons de la garde royale.

*Sœurs.* Louise-Claire-Hortense de Saint-Belin.

Joséphine-Bénigne-Aglaé de Saint-Belin.

Cette branche comprend encore trois sœurs de feu Louis-Nicolas ci-dessus nommé, savoir :

1° N... DE SAINT-BELIN, mariée à N... baron de la Coste, chevalier de Saint-Louis, dont plusieurs enfants.

2° Rose-Gabrielle-Marguerite, } chanoinesses
3° Anne-Claire-Augustine ; } de Salles.

*Seconde branche, dite de Fontaines ou d'Etaies.*

Georges-Louis-Nicolas, marquis de SAINT-BELIN né le 10 juin 1766, chevalier de Saint-Louis, maréchal des camps et armées du roi, officier supérieur des chevau-légers de sa garde ; a épousé, 1º le 19 mai 1788, Marie-Charlotte-Henriette de Robert du Châtelet, morte le 15 avril 1795; 2º 12 octobre 1802, Antoinette-Denise-Anne-Rosalie Morel. Ses enfants sont :

*Du premier lit.*

1º Artus-Georges-Louis-François, comte de Saint-Belin, né le 11 mars 1789, chevalier de l'ordre royal et militaire de Saint-Louis, lieutenant de vaisseau, et lieutenant de la garde du pavillon de S. A. R. monseigneur le grand amiral de France;

*Du second lit.*

2º Henriette - Louise - Anne - Françoise de Saint-Belin, née le 12 mars 1804.

*Frère.* Louis-Antoine-Jean-Baptiste, chevalier de SAINT-BELIN, né le 24 décembre 1779.

*Branche puînée, dite de Vaudrémont.*

Paule - Antoinette de la Madelaine - Ragny, veuve de Louis-François-Dominique, comte DE SAINT-BELIN, chevalier de Saint-Louis, ancien officier supérieur dans le corps de la gendarmerie dite de Lunéville, mestre de camp de cavalerie, mort en septembre 1801, desquels sont issues six filles dont il reste :

Marie-Claire de Saint-Belin, veuve le 5 février 1813, de Pierre-Eugène-Barnabé, comte de Messey, chevalier de l'ordre royal et militaire de Saint-Louis, maréchal de camp, ancien chef de brigade des gardes-du-corps :

Et Marie-Nicole-Léopoldine de Saint-Belin, chanoinesse de Bouxières

*Armes.* « d'azur, à trois têtes de bélier d'ar-
» gent, accornée d'or. Couronne de comte. Te-
» nants, deux sauvages. Devise : *Ex utroque*
» *fortis.* »

*La généalogie de la maison de Saint-Belin a été imprimée dans le nobiliaire de Champagne, dont un exemplaire se trouve à la bibliothèque du Roi.*

BELLAUD, famille originaire de Provence, établie maintenant à Paris. Elle est représentée aujourd'hui par :

François-de-Sales-Marie-Joseph-Paul-Benjamin BELLAUD, né à Toulouse, le 12 avril 1772, chevalier, marié, le 8 janvier 1795, à Marie-Barbe-Augustine, comtesse de Montmaur, fille de Pierre Esprit, comte de Montmaur, chevalier de l'ordre royal et militaire de Saint Louis, et de Marie-Barbe Jacquard, de laquelle sont issus :

1° François de Sales-Marie-Pierre Esprit-Augustin, né le 23 décembre 1804 ;

2° Marie-Christine-Pauline-Augustine.

*Armes* : « De sinople, à la bande ondée d'ar-
» gent, accostée en chef d'une belette courante
» d'or. »

BÉLOT DE FERREUX (DE), en Champagne, ancienne noblesse militaire, originaire du Piémont. Elle possède la terre de Ferreux et ses dépendances, près de Nogent-sur-Seine, depuis l'an 1536.

André-Marie, marquis de BÉLOT DE FERREUX, né le 23 août 1765, ancien officier au régiment d'Esterhasy, hussards, puis au régiment de Lorraine, dragons, en 1787, grand bailli d'épée du palais de Paris, membre actuel du collège électoral et du conseil général du département de l'Aube, a épousé le 23 mai 1809, dame Françoise-Elisabeth le Fœbvre de la Boulaye, fille de monsieur le Fœbvre de la Boulaye, écuyer, trésorier de France en la généralité de Montauban. Il a de ce mariage;

1° Hyppolite-Nicolas de Bélot de Ferreux; né le 19 novembre 1794, garde du corps du roi dans la compagnie de Luxembourg;

2° Eugène-Simon de Bélot de Ferreux, né le 24 septembre 1797, garde du corps du roi dans la même compagnie.

*Armes* : « D'azur, au chevron d'argent,
» accompagné en chef de deux étoiles d'or, et en

» pointe d'une tête de licorne du même. Couronne de marquis; supports, deux licornes.

*Voyez le Nobiliaire universel de France*, in-8°. tome *III*, 1815.

BELVALET, marquis d'Humerœuille, famille ancienne de la province d'Artois.

Pierre de BELVALET, écuyer, seigneur de Mourois, vivait en 1250. Cette famille est aujourd'hui représentée par :

Messire Henri-Charles-Onuphre de BELVALET, chevalier, marquis d'Humerœuille, maire de la ville de Saint-Pol, membre de la noblesse des Etats de la province d'Artois, ayant servi en émigration dans l'armée de son altesse sérénissime monseigneur le duc de Bourbon; il est né le 30 mai 1751, et s'est marié le 8 juin 1784, à noble demoiselle Louise-Isabelle-Léocade-Josephe d'Humières, née le 24 octobre 1762, fille de messire Charles-Antoine Hubert d'Humières, écuyer, seigneur d'Humières et de Mons en Bareuil, lieutenant des maréchaux de France, chevalier de l'ordre royal et militaire de Saint-Louis, membre de la noblesse des Etats de la province d'Artois, etc.; de ce mariage sont issus :

1° Charles-François-Onuphre de Belvalet, né le 15 octobre 1786, capitaine-aide-de-camp;

2° Guilaine-Françoise-Sylvie de Belvalet;

3º Elmire-Louise-Flavie de Belvalet.

*Armes :* D'argent, au lion de gueules.

BÉNAVENT-RODÈZ ( DE ), maison ancienne, qui tire son origine de l'illustre race des comtes souverains de Rodèz, et dont les preuves ont été faites le 15 mai 1784, (1) par devant M. Chérin, généalogiste des ordres du roi, par M. le vicomte de Bénavent-Rodez ( Marc-Antoine-Joseph ), ancien lieutenant colonel du régiment royal, infanterie, en vertu desquelles il a eu l'honneur de monter dans les carrosses du roi, et d'accompagner Sa Majesté à la chasse.

Marc-Antoine-Joseph, vicomte de BÉNAVENT-RODÈZ, chevalier, seigneur de Cabannes et de Cabrilles, né à Lautrec, en 1750, a été capitaine commandant au régiment de Colonel-général, et ensuite major et premier lieutenant-colonel du régiment Royal, infanterie. Il a émigré en 1791, et a été capitaine commandant d'une compagnie de cent chasseurs nobles à l'armée de Monseigneur le prince de Condé. Il a épousé, le 8 mars 1779, Marie-Anne de Nigri Clermont-Lodève. Il a de ce mariage ;

Hugues-Charles-Anne-Barthelemi de Bénavent-Rodez, chevalier, seigneur de Ro-

---

(1) Voyez la Gazette de France du 18 mai suivant.

quenegade, né le 9 décembre 1783, marié le 27 avril 1808, avec Marie-Antoinette de Martin Dubosc. De ce mariage :

a. Marie-Louis-François-Léon de Bénavent-Rodèz, né le 24 mai 1809;

b. Martin-Joseph-Jules de Bénavent-Rodèz, né le 14 août 1811.

*Armes* : « Ecartelé, au 1 et 4 de gueules, au
» lion d'or, qui est de Rodèz; au 2 et 3 d'ar-
» gent, à trois bandes de gueules; au chef d'azur,
» chargé d'un lambel d'or; qui est de Béna-
» vent ».

*Voyez le tome V du Nobiliaire universel de France, in-8°, 1815.*

BÉSIADE D'AVARAY (DE), famille originaire de Béarn, représentée aujourd'hui par :

Claude-Antoine DE BÉSIADE, marquis d'AVARAY, né le 16 juillet 1740, pair de France, lieutenant-général des armées du roi, maître de la garderobe de S. M., marié le 5 avril 1758 à Angélique-Adélaïde-Sophie de Mailly, dame pour accompagner madame la comtesse d'Artois, fille de Louis, comte de Mailly, marquis de Nesle, chevalier des ordres du roi, lieutenant-général de ses armées, premier écuyer de madame la dauphine mère du roi, de laquelle sont issus :

1° Antoine-Louis-François de Bésiade,

comte et ensuite duc d'Avaray, maréchal des camps et armées du roi, capitaine de la compagnie écossaise des gardes du corps, mort sans postérité à Madère, au mois de juin 1811;

2º Armand-Louis-Théophile de Bésiade, vicomte d'Avaray, chevalier de l'ordre de Saint-Jean de Jérusalem, tué à Quibéron combattant pour la cause du roi;

3º Joseph-Théophile-Parfait de Bésiade, comte d'Avaray, maréchal de camp, lieutenant dans la compagnie des chevau-légers de la garde du roi, marié en 1800 à Aimée-Julie-Michel de Tharon, dont:

a. Ange-Edouard-Théophile de Bésiade d'Avaray;

b. Sophie-Angélique-Laure-Rosalbe de Bésiade d'Avaray;

4º Adélaïde-Henriette-Elisabeth de Bésiade d'Avaray, dame pour accompagner Madame la comtesse d'Artois, qui a épousé le marquis de Grave, colonel du régiment de chasseurs des Trois-Evêchés, tué à Quiberon en 1785;

5º Augustine-Olympe-Sophie de Bésiade d'Avaray; dame pour accompagner Madame épouse de Louis XVIII, qui a épousé le marquis de Sourdis, maréchal de camp, inspecteur de cavalerie, morte en 1809.

dont un fils, le comte de Sourdis, colonel d'un régiment de chasseurs.

*Armes.* « D'azur, à la fasce d'or, chargée de deux étoiles de gueules, et accompagnée en pointe d'une coquille du second émail; à l'écusson de France, brochant sur la face. Devise : *Vicit iter durum pietas.* »

L'honorable distinction de porter dans ses armes l'écu de France a été accordée à Antoine-Louis-François de Bésiade comte d'Avaray, par lettres-patentes écrites de la propre main du roi, portant que c'est avec pouvoir de la transmettre après lui à qui il voudrait de son nom. Il en a disposé par son testament en faveur du marquis d'Avaray, son père.

BLACAS-CARROS, famille originaire de Provence où elle réside toujours. Elle est représentée aujourd'hui par :

Alexandre-Claude-Bonaventure, marquis DE BLACAS-CARROS, chevalier honoraire de l'ordre de Saint-Jean-de-Jérusalem, qui a servi avec distinction dans l'armée des princes. Il a épousé, le 14 juillet 1789, noble Marie-Madelaine-Victoire de Pélissier, dame de Chanteraine et autres lieux. De ce mariage sont issus :

1° Claude-Marie-François-Alexandre, comte de Blacas-Carros, sous-préfet de Marseille;

2° Marie-Antoine-Alphonse-Elzéard ;

3° Joseph-Hyppolite-Bonaventure;

4° Une fille en bas âge.

*Armes :* « D'argent à la comète à seize rais » de gueules. Devise : *Vaillance.* »

*Voyez pour la généalogie de cette maison, le premier volume du Nobiliaire universel de France, in-8. 1814.*

## BLOCQUEL DE CROIX DE WISMES.

Marie-Jeanne-Françoise de Rougé, baronne douairière DE WISMES, née au château de la Bellière, en Anjou, le 24 juin 1753, fille de Pierre-François, marquis de Rougé, lieutenant-général des armées du Roi, gouverneur de Givet et de Charlemont, et de Marie-Claude-Jeanne-Julie de Coëtmen, était restée veuve, en 1784, de Eugène-Armand, baron DE WISMES et de St.-Pierre, seigneur du Mesnil-Martinsart, etc., capitaine de cavalerie au régiment de Berry, fils d'Adrien-Antoine DE BLOCQUEL DE CROIX, baron DE WISMES, député général ordinaire et à la cour pour la noblesse des États d'Artois, et de Anne-Marguerite de Pracomtal, sa seconde femme.

Elle a eu de ce mariage deux fils, savoir :

Stanislas-Catherine-Alexis, baron DE WISMES, en Artois, né à Arras, le 4 juillet 1778, préfet du département du Tarn, en juin 1814, de celui de Maine-et-Loire, en juillet 1815, marié le 25 mai 1803, par contrat du 23, à Émilie-Joséphine-Jeanne Ramires de la Ramière, née à Paris le 20 mai 1783, dernière de sa maison, fille unique de Louis-Gabriel, comte de la Ramière, officier au régiment de Champagne, seigneur et baron de Peucharnaud, de la Maison-Neuve, de Saint-Estéphe, de Piégut, de Pluviers, de Champniers, d'Augignac, des villes de Nontron et de Montbron en Périgord, et de Anne-Louise Pichon de la Rivoire, sa seconde femme; dont :

 1° Marie-Emilie de Wismes, née le 13 mars 1804;

 2° Anna-Joséphine, née le 3 septembre 1807;

 3° N... de Wismes.

Arnould-Louis-Armand, vicomte DE WISMES, né le 17 avril 1780, chevalier de Malte de minorité en 1784, marié le 16 mai 1810, par contrat signé le 13, à Bonne-Thérèse-Louise-Hélène-Léonille de Polignac, née à Rastadt, au grand duché de Bade, le 13 mai 1792, fille aînée de Charles-Louis-Alexandre, comte de Polignac, maréchal des camps et armées du Roi, aide-de-camp de monseigneur le prince de Condé, et de Adolphe-Christine-Adélaïde Sanguin de Livry, son épouse, nommée, en 1788, dame de Madame, depuis Reine, femme du Roi Louis XVIII; leurs enfants sont :

1° Edouard-Adolphe-Stanislas-Armand, né le 13 décembre 1812 ;

2° Héracle-Jean-Baptiste-Olivier, né le 16 septembre 1814 ;

3° Marie-Charlotte-Léonille-Alix, née le 20 mars 1811.

*Armes* : « D'argent, au chevron de gueules, » accompagné de trois merlettes de sable. Sup- » ports, deux griffons. L'écu timbré d'un casque » de front, surmonté d'une couronne de cinq » fleurons. »

BOIS-DU-BAIS ( DU ), l'une des plus anciennes familles nobles du Cottentin en Normandie, qui fait remonter ses prédécesseurs jusqu'à l'an 1066. Elle est représentée aujourd'hui par :

Louis-Thibaut, comte DU BOIS-DU-BAIS, chevalier de l'ordre royal et militaire de Saint-Louis, et commandant de la Légion d'Honneur, ancien capitaine de cavalerie. Il a été membre de toutes les législatures, sénateur titulaire de la sénatorerie de Nîmes. Il a épousé, en 1781, Louise-Françoise le Prevost, d'une ancienne famille de Normandie, dont sont issus :

1° Louis-Auguste-René du Bois-du-Bais, né le 17 octobre 1783, officier de cavalerie, officier de la Légion d'Honneur ;

2° Aimé-Auguste du Bois-du-Bais, né le 11 avril 1795.

*Frères :* Anonyme DU BOIS-DU-BAIS, ancien officier d'infanterie, chevalier de l'ordre royal et militaire de Saint-Louis.

Jacques-François César DU BOIS-DU-BAIS d'AUBERVILLE, ancien officier d'infanterie, juge au tribunal de première instance de Ribérac en Périgord, marié à mademoiselle d'Auga, dont il a plusieurs enfants.

Pierre DU BOIS-DU-BAIS, dit le *Chevalier*, ancien lieutenant-colonel de cavalerie; chevalier de l'ordre royal et militaire de Saint-Louis et de la Légion d'Honneur.

*Armes :* « D'or, à l'aigle au vol abaissé de » sable, becquée et membrée de gueules.

*Voyez, pour la généalogie de cette maison, le Nobiliaire universel de France, in-8°, tome premier, 1814, et les divers ouvrages antérieurs qui ont paru sur la noblesse de France.*

BOUBERS - ABBEVILLE-TUNCQ, maison originaire de Cambrai, qui a pour auteur le comte Wald-Berk ( dont le nom, par les altérations et changements d'idiomes, est devenu Bôberk, puis Bouberch, et enfin Boubers, mots qui tous signifient Bois-Mont ), de qui descendent les comtes de Ponthieu, de Boulogne et Montreuil (anciens).

La branche de Boubers-Abbeville-Tuncq est connue dans le Ponthieu depuis plusieurs siècles sous les surnoms de Tuncq, que prenait Guillaume-

d'Abbeville, marié vers l'an 1261 à Ide de Bö-
berch : et celui de Bernâtre depuis le mariage de
Jean d'Abbeville-Bouberch-Tuncq avec Mahaut
de Reineval, vicomtesse de Bernâtre, seigneurie
dont leurs descendants ont pris le surnom et les
armoiries jusqu'à ce qu'elle soit sortie de la
branche aînée de la maison de Boubers-Bernâtre,
par l'extinction de cette branche qui l'a possédée
depuis 1364 jusqu'en 1813. Le chef de nom et
d'armes actuel de cette maison est :

Amédée-Charles-Marie, comte DE BOUBERS-
ABBEVILLE-TUNCQ; chevalier, ancien capitaine
de cavalerie au corps royal des carabiniers de Son
Altesse Royale MONSIEUR, frère du Roi, né à Abbeville, le 15 avril 1765 : il a émigré en 1791; à
été chargé par le Roi de lui former une garde de
sûreté pendant son séjour à Abbeville les 20 et 21
mars 1815, et décoré par Sa Majesté de la croix de
l'ordre royal et militaire de Saint-Louis le 21
avant son départ d'Abbeville; depuis ex-comman-
dant supérieur pour le Roi dans le Ponthieu, et
colonel commandant les volontaires royaux de Picardie. Il a épousé, le 22 avril 1789, demoiselle
Anne-Charlotte-Elisabeth, vicomtesse de Buissy
de Long, de laquelle sont issus :

1° Amédée-Victor, décédé;
2° Alphonse-Alexandre-Charles, chevalier,
viconte de Boubers-Abbeville-Tuncq,
chevalier de Malte;

3° Aure-Pauline-Henriette;

4° Ide-Rose-Blanche de Boubers-Abbeville-Tuncq.

« *Armes* : Parti de deux traits, coupé de trois, au 1 plein d'or ; au 2 d'or, à une croisette et un croissant tourné de gueules en chef; au 3 d'or, à trois fasces de gueules ; à une branche de gui de chêne ensanglantée au naturel, brochante sur le tout, qui est de *Waldberk*; au 4 d'or, à trois chevrons de gueules, qui est de *Saint-Waubert*; au 5 d'or, à trois bandes de gueules, qui est de *Ponthieu ancien*; au 6 d'or, à trois cœurs de gueules, qui est d'*Abbeville*; au 8 d'or, à la croix de gueules, chargée de cinq croissants de sable. qui est de *Bóberch*, ( à enquerre ); au 9 d'argent, à trois cœurs de gueules qui est d'*Abbeville-Bóberch*; au 10 d'argent, à la croix de gueules; chargée de cinq coquilles d'or, qui est de *Bouberch sur Canche* ; au 11 d'or, à la croix de sable, chargée de cinq coquilles d'argent, qui est de *Reineval-Bernátre*; au 12 d'or, à la croix de sable, chargée de cinq coquilles d'argent; au franc-canton du même, chargé de trois cœurs de gueules; sur le tout d'or, à trois cœurs de gueules, au chef cousu du champ, chargé de trois bandes du second émail. Couronne antique de tours, sommée d'un casque, couronné d'une couronne de vicomte; cimier, un

» lion naissant tenant une branche de gui ensan-
» glantée ; supports, un triton portant ban-
» nière couronné d'une couronne antique,
» et une sirène, couronnée d'une couronne de
» vicomte, tous deux sonnant de la conque De-
» vise : *fidelior in adversis.* Cri de guerre :
» *Abbeville.*

*Voyez*, pour la généalogie de cette maison, *La Morlière*, page 439, au supplément.

BOUCHER DE LA MOTTE (DE), famille originaire de Guienne, où elle réside encore de nos jours, au lieu de Lagiraude ; elle est représentée par :

Élie-François DE BOUCHER DE LA MOTTE, ancien officier au régiment de Vintimille, chevalier de l'ordre royal et militaire de St.-Louis, né le 10 janvier 1770, marié à la Jamaïque, le 26 mai 1801, à Mary-James O'Connor, veuve de reigt honorable Jrving, fille de M. O'Connor et de Susane Lawrance, de laquelle sont issus :

 1° Marie, née le 7 juin 1804 ;
 2° Françoise, née le 26 janvier 1806 ;
 3° Autre Marie, née le 23 avril 1809.

*Armes* : « D'azur, au sautoir d'argent, can-
» tonné au 1 d'un lionceau ; au 2 e 3 d'une
» étoile, et au 4 d'un croissant ; le tout du
» même ; couronne de marquis ; supports, deux
» lions ; devise : *Honor et rex* ».

## BOUILLÉ ou BOULIER du CHARIOL.

Cette maison, dont était M. le marquis de Bouillé, lieutenant-général des armées du roi, chevalier de ses ordres, et l'un des personnages les plus justement célèbres du règne de Louis XVI, n'est pas moins distinguée par ses alliances que par son ancienneté, quoique originaire du Maine, elle est cependant considérée comme une des premières et des plus nobles de la province d'Auvergne, où elle se trouvait établie dès le onzième siècle, et où elle a possédé des terres considérables.

Il existe encore trois branches de la maison de Bouillé, représentées aujourd'hui, ainsi qu'il suit, par :

*Première branche.*

François-Marie-Michel de Bouillé du Chariol, comte de Bouillé, né le 13 janvier 1779, colonel, aide-de-camp de S. A. R. Monsieur, frère du Roi, chevalier de l'ordre royal et militaire de Saint-Louis, et de ceux de l'Etoile Polaire et de Saint-Jean de Jérusalem, marié le 5 novembre 1805, à Marie-Louise de Carrère; de laquelle sont issus :

1° Jacques-Marie-Gaston, né le 21 octobre 1807 ;

2° Louise-Caroline-Rose, née le premier mars 1815.

*Sœur.* Amélie-Rose-Adèle DE BOUILLÉ DU CHARIOL, née le 15 février 1790; mariée à Arthur, comte de Pons de la Grange.

*Seconde branche.*

François-Gabriel DE BOUILLÉ DU TRONÇAY, baron de Bouillé, né le 20 avril 1766, colonel, chevalier de l'ordre royal et militaire de Saint-Louis; marié le 7 avril 1797, à Elisabeth de Jay de Beaufort, dont une fille.

*Cousins germains.* Claude DE BOUILLÉ D'AUTHEZAT, vicomte de Bouillé, chevalier de l'ordre royal et militaire de Saint-Louis, né le 10 décembre 1756, marié en 1786, à Marie-Guillelmine Pinel du Manoir, de laquelle sont issus:

1° François-Claude-Amour-René Albert, né le 21 septembre 1787, marié le 2 janvier 1812, à Rosalie-Pierrette de Forestier, dont une fille;

2° Arthur-Philippe-Guillaume-Parfait, né le 18 février 1790, capitaine de cavalerie, aide-de-camp du maréchal duc de Reggio et chevalier de la Légion d'Honneur.

Jean-Baptiste DE BOUILLÉ D'AUTHEZAT, abbé de Bouillé, né le 6 juin 1759; ancien aumônier de la reine Marie-Antoinette d'Autriche, femme de Louis XVI, chanoine, comte de Vienne, etc.

*Troisième branche.*

Louis-Joseph-Amour DE BOUILLÉ DU CHAriol, marquis de Bouillé, né le premier mai 1769 lieutenant-général des armées du roi, chevalier de l'ordre royal et militaire de Saint-Louis et de celui de la Légion d'Honneur ; marié le 30 avril 1798, à Anne-Marie-Robertine-Hélène-Joséphine Walsh de Serrant, dont est issu :

> Amour-Louis-Charles-René de Bouillé du Chariol, né à Paris, le 26 mai 1802.

*Frère.* François - Guillaume - Antoine DE BOUILLÉ DU CHARIOL, dit *le comte François de Bouillé*, né le 8 mai 1770, colonel de cavalerie, chevalier de l'ordre royal et militaire de Saint-Louis et de celui de Saint Jean de Jérusalem ; marié le 14 mai 1799, à Rose-Antoinette de Jorna ; dont est issu :

> Jules-François-Amour de Bouillé du Chariol, né le 16 mars 1800.

Les armes de la maison de Bouillé étaient : « D'argent, à la fasce de gueules, frettée de » sable et accompagnée de deux burelles du se- » cond émail ; mais les branches Auvergnates de » cette maison, depuis son alliance avec l'héri- » tière du Chariol, à la fin du douzième siècle, » ont toujours continué à en porter les armes, » qui sont, de gueules à la croix ancrée d'ar- « gent.

Devises : { 1° *A vero bello Christi.*
2° *Tout par labeur.*

Cri de guerre : Le Chariol.

BOUVIER de MONTMEIRAN ( de ), de Bovier, Boverii, seigneur de Cachard, ancienne famille, originaire du Dauphiné, établie en Vivarais, depuis plus de deux cents ans. Dans une révision de feux faite en 1467, dans la première de ces provinces se trouvent compris les héritiers de noble Artaud de Bouvier, *hœredes nobilis viri Artaudi Boverii*, etc.; elle a été maintenue dans son ancienne noblesse, par le roi Charles VI et par un arrêt de la souveraine cour du parlement de Grenoble, rendu en l'année 1491. Elle a également été reconnue être d'une ancienne extraction noble, et maintenue dans sa noblesse par MM. Dugué et de Bezons, commissaires nommés par le roi, pour la vérification des titres de noblesse dans les provinces du Dauphiné et de Languedoc. On trouve cette famille dans les Nobiliaires du Dauphiné, de Chorier et d'Allard. Elle a fait des preuves pour entrer à l'Ecole militaire, pour la maison royale de St-Cyr, etc. Elle est représentée aujourd'hui par :

Hercule-Annet-Christin de Bouvier-Montmeiran de Cachard, chevalier, nommé par le roi sous-préfet de l'arrondissement de l'Argentière (Ardèche), et chevalier de la Légion d'Honneur, en 1814; élu membre de la chambre des députés, par le collége électoral du département de l'Ardèche, en 1815. Il a épousé, le 16 février 1803, Marie-Julie de Baussancourt, fille de haut et puissant seigneur messire Edme-François-Marcel, baron de Baussancourt, seigneur de Dolancourt, le Magny-Fouchard, Vauchonvilliers, etc. etc, ancien capitaine de cavalerie et chevalier de l'ordre royal et militaire de Saint-Louis. De ce mariage sont issus :

1º Hercule-Louis-Gaston, né le premier juillet 1807;
2º Marie-Madeleine-Alexis, née en février 1804.

Jean Humbert, chevalier DE CACHARD, lieutenant-colonel du régiment d'artillerie à cheval de la garde royale, chevalier de l'ordre royal et militaire de Saint-Louis; marié à Moscou, le 14 novembre 1808, à Alexandrine Lewansky, dont il a :

Alexis, né à Casan, le 24 octobre 1812.

Louis-François DE BOUVIER DE CACHARD, chevalier de Montmeiran, ancien officier d'artillerie au service d'Angleterre; marié à la Guadeloupe, avec Julie de Bologne de Rougemont, qui lui a donné deux enfants :

1º Placide, célibataire;
2º Auguste, ancien officier de marine, également célibataire.

*Branche établie en Espagne.*

N..... DE BOUVIER-MONTMEIRAN, chevalier de Cachard, oncle des précédents, ancien capitaine de cavalerie au service de Sa Majesté Catholique, mort commandant la ville de Valence, en Espagne, a laissé plusieurs enfants; entre autres:

1° Victorin de Bouvier de Cachard, commandant le deuxième bataillon du régiment de Loréna;

2° Benoît, lieutenant au régiment de Tarragone.

*Armes*: « Ecartelé, au 1 et 4 de gueules, à
» trois rencontres de taureau panachés d'or,
» qui est de Bouvier; aux 2 et 3 d'azur, semé
» de fleurs-de-lys d'or, qui est de Montmei-
» ran ».

*Voyez le tome I du Nobiliaire de France, in-8°, 1814.*

BRETONNIÈRE, *voyez* Couldre (de la).

BRYAS (de), maison originaire de l'Artois (Pas-de-Calais), où elle possède la terre de ce nom; également illustre par son ancienneté et par ses alliances, et admise dans tous les chapitres nobles des Pays-Bas, depuis plus de quatre cents ans sans interruption, jusqu'à l'époque de la révolution; la branche aînée est représentée aujourd'hui par:

Alexandre-François-Ferdinand-Guislain-Marie, comte de Bryas, marquis de Molinghem, baron de Moriamé et d'Hernicourt, né le premier octobre 1781, chef d'escadron au deuxième régiment des cuirassiers de la garde-royale, chevalier de la Légion d'Honneur.

*Frère* : Charles - Guislain - Marie - Louis - Alphonse, comte DE BRYAS, né le 8 février 1786.

*Armes* : « D'or, à la fasce de sable, accompa-
» gnée en chef de trois cormorans du même,
» becqués et membrés de gueules ».

*Voyez* sur cette maison le *Nobiliaire universel de France*, in-8°, tome III; le *Dictionnaire de la noblesse*, in-4°, tome III; les *Tablettes historiques et généalogiques*, in-18, tome VI; le *Dictionnaire généalogique et héraldique*, in-12, tome I; et tous les *Nobiliaires des Pays-Bas*.

CAIRE DU LAUZET (DE), famille originaire de Piémont, établie en Provence depuis plusieurs siècles; elle est représentée par :

Alexis, comte de CAIRE DU LAUZET, officier vendéen, ôtage de Louis XVI. Il est fils de messire Vincent, comte de Caire du Lauzet, seigneur de Condorcet, des Pilles, etc., chevalier, ancien mousquetaire gris, puis capitaine de cavalerie, chevalier de l'ordre royal et militaire de Saint-Louis, lieutenant de messeigneurs les maréchaux de France, en Provence, jusqu'à la révolution, commandeur de l'ordre de l'ancienne noblesse (ordre d'Allemagne) etc., etc., etc. offert en ôtage pour Louis XVI, après le fatal retour de Varennes; il avait épousé mademoiselle Julie Chaulier, offerte en ôtage pour Louis XVI, à la même époque, sous le nom de la comtesse de Caire du Lauzet, et morte dans l'émigration, en janvier 1793;

*Sœur*: Césaire de CAIRE, ôtage de Louis XVI, avec son père, sa mère et son frère ; elle avait épousé Ferdinand d'Arquier, chevalier, seigneur des Baumelles, etc., ancien officier au régiment de Champagne, frère du conseiller au parlement d'Aix, guillotiné en 1793.

*Armes*: « De gueules, à la bande d'argent,
» remplie de sable, chargée d'un lévrier du se-
» cond émail, colleté du troisième; au chef
» cousu d'azur, chargé de trois étoiles d'or;
» couronne de comte ; supports, deux le-
» vrettes ».

*Voyez le tome VI du Nobiliaire universel de France*, in-8°, 1815.

CAMPAGNE (DE), famille originaire de Picardie, dont les descendants résident à Avricourt, en la même province; elle est représentée par :

Anne-François DE CAMPAGNE, chevalier, seigneur d'Avricourt, de Cottebrune, de Vienne, de la ville de Roye en partie, de la Salle, de Ponthieu, baron de Plancy, et autres lieux, fils aîné de Robert-François de Campagne, second du nom de Robert, et de dame Françoise de Rune ; il a épousé demoiselle Anne Huault de

Bernay, par contrat passé à Paris, le 28 juin 1752; duquel mariage sont issus:

    1° Anne-Jean-Victor de Campagne, huitième du nom, qui a servi comme officier dans les armées du roi, est mort sans postérité;

    2° Antoinette-Élisabeth de Campagne, qui a épousé, le 30 juillet 1782, Jacques-Eustache de Louvencourt, neuvième du nom, dont des enfants. (*Voy.* LOUVENCOURT).

*Armes :* « De gueules, semé de trèfles d'or; à » trois croisettes ancrées d'argent, brochantes ».

*Voyez, sur cette famille, le Nobiliaire de Picardie, page* 84.

CANY, *voyez* BEC-DE-LIÈVRE.

CAPDEVILLE (DE), famille ancienne, originaire de Guienne, province où elle réside encore de nos jours.

Pierre-Vincent, baron DE CAPDEVILLE, page de la grande écurie du roi Louis XV, en 1750, major du régiment de Royal-Navarre cavalerie, chevalier de l'ordre royal et militaire de Saint-Louis, secrétaire de la noblesse de la sénéchaussée des Landes, à l'assemblée de cet ordre, en 1788. Deux de ses sœurs ont été admises dans la maison royale de Saint-Louis à Saint-Cyr, en 1742 et 1748. Il a pour fils:

Pierre-François-Désiré, baron DE CAPDEVILLE, sous-lieutenant de cavalerie dans le régiment de Royal-Navarre, en 1771, capitaine dans le même régiment, en 1779, sous-lieutenant des Gardes-du-Corps de S. A. R. monseigneur le comte d'Artois, avec rang de colonel de cavalerie, en 1788, chevalier de l'ordre royal et militaire de Saint-Louis, en 1814, officier de la Légion d'Honneur, en 1815, colonel de la légion des Hautes-Alpes. Il a épousé demoiselle de Charitte, fille du marquis de Charitte, premier président du parlement de Pau. Il a eu de ce mariage :

1° Joseph de Capdeville, lieutenant de dragons, mort en Espagne, des suites des blessures qu'il y reçut;

2° Félix de Capdeville, né en 1805.

Il existe encore une branche de cette famille, fixée aussi dans le département des Landes, qui est celle de CAPDEVILLE D'ARRIGAU, dont l'aîné, après avoir prouvé sa noblesse par devant M. Chérin, généalogiste du Roi, entra sous-lieutenant dans le régiment de Flandres, en 1781.

*Armes :* « Ecartelé, au 1 d'or, au lion de
» gueules; au 2 et 3 d'azur, à la bande d'or
» accostée de deux étoiles du même ; au 4 d'or,
» au cœur de gueules, traversé de trois flèches
» de sable, ensanglantées du second émail, deux
» en sautoir et l'autre en pal. »

*Voyez le tome VI du Nobiliaire universel de France, in-8°, 1815.*

CARAMAN, *voyez* CHIMAY.

CHABANNES (DE), à Paris et en Nivernais.

Il n'existe plus aujourd'hui que deux branches de la maison de Chabannes, qui se reconnaissent entre elles, et ne reconnaissent qu'elles.

1° Celle des marquis de Curton, dans laquelle se trouve confondue aujourd'hui celle des seigneurs de la Palisse.

Et 2° celle des comtes de Saignes et de Vergers, établie dans la province du Nivernais depuis sa séparation de la branche aînée, par suite du mariage de François de Chabannes, comte de Saignes avec Valentine d'Armes, en 1570.

Joachim DE CHABANNES, sénéchal de Toulouse, et chevalier d'honneur de la reine Catherine de Médicis, est le père commun de ces deux branches. Il était petit-fils de Gilbert de Chabannes, marié en premières noces à Françoise de Boulogne, et en secondes noces à Catherine de Bourbon La terre de Rochefort, en Auvergne, fut érigée en comté par Henri II, en faveur de Joachim de Chabannes. Ces lettres, enregistrées au parlement en 1557, sont adressées *à notre amé et féal cousin*, et l'on y trouve ces mots : *Nous voulons et il nous plaît que lui et ses successeurs soient tenus et dits cousins*. Il épousa en troisièmes noces, Claude de la Rochefoucaut, dont est issue la branche des marquis de Curton, et en quatrièmes noces, Charlotte de Vienne, dont descendent les comtes de Saignes et de Vergers.

Charlotte de Vienne, marquise de Curton, fut gouvernante des Enfants de France. La branche de Curton est représentée pa :

Frédéric, marquis DE CHABANNES LA PALISSE, fils de Charles de Chabannes, comte de Rochefort, et de marie-Elisabeth de Talleyrand. De son mariage, contracté en 1788, avec Anne Wandelenep, sont issus :

1° Frédéric, marquis de Chabannes la Palisse, colonel d'un régiment de chasseurs, né le 31 décembre 1791;

2° Alfred de Chabannes, né le 13 janvier 1798;

3° Octave de Chabannes, né en 1803;

4° marie-Elisabeth de Chabannes, née le 26 février 1788;

5° Louise de Chabannes, née le 13 juin 1790;

6° Laure de Chabannes, née le 11 juin 1795;

7° Emma de Chabannes, née en 1797;

8° Henriette de Chabannes, née le 26 août 1800.

La branche de Saignes est représentée par:

Jean-Baptiste-Marie, marquis DE CHABANNES, né le 27 décembre 1770, chevalier de l'ordre royal et militaire de Saint-Louis, pair de France, marié le 20 février 1787, à Cornélie-Vitaline-Zoé de Boisgelin. De ce mariage sont issus:

1° Eugène-Henri-François de Chabannes, né le 19 février 1791;
2° Isaure-Eugénie-Anne de Chabannes, mariée au comte H. de Dreuille;
3° Louise-Henriette-Pauline de Chabannes, née le 19 mars 1806.

*Frère.* Louis-Jacques-Henri, comte DE CHABANNES, marié. Il a les enfants qui suivent:

1° Pierre-Henri de Chabannes, né le 24 juillet 1804;
2° Louis-Henri-Victor de Chabannes, né le 30 avril 1806;
3° Auguste de Chabannes, né le 17 février 1808;
4° Armand-Baltazard-Marcellin de Chabannes, né le 9 mars 1813;
5° Antoinette-Henriette de Chabannes, née le 15 juillet 1811;
6° Adèle-Victoire-Cécile de Chabannes, née le 12 novembre 1814.

*Sœurs.* Suzanne-Henriette DE CHABANNES,

mariée, en secondes noces, au marquis de Barbançois-Sarzay.

Louise-Suzanne de Chabannes, mariée au comte A. de Sartiges.

*Armes* : « De gueules, à un lion d'hermine, » lampassé, armé et couronné d'or. »

*On peut consulter sur l'origine et l'illustration de cette maison, le Dictionnaire historique de Moréri, le Dictionnaire généalogique héraldique imprimé à Paris en 1761, 4ᵉ volume, ou 1ᵉʳ volume du supplément, l'Histoire des grands officiers de la couronne, etc. La dernière édition de Moréri donne une généalogie complette et très-exacte de cette maison, d'après les preuves faites au cabinet du Roi.*

CHABEAUSSIÈRE (DE LA), *voyez* POISSON.

CHARLUS DE LA BORDE (DE), en Limosin, ancienne noblesse, qui subsiste aujourd'hui dans :

Jean-François, baron DE CHARLUS, seigneur DE LA BORDE, de Loches et autres lieux, ancien élève de l'École royale militaire, officier dans le régiment de Forèz infanterie, nommé colonel d'infanterie par Sa Majesté Louis XVIII, chevalier de l'ordre royal et militaire de Saint-Louis et de la Légion d'Honneur, et officier supérieur dans la maison du Roi. Il a épousé, 1° le 3 février 1788, Anne de Coussaud du Chassing, morte le 5 avril de la même année; 2° le 30 mai 1802, Antoinette-Marie-Eustoquie Prevost de Saint-Cyr, fille d'Alexandre-Charles-Marie Prevost, marquis de Saint-Cyr, et d'Eustoquie-Thérèse Le Mairat. Il a de ce mariage :

Eustoquie-Charlotte-Andrésie, née au château de la Borde, le 3 mars 1803.

*Sœurs.* Marie-Léonarde DE CHARLUS DE LA BORDE, mariée, le 8 mars 1796, à messire Antoine, vicomte de Tournemine;

Catherine DE CHARLUS DE LA BORDE, religieuse à l'abbaye royale de Jouarre, diocèse de Meaux. Elle a fait ses vœux le 16 octobre 1788;

Marie DE CHARLUS DE LA BORDE DE GRANCHER, religieuse en la même abbaye. Elle a fait ses vœux le 22 septembre 1789.

*Armes* : « D'azur, au lion d'or, couronné d'ar-
» gent; couronne de comte. »

*Voyez le tome IV du Nobiliaire de France.*

CHASSE (DE LA), *voyez* D'ANDIGNÉ.

CHIMAY ( François-Joseph-Philippe Riquet, comte de Caraman, prince de ), chevalier de l'ordre royal et militaire de Saint-Louis et de l'ordre de Saint-Jean de Jérusalem, colonel de cavalerie, lieutenant de la louveterie du Roi, membre de la Chambre des Députés, pour le département des Ardennes, né le 21 novembre 1771, a épousé, le 3 août 1805, Marie-Jeanne-Ignace-Thérèse de Cabarrus, fille de Son Excellence M. le comte de Cabarrus, titre de Castille, conseiller d'état, gentilhomme de la chambre, ministre et ancien ambassadeur de S. M. catholique. Il a eu de ce mariage :

1° Joseph, né le 20 août 1808;

2° Victor-Antoine-Charles, né le 7 février 1811;

3° Marie-Louise-Stanislas-Valerie-Thérésia, née le 6 août 1813, morte le 14 janvier 1814;

4° Marie-Auguste-Louise-Thérésia-Valentine, née le 19 février 1815.

*Armes* : « Ecartelé au 1 et 4 d'azur, à la
» bande d'or, accompagnée en chef d'une demi-
» fleur de lys défaillante à dextre du même,
» florencée d'argent, et en pointe de trois roses
» du même, qui est de *Riquet de Caraman*;
» au 2 et 3 de gueules, à la bande d'or, qui est
» d'*Alsace*. »

*Voyez l'Armorial général de France, et le Dictionnaire de la Noblesse, par La Chesnaye des Bois.*

CLAYBROOKE, *alias* HANMER, famille originaire d'Angleterre, établie actuellement près Péronne en Picardie, dans les terres érigées en baronnie sous son nom; elle réside aussi à Paris. Elle a fait ses preuves à la cour, au cabinet du Saint-Esprit, le 15 mai 1788, suivant le certificat du sieur Duprat Taxis, employé généalogiste au cabinet des ordres du Roi.

Cette maison est représentée par :

*Première branche.*

Antoine - Albert - Joseph baron D'HANMER CLAYBROOKE, né le 22 novembre 1750, dans ses terres près Péronne, reçu conseiller au parlement de Paris, le 29 juillet 1769. Il a été marié à Soissons le 14 février 1781, d'après contrat du 8 dudit mois, devant Cayes et son confrère, notaires à Paris, à Marie-Françoise-Charlotte Hugueny de Novion, fille de César-François Hugueny de Novion, comte de Novion, chevalier de l'ordre royal et militaire de Saint-Louis, de laquelle est issu :

> Edouard, baron d'Hanmer Claybrooke, né à Paris, paroisse Saint-Paul, le 3 août 1787, aujourd'hui capitaine de dragons. Il a épousé à Paris, le 5 janvier 1813, demoiselle Adèle Bernard, de laquelle est issu Alexandre, né à Paris, dans le septième arrondissement, le 3 mars 1815.

*Seconde branche.*

*Frère*: Gabriel-Jean, comte D'HANMER CLAYbrooke, né aussi près Péronne, le 13 mai 1759, ancien chef d'escadron au régiment de la reine, dragons, chevalier de l'ordre royal et militaire de Saint-Louis, marié le 6 octobre 1787, à Luzoir en Thiérache, près Vervins, à Charlotte-Jeanne-Camille Ballet de la Chenardière, fille de Nicolas-Jacques Ballet de la Chenardière, capitaine de dragons, chevalier de l'ordre royal et militaire de Saint-Louis, et de dame Charlotte-Camille de Lance, de laquelle est issu :

> Camille, vicomte d'Hanmer Claybrooke, né à Laon, le 16 octobre 1788, officier supérieur des mousquetaires du roi, officier de la Légion d'Honneur.

Les armoiries désignées dans les lettres patentes du roi, en 1678, telles qu'elles l'étaient dans les titres des souverains d'Angleterre de 1574, 1664, et 1702, sont : « Fonds d'argent à la croix patée » de gueules, et pour surmont et support un ci- » mier d'argent, issant d'une couronne ducale » d'or, une demi-autruche les ailes d'or étendues, » le corps herminé, tenant à son bec un fer de » cheval de sable, et le manteau de gueules » doublé d'argent. »

*La généalogie de cette maison est imprimée dans le dictionnaire de la Noblesse de la Chesnaye des Bois, tome XII, continué par Badier; et dans le Nobiliaire universel de France, in-8°, tom. I, 1814.*

CLEBSATTEL ou GLEBSATTEL, à Dunkerque et en Alsace, branche de l'illustre maison de Clebsattel, chapitrale d'Allemagne; cette branche est représentée de nos jours, par :

François - Dominique de CLEBSATTEL, ancien capitaine au régiment de Bourbon, infanterie, chevalier de l'ordre royal et militaire de Saint-Louis. Il a épousé Adélaïde du Bellay, dont il a :

1° Joseph de Clebsattel, établi à Dunkerque, marié avec Rosalie de Jeuvernay, dont plusieurs enfants;
2° Eléonore de Clebsattel, épouse de noble Louis Drolenvaux, sous-inspecteur aux revues, chevalier de l'ordre royal et militaire de Saint-Louis, et de la Légion d'Honneur. Voyez DROLENVAUX.
3° Flore de Clebsattel, femme du baron de Lautour, officier général, chevalier de l'ordre royal et militaire de Saint-Louis et officier de la Légion d'Honneur.

Il existe encore deux autres branches de cette famille; la première dite des seigneurs *Cernay*, barons de *Chevenute*; la seconde est celle de *Traubach*, établie à Thann, dans la haute Alsace. Toutes ces branches se sont distinguées par leurs alliances et par le fait des armes.

*Armes* : « Ecartelé, au 1 et 4 d'or, au sapin

» terrassé de sinople ; au 2 et 3 de gueules, à une
» tête de bouquetin d'argent. »

*Voyez le Nobiliaire universel de France*,
in-8, tom. IV, 1815.

CLERC DE JUVIGNY (LE), famille ancienne, originaire du Nivernais, divisée de nos jours en deux branches, dont l'une réside en Bourgogne, et l'autre qui suit, en Nivernais.

### Branche de Juvigny.

Charles-Edme-Pierre LE CLERC DE JUVIGNY, écuyer, ancien gendarme de la garde, chevalier de l'ordre royal et militaire de Saint-Louis, marié en 1778 à Elisabeth Guillemin du Pavillon ; de ce mariage sont nés :

1° Henri-Germain-Pierre le Clerc de Juvigny ;
2° Charles-Sébastien-Pierre le Clerc de Juvigny, gendarme de la garde du roi en 1814, marié le 3 janvier 1814, à Charlotte-Juliette Pellé de Mont. De ce mariage est née Charlotte-Léontine, le 2 novembre 1815 ;
3° Louise le Clerc de Juvigny, mariée à M. Gudin.

*Frère* : Pierre-Henry, LE CLERC DE LA DUZ.

### Branche établie en Bourgogne.

Claude-Pierre-Pélerin LE CLERC, né à Auxerre, le 16 mai 1745, a épousé Geneviève-Françoise Billetou de Guillebaudon, dont :

Anne-Claude le Clerc, né à Auxerre, le 8 novembre 1781, marié à Annette-Charlotte Roslin de Fouxolles; de ce mariage est né Anne-Joseph-Victor le Clerc, le 15 janvier 1815.

*Armes* : « D'azur, au chevron d'argent, chargé » de deux lionceaux de sable, et accompagné en » chef de deux têtes de femme de carnation, » et en pointe d'une aigle d'or ».

CLEREMBAULT (DE), famille ancienne, dont plusieurs branches se sont divisées en Bourgogne, en Artois, en Anjou et en Bretagne;

Une de ces branches fixée aujourd'hui à Paris, est représentée par :

Louis-François-Marie, comte DE CLEREMBAULT, chevalier, né en 1769, ancien officier et chevalier de l'ordre royal et militaire de St-Louis; il a émigré en 1791 et fait les campagnes de l'armée de monseigneur le prince de Condé et du duc de Brunswick. Il a épousé en 1805, Aimée-Désirée-Sophie du Coëtlosquet; de ce mariage sont nés :

1° Charles de Clerembault;
2° Jean de Clerembault;
3° Alfred de Clerembault;
4° Zoé, de Clerembault.

*Armes* : « Coupé, au 1 burelé d'argent et de

» sable, à la bande de gueules, brochante sur le
» tout; au 2 d'argent à l'arbre de sinople ».

*Voyez le tome VII du Nobiliaire de France.*

COINDERIE ( DE LA ), *voyez* RICHETEAU.

COLBERT, maison illustre, qui a fourni quatre ministres-secrétaires d'État, des chevaliers des ordres du Roi, des ambassadeurs et des prélats du premier rang. Elle a contracté des alliances avec les maisons les plus anciennes et les plus considérables de France et d'Allemagne, telles que celles de Montmorency, de la Tour et Taxis, de Rohan-Chabot, de Clermont-Tonnerre, de Furstemberg, de Gallerande, de Talleyrand-Périgord, de Narbonne-Pelet, de Béthune, de Mailly, de Sourches, de Goyon-Matignon, de Bérenger, de Talaru, de Sassenage, de Luynes, de Montboissier, de Tourzel, de Castries, de Biron, de Tessé, de Bricqueville-la-Luzerne, d'Espinchal, de Saulx-Tavannes, du Châtelet, de Créquy, de Saint-Aignan, de Breteuil, de Rochechouart-Mortemart, de Croix, de Cossé-Brissac, de Crussol-d'Uzès, de Beauvau, de Rougé, de Choiseul, de Gouffier, de Faudoas, de Juigné, etc.

Elle a pris son origine en Écosse, dans les Colbert, seigneurs et barons de Castel-Hill, ce qui est authentiquement prouvé par un acte du parlement britannique, rendu le 29 juillet 1681, confirmé, en 1687, par des lettres du roi

Jacques II. Cet acte donne, d'une manière exacte et précise, la généalogie de cette illustre maison, et cite quatre barons de Colbert Castel-Hill, comme aïeux communs des Colbert de France et des Colbert d'Ecosse, et leur reconnaît les mêmes armes.

Cette maison est divisée en plusieurs branches que je vais rapporter.

*Branche des marquis de Seignelay.*

Armand-Marie-Louis COLBERT, marquis DE SEIGNELAY, fils de Louis-Jean-Baptiste-Antonin, marquis de Seignelay, maréchal des camps et armées du Roi, et de Catherine-Pauline de Béthune Sully, est né le 17 janvier 1771; colonel de cavalerie, officier supérieur de la première compagnie des Mousquetaires de la garde du Roi, en 1814 et 1815, nommé par Sa Majesté le 22 novembre 1815, colonel de la légion du département des Bouches-du-Rhône; il est chevalier de l'ordre royal et militaire de St.-Louis, et de la Légion d'Honneur.

*Branche des comtes de Maulevrier.*

Edouard-Victurnien-Charles René COLBERT, comte DE MAULEVRIER, guidon des gendarmes de Flandre, avec rang de lieutenant-colonel, le 25 août 1773; premier lieutenant des gendarmes d'Artois, avec rang de mestre-de-camp, le 11 novembre 1782, nommé ministre plénipotentiaire de S. M. près l'électeur de Cologne, en

1784, chevalier de l'ordre royal et militaire de St-Louis, le 28 avril 1789, a fait la campagne de 1792, en qualité d'aide-de-camp de M le maréchal duc de Castries, et a été nommé maréchal-de-camp, par brevet de S. M. Louis XVIII, le 14 janvier 1798, à prendre rang du 31 décembre 1792. Il a épousé, 1° Anne-Marie-Louise de Quengo de Crenolles ; 2° Pauline-Jeanne-Henriette le Clerc de Juigné ; ses enfants sont :

*Du premier lit.*

1° Edmond-Auguste-Victurnien, chef-d'escadron ;

2° Charles-Antoine-Victurnien, lieutenant de cavalerie ;

3° Élisabeth-Marie-Victurnienne, épouse de M. le comte Louis Le Pelletier d'Aunay ;

4° Juliette-Françoise-Victurnienne, épouse de M. le marquis de Falette-Barole.

*Du second lit.*

5°. René-Olivier-Victurnien Colbert de Maulevrier.

*Frère* : Édouard-Charles-Victurnien COLBERT DE MAULEVRIER, officier de la marine royale, marié à mademoiselle de Montboissier ; dont trois filles.

*Branche des marquis de Chabannois.*

Alexandre-Louis-Gilbert, marquis DE CHABANNOIS, né en 1783, fils de Gilbert-Claude-

Théophile Colbert, marquis de Chabannois, maréchal des camps et armées du Roi, et de Louise-Périne d'Amphernet de Pont-Bellanger. Il a épousé Aglaé Seurat de Guilleville, dont il n'a point d'enfants.

*Branche des comtes de Colbert.*

Théobald COLBERT, fils d'Ambroise, comte de Colbert, mort à la Martinique.

Auguste COLBERT, fils d'Auguste, comte de Colbert, tué en Espagne en 1809.

Pierre, comte DE COLBERT, lieutenant-général des armées du Roi.

Alphonse, comte DE COLBERT, maréchal des camps et armées du Roi, a épousé mademoiselle Petiet, fille de l'ancien ministre de la guerre.

N..... COLBERT, sœur des précédents, mariée à M. Alexandre.

*Branche de Turgis, marquis du Cannet, établis en Provence.*

Louis-Edouard-Etienne COLBERT DE TURGIS, marquis du Cannet, capitaine des vaisseaux du Roi, chevalier de l'ordre royal et militaire de Saint-Louis, marié avec Adeline d'Albert de Rioms. De ce mariage sont issus :

1º Edouard-Maxime, né le 12 décembre 1792;
2º Albert-Henri, né le 6 janvier 1794.

*Armes* : « D'or, à la coulduvre d'azur en pal. »

*Voyez le tome VII du Nobiliaire de France.*

CONTES ( DE ) en Artois, titré baron de Contes d'Égranges, branche cadette de l'illustre maison de Créquy, dont elle a porté de toute ancienneté les armes pleines, c'est-à-dire « d'or » au créquier de gueules ». Elle tire son nom de la terre et seigneurie de Contes, située en Artois, qu'elle a possédée pendant plusieurs siècles. On voit dans la généalogie de la famille de Créquy, rapportée par le père Anselme, la Chesnaye des Bois, tom. 5, page 309, etc., que Philippe, sire de Créquy, fit donation, en 1238, de quelques biens au seigneur de Contes, son parent.

Cette famille qui a seule le droit de porter les armes pleines de Créqui, toutes les autres étant éteintes, est représentée aujourd'hui par :

François-Joseph-Alexandre DE CONTES, baron D'ÉGRANGES, habitant son château de Bucamp, en Artois, né le 31 août 1779, fils de feu François-Hyppolite de Contes, membre du corps de la noblesse des Etats d'Artois. Il a épousé, le 17 avril 1811, Marie-Adélaïde Vander-Gracht, fille d'Idesbalde-Marie-Louis Vander-Gracht, seigneur de Fretin et de Grand-Rieux, et de dame Marie-Rufine Hanecart d'Irval. Il a de ce mariage :

    1º Idesbalde-Alexandre de Contes d'Egranges, né le 7 janvier 1812;

2° Gustave-Marie de Contes d'Egranges, né le 1er mars 1813;

3° Eugène-Louis-Antoine de Contes d'Egranges, né le 26 janvier 1814;

4° Ernest de Contes d'Egranges, né le 20 septembre 1815.

*Sœurs.* Marie-Françoise DE CONTES D'EGRANGES, reçue chanoinesse à la noble abbaye de Bourbourg, le 13 septembre 1761.

Éléonore-Antoinette-Dorothée DE CONTES D'EGRANGES, reçue chanoinesse avec sa sœur, dans la même abbaye.

*Armes:* « d'or, au créquier de gueules ».

COUDRE DE LA BRETONNIÈRE (DE LA) famille originaire de Normandie, qui a fait ses preuves de cour en 1789. par devant le généalogiste du roi, et qui est représentée aujourd'hui par:

Louis-Marie-David-Alexandre DE LA COULDRE DE LA BRETONNIÈRE, chevalier, né en 1785, marié à madame de la Marre, de Valognes, dont:

1° Louis-Adolphe de la Couldre de la Bretonnière;

2° Augustine de la Couldre de la Bretonnière.

*Frère:* Bon-Charles-Henri-Euloge DE LA

Couldre de la Bretonnière, chevalier, né en 1788, ancien officier de chevau-légers de la garde du roi, chevalier de Malte et de la Légion d'Honneur, a épousé Adrienne-Adélaïde-Anne de Chavagnac.

*Armes*: « d'argent, à l'aigle au vol abaissé de
» sable, becquée, membrée et couronnée de
» gueules. »

CROSNE (de), *voyez* Thiroux.

DION (de), en Artois, famille ancienne, recommandable par les charges importantes qu'elle occupait dès le treizième siècle, par les services qu'elle a rendus à l'Etat, et par les alliances qu'elle a contractées avec les maisons de Waure, d'Aremberg, de Lalain, de Créquy, de Montmorency-Robecque, de Mérode, de Lens, etc, etc. Elle est représentée de nos jours par :

Louis-Constant-Joseph, chevalier, baron de Dion-Waudonne, né le 30 janvier 1750, qui a épousé Marie-Jeromette de Dion de Risbourg, sa cousine germaine, fille d'Antoine-Joseph de Dion de Risbourg, ancien capitaine d'infanterie au régiment de la vieille marine. Il a de ce mariage ;

1º Philippe-Louis-Joseph, chevalier,

baron de Dion-Waudonne, gendarme de la garde du Roi, en 1814;

2° Charles-Édouard-Joseph baron de Dion, sous-lieutenant des gardes nationales du Pas-de-Calais, frère jumeau du précédent né le 4 novembre 1798.

3° Henri-Tranquillain-Joseph de Dion, né le 25 octobre 1790;

4° Sophie-Marie-Louise de Dion, née le 21 août 1800.

*Frère.* Charles-Louis-Joseph, chevalier, marquis DE DION-MALFIANCE, ancien lieutenant-colonel d'infanterie au service de Sa Majesté Catholique, né le 7 avril 1752, a épousé, le 1er. août 1784, Marie-Anne-Émélie le Sergeant, fille d'Emmanuel le Sergeant, écuyer, ancien mayeur de la ville de Saint-Omer.

*Armes* : « d'argent, à l'aigle éployée de sable, chargée sur l'estomac d'un écusson d'azur, surchargé d'un lion d'or, et bordé du même. Legende : *Domine ad adjuvandum me festina.*

*Nota.* Cette famille a fait ses preuves de cour, par-devant le généalogiste des ordres du Roi, et sa généalogie sera rapportée dans un des prochains volumes du Nobiliaire.

DROLENVAUX, famille ancienne, originaire de Verviers, près de Liège, qui a donné son nom au village qui le porte encore de nos jours, et dont elle avait la seigneurie. On voit encore ses armes au-dessus de la porte du château de Drolenvaux. Elles représentent *un lion issant sur un champ d'argent, traversé de six barres, et surmonté d'un casque.* Cette famille est divisée en deux branches, représentées par:

PREMIÈRE BRANCHE, *à Maubeuge.*

Marie-Hugues-Louis Drolenvaux, sous-inspecteur aux revues, chevalier de l'ordre royal et militaire de Saint-Louis et de la Légion d'Honneur, marié avec Eléonore de Clebsattel, fille de François-Dominique de Clebsattel, ancien capitaine au régiment de Bourbon, infanterie, chevalier de l'ordre royal et militaire de Saint-Louis, et d'Adélaïde du Bellay. Voyez *Clebsattel.*

SECONDE BRANCHE.

Henri-Simon Drolenvaux, ancien directeur des verreries de Saint-Quirin.

*Voyez le Nobiliaire universel de France,* in-8°. tome *IV*. 1815.

ECHEROLLES (DES), *voyez* GIRAUD.

ECRENNES (D'), *voyez* TOUSTAIN.

EGRANGES (D'), *voyez* CONTES.

ESTRICHÉ-BARACÉ (D'), famille originaire d'Allemagne, établie en Anjou depuis le quatorzième siècle. Elle est aujourd' en deux branches représentées par :

*Première branche.*

Etienne-Pierre D'ESTRICHÉ-BARACÉ, écuyer, seigneur de la Simonnière et de Douves, né le 8 janvier 1748, sous-lieutenant dans le bataillon de l'Inde, en 1767, lieutenant dans la légion de l'île de France et de Bourbon; et en 1775, capitaine dans le régiment de Pondichéri. Il repassa en France en 1796, et servit dans l'émigration dans les compagnies nobles de l'Anjou. Il a épousé, le 25 mars 1804, demoiselle Joséphine-Marie-Modeste Jouvet, fille de René Jouvet, d'une ancienne famille de robe du pays Chartrain. Il a de ce mariage :

Raoul-Pierre d'Estriché-Baracé, né le 12 juillet 1810.

*Seconde branche.*

Armand-Victor D'ESTRICHÉ-BARACÉ, écuyer, frère d'Etienne-Pierre, seigneur haut-justicier de la terre des Loges-Baracé, dite paroisse de Baracé, a épousé demoiselle Anne-Adélaïde-Renée-Louise le Noir, fille de M. le Noir de Verneuil, chevalier, capitaine d'un régiment de dragons, ensuite commissaire-des-guerres à Tours, chevalier de l'ordre royal et militaire de Saint-Louis. De ce mariage est issu :

Armand-Victor d'Estriché-Baracé, né le 11 mai 1792,

*Armes* : «de gueules, à trois losanges d'argent
» en bande, chargées d'une épée du champ,
» garnie d'azur, et accompagnées en chef d'un
» lion d'or, armé, lampassé et couronné du se-
» cond émail; au franc canton d'or, chargé
» d'une aigle de sinople, becquée, membrée et
» couronnée de sable. Tenants, deux sauvages
» appuyés sur leurs massues, et soutenant d'une
» main un casque tarré de profil, orné de ses
» lambrequins aux émaux de l'écu. Cimier, une
» aigle de sinople. Devise : *Nullibi non victor*
» *et ovans* ».

*Voyez le tome III du Nobiliaire universel de France, in-8° 1815.*

EUDES DE CATTEVILLE DE MIRVILLE, ancienne famille de Normandie, et qui y réside encore de nos jours; elle a fourni des chevaliers de Malte en 1564 et 1717, et se trouve dans le Nobiliaire de Normandie. Elle est représentée aujourd'hui par :

Alexandre-Pierre-Marie EUDES marquis DE MIRVILLE, fils d'Alexandre-Charles-François Eudes de Catteville, marquis de Mirville, ancien premier page de Louis XV, mort maréchal de camp, et de Louise-Charlotte de la Pierre de Fremeur, né le 30 juin 1768; cadet gentilhomme à l'école militaire de Paris, officier au régiment de Mestre de Camp, cavalerie; émigré en 1791, nommé lieutenant dans les hommes d'armes à cheval, avec rang de colonel, fit toutes les campagnes jusqu'en 1797; chevalier de l'ordre royal et militaire de Saint-Louis, marié le 10 mai 1797, à Agathe-Elisabeth de Bouthillier, fille de Charles-Léon, marquis de Bouthillier, ancien major général de l'armée de Condé, lieutenant-général, et commandeur de l'ordre royal et militaire de Saint-Louis, et d'Elisabeth-Marie Maréchal de Sainscy, de laquelle sont issus :

1° Jules-Charles, né le 22 avril 1802;
2° Marie-Euphrasie, née le 22 mai 1798.

*Armes* : « d'or, au lion coupé d'azur et de » gueules. »

FALGUEROLLES (DE) famille ancienne, originaire d'Allemagne, établie en Normandie, puis en Languedoc, aux diocèses d'Alais et de Castres; elle est représentée par :

Godefroy-Louis-Marie DE FALGUEROLLES, chevalier, né en 1777.

*Frères.* Henri-Amédée DE FALGUEROLLES, chevalier, né en 1783, marié à Flavie Violatte de Pémille. De ce mariage :

1° Alfred de Falguerolles, né en 1809.
2° Léo de Falguerolles, né en 1813;
3° Méhala de Falguerolles, née en 1810.

François-Ernest DE FALGUEROLLES, chevalier, né en 1786.

*Sœur* : Mélanie DE FALGUEROLLES, mariée à M. de Juges, officier d'infanterie, chevalier de la Légion d'Honneur.

*Armes* : « d'argent, à l'aigle éployée de sable, » au chef cousu d'azur, chargé de trois molettes » d'éperon d'or. Couronne de comte. »

FEBVRE DE MONTRESSEL (LE), famille originaire du pays Chartrain, représentée par :

Henri-Gabriel LE FEBVRE, chevalier DE MONTRESSEL, ancien capitaine au régiment de Provence, chevalier de l'ordre royal et militaire de Saint-Louis, né à Saint-Germain-en-Laye, en 1756 ; fils de messire Gabriel-Jean le Febvre de Montressel, écuyer, capitaine de cavalerie au régiment d'Enrichemont, et de damoiselle Julie Dalleron, d'origine irlandaise.

*Armes* : « d'azur, au rencontre de cerf d'or, » chevillé de quatre pièces ».

FERREUX (DE), *voyez* BÉLOT.

FORTIA (DE), famille originaire de Catalogne, établie maintenant à Avignon et à Marseille, représentée aujourd'hui par :

*Première branche.*

Agricol-Joseph-François-Xavier-Pierre-Esprit Simon-Paul-Antoine, comte DE FORTIA D'URBAN, chevalier des ordres royaux et militaires de Saint-Lazare et de Notre-Dame du Mont-Carmel, membre de la Légion d'Honneur, né à Avignon le 18 février 1756, marié en 1785 à Julie-Gabrielle-Marie-Jacqueline des Achards de Ferrus, fille de Jacques-François-Etienne des Achards de Ferrus, marquis de Sainte-Colombe, et de Charlotte de Parrelis, de laquelle il n'y a pas eu d'enfants.

*Seconde branche.*

Alphonse-Toussaint-Joseph-André-Marie-Marseille, comte DE FORTIA DE PILES, né à Marseille le 18 août 1758, chevalier de l'ordre de Saint-Jean de Jérusalem, marié le 1$^{er}$ août 1786 à Marie-Thérèse-Baptistine de Cabre, fille de François-Marie-Jean-Baptiste de Cabre, président à mortier au parlement de Provence, et de Nicole le Camus, dont :

    1° Alphonsine-Marie-Reine-Caroline de Fortia de Piles, née le 1$^{er}$ mars 1788, mariée en 1809 à Jean-Paul de Laidet, de la ville de Sisteron, veuve en 1814 avec des enfants ;

    2° Philippine de Fortia de Piles, née le 3 janvier 1796.

*Armes* : « d'azur, à la tour d'or, maçonnée de
» sable, posée sur un rocher de sept coupeaux

« du second émail. Couronne de comte; supports,
» deux lions. Devise : *Turris fortissima vir-*
» *tus.* »

*On peut consulter sur cette famille le Nobiliaire de Provence, celui du comtat Venaissain, et* **le Dictionnaire de la Noblesse de la Chesnaye des Bois**; *mais des inexactitudes qui sont dans ce dernier ouvrage, ont déterminé le comte de Fortia d'Urban, chef actuel, à faire imprimer en 1808, en un volume in-12, déposé chez l'éditeur de l'Almanach de la Noblesse de France, l'histoire de sa maison.*

FREMEUR (DE), *voyez* DE LA PIERRE.

GAILLARD DE BACCARAT DE DENOEUVRE. Le baron de Baccarat comte de Denoeuvre, est fils de Claude Gaillard, seigneur engagiste de Denoeuvre, et voué de Baccarat, conseiller d'honneur au bailliage de l'évêché de Metz, avocat au parlement de Paris; qui en 1792, fut un de ceux qui sacrifièrent tout pour suivre la cause de leur légitime souverain, et qui périt victime de son dévoûment.

*Armes* : « Ecartelé, au 1 de gueules, à trois taux
» d'or; au 2 et 3 d'argent, à deux colombes se
» becquetant au naturel; au 4 de gueules, à trois
» trèfles d'or; devise: *Deus et honor.*

GARIDEL (DE), famille originaire du comté

de Nice, établie en Provence depuis plus de trois siècles. Elle s'est distinguée dans la robe et dans l'épée. Elle est divisée en deux branches.

*Première branche, à Aix.*

Bruno-Amable-Pierre DE GARIDEL, seigneur de Villemus, conseiller au parlement de Provence en 1777, a épousé le 27 septembre 1803, Marie-Louise-Thérèse Pin, fille de noble Félix Joachim Pin, ancien trésorier des états de Provence, et secrétaire du roi, et de dame Claire Pascal. Il a de ce mariage :

1° Augustin-Joachim-Léon de Garidel;
2° Bruno-Charles-François de Garidel;
3° Louise-Marie-Joséphine de Garidel;
4° Augustine-Marie-Marguerite-Thérèse de Garidel;

*Seconde branche, à Marseille.*

Paul DE GARIDEL DU CAÏRE, né à Manosque, le 11 février 1779, a été nommé par le roi juge au tribunal de première instance de Marseille. Il n'a que deux filles de la dame Lione, son épouse.

*Armes* : « d'azur, à la croix de calvaire patée
» et fichée d'or, accostée vers la pointe de deux
» triangles d'argent ».

*Voyez le supplément du Nobiliaire de Provence, et le tome III du Nobiliaire universel de France, in-8, 1815.*

GEMME (DE SAINTE), *voyez* ANDIGNÉ.

GIBON ou GIBON-PORHOET, maison des plus anciennes, originaire de Bretagne, comprise dans toutes les réformations de cette province, et qui a fait ses preuves de cour. Elle subsiste en trois branches, représentées par :

*Première branche, à Vannes.*

Paul, chevalier, marquis DE GIBON et de Kéralbeau, ancien lieutenant des vaisseaux du roi, chevalier de l'ordre royal et militaire de Saint-Louis, marié 1° avec N... de la Chapelle; 2° avec N... de Castagnies. Il a eu :

*Du premier lit :*

1° Anastasie de Gibon ;

*Du second lit :*

2° Pauline de Gibon.

*Seconde branche, à Paris.*

Julien-Vincent, comte DE GIBON, né le 19 novembre 1783, ancien officier de la marine royale.

*Frère* : Clément, vicomte DE GIBON, né le 7 mars 1790.

*Troisième branche, à Redon.*

Hyacinthe, comte DE GIBON, maréchal des camps et armées du roi, commandeur de l'ordre royal et militaire de Saint-Louis, ayant deux fils :

1° Auguste, comte de Gibon, ancien officier de la marine, et de l'armée royale de Morbihan, marié avec Amélie de Fournier d'Allérac, dont est issu Amauri de Gibon ;

2° Paul, vicomte de Gibon.

*Armes* : « de gueules, à trois gerbes d'or. De-
» vise : *Semen ab alto*. Cimier, un ange portant
» la gerbe, dite suzeraine.

Ces armes étaient les anciennes armoiries des princes de Bretagne, que la maison de Penthièvre, qui en était issue, a conservées longtemps, même après avoir adopté l'hermine.

*Voyez pour l'origine et la filiation détaillée de cette ancienne maison, le tome II du Nobiliaire universel de France, in-8°; 1814.*

GIRAUD DES ECHEROLLES, famille originaire du Bourbonnais, et représentée de nos jours par :

Anne-Etienne-Denis-Louis GIRAUD DES ECHEROLLES, écuyer, ancien officier de cavalerie ;

*Frère* : Joseph-Marie-Etienne GIRAUD DES ECHEROLLES, chevalier des Echerolles, capitaine de cavalerie, né le 17 mai 1775, sous-préfet à Bellay, département de l'Ain; chevalier de la Légion d'honneur, marié à Marie-Louise-Lucienne à Leygonye de Séville. De ce mariage sont issus :

1° Louis-Giraud des Echerolles, né le 11 avril 1813;
2° Paul Giraud des Echerolles, né en mars 1815;
3° Maria Giraud des Echerolles, née le 25 juillet 1810.

*Sœur.* Alexandrine GIRAUD DES ECHEROLLES, dame d'honneur de Leurs Altesses Sérénissimes les princesses Louis de Wurtemberg.

« *Armes* : de gueules au puits d'argent, d'où
» sortent deux palmes en bande et en barre du
» même; au chef cousu d'azur, à la fleur de lys
» d'or, chargée d'un bâton péri en bande du
» champ; supports, deux lions.

*Voyez le tome VI du Nobiliaire de France.*

GITTARD ( DE ), famille noble originaire du Roussillon, et fixée à Paris; elle est représentée par :

Marie-Joseph-Antoine GITTARD, écuyer, né le 8 mai 1783; fils de Joseph-Antoine-Léon de Gittard de Brannay, ancien capitaine de grenadiers, puis contrôleur général de la chambre aux deniers et écurie de la maison de *Monsieur*, comte de Provence, aujourd'hui Sa Majesté Louis XVIII (mort le 8 juillet 1806) et de dame

Marie-Françoise-Charlotte Beauvisage de Villers; *vivante.* Voyez la généalogie de cette famille dans le tome VII du *Nobiliaire de France.*

*Armes :* « Coupé d'azur et de sable, au cheval
» gai effacé d'or, brochant. »

GLATIGNY (DE), *voyez* LE PELLETIER.

GODARD D'AUCOUR, famille originaire de Champagne, et dont une branche fixée à Paris, se trouve représentée par :

Alphonse GODARD D'AUCOUR, écuyer, né en 1787.

*Armes :* « De gueules, à cinq fusées d'ar-
» gent en bande, accompagnées de deux bars
» d'or. »

GRIFFON, famille originaire de Poitou, fixée depuis plusieurs siècles dans la ville de Saint-Jean d'Angély. Elle est divisée en quatre branches, dont deux existent à La Rochelle et une autre à Bordeaux. Celle de Saint-Jean d'Angély est représentée aujourd'hui par :

Charles GRIFFON, qui a servi pendant plusieurs années dans les gardes du corps, compagnie de Villeroy, maintenant directeur des impositions indirectes à Orléans.

*Frères.* Jean-Baptiste GRIFFON, qui a servi

dans la même compagnie jusqu'au licenciement. Il est sous-préfet de l'arrondissement de Saint-Jean d'Angély, et a épousé le 31 mai 1791, demoiselle Marie-Anne-Ursule-Suzanne de Reboul, fille de messire Jacques-Bertrand de Reboul, lieutenant-colonel du régiment de Boulonnais, infanterie, décédé maréchal de camp. Il a eu de ce mariage :

1° Jacques - Bertrand Griffon, lieutenant d'infanterie ;
2° Pierre-Candide Griffon, garde d'honneur au 3e régiment, lequel a disparu le 15 novembre 1813 entre Spire et Landau ;
3° Caroline Griffon, mariée le 10 novembre 1813, à messire Camille Normand, écuyer, seigneur d'Authon.

Alexis GRIFFON, qui a émigré et fait la campagne dans l'armée des Princes.

Auguste GRIFFON.

*Armes :* « D'azur, au griffon d'argent ».

Voyez le *Nobiliaire universel de France*. in-8. tome IV. 1815.

GRIPIÈRE DE MONCROC (DE), famille établie en Agénois, en Normandie et dans la Bresse. La branche fixée en Agénois est représentée par :

Guillaume-Ambroise DE GRIPIÈRE DE MONcroc, chevalier, né le 3 janvier 1780, élève de l'école royale militaire, marié à Anne-Antoinette de Lartigues de Batzabat. De ce mariage est issue :

    Mathilde-Marie-Anne de Gripière de Moncroc, née le 19 janvier 1806.

*Armes* : « De gueules, à la croix d'ar-
» gent, cantonnée de quatre molettes d'éperon
» d'or ».

GUERIVIÈRE (DE LA), *voyez* DU PIN.

HANACHE (D'), *voyez* ALEXANDRE.

HANMER (D'), *voyez* CLAYBROOKE.

HARGENVILLIER (D'), quelques-uns écrivent ARGENVILLIER, famille ancienne originaire de Picardie, actuellement établie en Languedoc, ayant une origine commune avec la maison d'Arquinvillier, éteinte depuis long-temps. Elle est représentée par :

Esprit-Timoléon, comte D'HARGENVILLIER, né le 20 juin 1739, ancien lieutenant-colonel du régiment de Penthièvre, chevalier de l'ordre royal et militaire de Saint-Louis, veuf de Louise O Rourke ; de ce mariage est issu :

    Joseph-Etienne-Timoléon, né le 18 janvier
    1767, maréchal-des-camps et armées du
    roi, chevalier de l'ordre royal et mili-
    de Saint Louis, et de la Légion d'Hon-
    neur, marié avec Adélaïde-Sophie-Per-

rête de Thomas de la Barthe. Il a de ce mariage, a. Félix-Aimard-Timoléon d'Hargenvillier, né le 31 janvier 1798, lieutenant de cavalerie; b. Adélaïde-Joséphine-Honorine d'Hargenvillier; c. Sophie-Louise-Mathilde d'Hargenvillier.

*Armes*: « D'hermine, papelonné de gueules. » Couronne de comte ».

*Voyez le tome VII du Nobiliaire de France.*

HAUTECLOCQUE, anciennement HAULTECLOCQUE, terre et seigneurie située à une lieue de Saint-Pol, en Artois, qui a donné son nom à une ancienne famille, établie de nos jours à Wail, et qui de temps immémorial a fait partie du corps de la noblesse des états de cette province. La terre et seigneurie d'Hauteclocque, que cette famille possédait dès le onzième siècle (1), fut vendue en 1536, par Pierre de Hauteclocque, écuyer, à Jean Herlin, bourgeois d'Arras, lequel la porta dans la famille des Payen; celle de Bertoult la possède maintenant par alliance contractée avec ces derniers dans le seizième siècle.

François-Louis-Joseph de HAUTECLOCQUE, chevalier, ancien officier d'infanterie,

---

(1) Voyez le dictionnaire des Gaules, et les preuves qui se trouvent à la bibliothèque du roi.

ancien membre du corps de la noblesse des États de la province d'Artois, seigneur de Wail, Quatrevaux, Flines en Auberchicourt, Vaquerie-lès-Hesdin, des Avesdigneulles, de Tacquet, etc. etc., né à Arras, le 15 avril 1755, a épousé, 1° le 18 juin 1785, Reine-Védastine-Marie-Amélie de Lassus, fille de Florent-Joseph de Lassus, écuyer et de dame Marie-Josephe-Augustine de Beugny; 2° le 2 février 1796, Catherine-Philippe-Julie de Monet de Lamarck, veuve de Ferdinand de Wasservas, baron du St-Empire Romain, tombé à Arras sous la hache révolutionnaire de Joseph Lebon, et fille de Louis-Philippe de Monet de Lamarck, page de la chambre de Louis XV, capitaine au régiment de Cambise, chevalier de l'ordre royal et militaire de Saint-Louis, et de dame Catherine-Elisabeth-Julie de Wasservas. Ses enfants sont,

*Du premier lit*:

1° Stanislas-François-Joseph de Hauteclocque, chevalier, né le 14 avril 1786; capitaine au corps royal du génie, fut attaché en 1815 à l'armée royale du Nord, commandée par M. le comte de Bourmont, en qualité de commandant du génie;

2° César-Louis-François-Joseph de Hauteclocque, chevalier, né le 24 août 1787, capitaine d'infanterie, a commandé en

1815 les volontaires royaux de la ville d'Arras ;

3° Constantin-Gabriel de Hauteclocque, chevalier, né le    août 1788.

*Du second lit* :

4° Alphonse-François-Philippe de Hauteclocque, chevalier, gendarme de la garde ordinaire du roi, né le 19 juillet 1797. Il a suivi en 1815 Sa Majesté Louis XVIII en Belgique, et a fait partie de l'armée cantonnée à Alost, et commandée par S. A. R. monseigneur le duc de Berri ;

5° Léopold-Valentin-François de Hauteclocque (1), chevalier, né le 19 juillet 1797.

*Armes* : « D'argent, à la croix de gueules, » chargée de 5 coquilles d'or. Couronne de » comte ; supports, deux sauvages ».

*La généalogie de cette famille se trouve dans le Dictionnaire des gaules, dans le Dictionnaire de la Noblesse de France de M. de Lachenaye des Bois ; et dans le tome VII du Nobiliaire universel de France.*

───────────────

(1) Des lettres-patentes expédiées à Versailles au mois de décembre 1752, accordent à tous les membres de cette famille le titre de chevalier, avec la permission de surmonter leurs armes d'une couronne de comte.

JUVIGNY (DE), *voyez* LE CLERC.

## JOSNE-CONTAY (LE), en Artois.

Maximilien-Martin LE JOSNE-CONTAY, chevalier, seigneur de la Ferté, obtint du roi en faveur de ses services militaires, l'érection en marquisat de la terre de Lesvaques, en février 1695, pour lui et ses descendants mâles. Cette famille originaire de l'Artois, y est encore maintenant établie et a, de temps immémorial et de père en fils, été admise aux Etats de ladite Province. Elle est représentée aujourd'hui par :

Joseph-Guislain-Constant, marquis de LE JOSNE-CONTAY, né le 15 février 1761, ancien capitaine au régiment du Roi, infanterie, chevalier de l'ordre royal et militaire de St-Louis; marié le 18 mai 1802, à Marie-Martine-Félicité Boucquel-d'Hardecourt, fille de François-Guislain-Boucquel de la Comté, ancien capitaine au régiment de Navarre, chevalier de l'ordre royal et militaire de Saint-Louis, et de Marie-Mélanie le Josne-Contay ; de laquelle sont issus :

1° Léonce-Marie-Constant le Josne-Contay, né le 13 août 1803 ;

2° Marie-Camille-Désirée le Josne-Contay, née le 25 juillet 1804.

*Armes* : « Ecartelé, au 1 et 4 de gueules, fret-
» té d'argent, semé de fleurs-de-lys du même

» dans les claire-voies; au 2 et 3, fascé d'argent
« et de gueules, à la bordure d'azur; sur le tout
» de gueules, au créquier d'argent. Couronne de
» marquis; supports, deux lions ».

KERGUELEN, maison très-ancienne de Bretagne.

Guillaume DE KERGUELEN, en 1427, époque de la première réformation connue de la noblesse de Bretagne, fut maintenu au nombre des nobles de l'évêché de Quimper, parmi lesquels ses ancêtres étaient compris depuis des temps inconnus.

Charles-Jean-Yves-Marie comte DE KERGUELEN, né le 19 avril 1767, ancien page de la Reine (Madame) chevalier de l'ordre royal et militaire de Saint-Louis, fils du comte de Kerguelen, contre-amiral qui a fait la découverte, en 1772, de l'île de Kerguelen, située dans les mers Australes, a épousé le 4 février 1790, Marie-Anne-Josephe du Parc-Locmaria, fille du marquis du Parc-Locmaria, maréchal-des-camps et armées du roi; de ce mariage sont issus :

 1° Joseph-Charles-Adolphe de Kerguelen, enseigne des vaisseaux du roi;
 2° Aimé-Charles-Marie de Kerguelen;
 3° Pierre-Marie-Arsène de Kerguelen;
 4° Marie-Adélaïde de Kerguelen;

5° Marie-Gabrielle de Kerguelen.

*Armes* : « D'argent à trois fasces de gueules, surmontées en chef de quatre mouchetures d'hermine de sable. Devise : *Vert en tout temps* ».

KEROUARTZ (DE), famille originaire de Bretagne, qui a fait les preuves de la cour pour monter dans les carrosses du roi, sur titres vérifiés par M. Cherin père. Cette famille est représentée par :

Jacques-Louis-François-Marie-Toussaint, marquis DE KEROUARTZ, colonel de cavalerie, chevalier de l'ordre royal et militaire de Saint-Louis; marié 1° le 28 août 1785, par contrat de mariage, signé par le roi et la famille royale, à Marie-Josephe-Reine de Cleuz du Gage, fille et unique héritière de Jacques-Claude de Cleuz, marquis du Gage, et de Jeanne-Jacquette de Roquefeuil, fille du comte de Roquefeuil, vice-amiral et grand-croix de l'ordre royal et militaire de Saint-Louis; 2° en juin 1806, à Cécile-Marie-Augustine Vicomte de la Houssaie, fille d'Augustin Vicomte de la Houssaie, officier supérieur des mousquetaires en 1792, et mort à Vannes, victime de Quiberon, chevalier de l'ordre royal et militaire de St-Louis; dont sont issus :

*Du premier lit :*

1° Frédéric-Charles-Marie, né à Mayence en Allemagne, le 15 septembre 1792, chevau-léger de la garde du roi, lieutenant de cavalerie, et chevalier de la Légion d'Honneur ;

2° Jacques-Louis-Marie-Georges Owen, né à Bath en Angleterre, le 8 janvier 1795, chevau-léger de la garde du roi, et lieutenant de cavalerie.

*Du second lit :*

4° Louis....., né à Guingamp en Bretagne, en mai 1814 ;
5° Cécilia....., âgée de 7 ans ;
6° Elisa....., âgée de 5 ans.

*Frère* : Louis-Marie-Joseph, comte DE KEROUARTZ, capitaine de frégate et adjudant-général du troisième corps de l'armée de la Vendée, chevalier de l'ordre royal et militaire de St-Louis, marié 1° en juillet 1797, à Émilie-Mathurine de la Porte-Vezins, fille de Paul-Jules, marquis de la Porte-Vezins, chef d'escadre et commandeur de l'ordre royal et militaire de Saint-Louis, et d'Hortense de Keroüartz ; 2° en 1805, à Aimée Miorcec de Kerdanet, fille de Daniel Miorcec de Kerdanet, écuyer, membre de la chambre des députés ; dont sont issus :

*Du premier lit :*

1° Charles de Keroüartz, né à Morlaix, âgé de 13 ans ;
2° Hortense de Keroüartz, âgée de 15 ans.

*Du second lit :*

3° Albert de Keroüartz, âgé de 9 ans ;
4° Fanny de Keroüartz, âgée de 7 ans ;
5° Caroline de Keroüartz, âgée de 5 ans ;
6° Alix de Keroüartz, âgée de 3 ans.

*Autre frère :* François-Marie-Louis, comte DE KEROUARTZ, ancien officier au régiment d'infanterie du Roi.

*Armes :* « D'argent, à la roue de sable, ac-
» compagnée de trois croisettes du même ; sup-
» port : deux sauvages couronnés et ceints de
» laurier, armés de leurs massues levées sur leurs
» têtes ; et pour cimier, un demi-sauvage aussi
» couronné de laurier, sa massue levée sur sa
» tête ; devise : *Tout en l'honneur de Dieu* ».

LALIS (DE), famille originaire d'Irlande, établie en France depuis plusieurs siècles ; elle est représentée par :

François de LALIS DE MARAVAL, écuyer, ancien capitaine dans le régiment de Luxembourg, né en 1747, marié le premier février 1786, à noble demoiselle Marie-Catherine Van Buuren, fille de noble Lambert Van Buuren, et de dame Sophie-Elisabeth Ravin, demeurant à Saint-Cyprien, en Périgord;

François-Antoine-Lambert DE LALIS, écuyer, décoré du lys en 1814, né le 5 novembre 1786, marié le 24 février 1811, à Catherine-Jeanne-Françoise-Adèle de Souilhagon de Bruet, fille de Pierre-Philippe-Marie de Souilhagon de Bruet, ancien conseiller référendaire au parlement de Bordeaux, et de dame Marthe-Julie Mimault de Papeyrère, demeurant au château de Puy Calvary, dans l'Agenois; de ce mariage est issu:

François-Jules-Edouard de Lalis, né le 13 décembre 1811.

*Armes*: « De gueules, au chevron d'or, accompagné de trois lys d'argent ».

*Voyez* le tome II du *Nobiliaire Universel de France*, in-8°, 1814.

LAMBERT (DE), famille noble et ancienne, issue des seigneurs de Bonnes, en Angoumois, connus avant 1300, auteurs communs des marquis de St-Bris et des seigneurs de la Mazardie, en Périgord, tous du surnom de Lambert; représentée par:

Henri-Joseph, marquis DE LAMBERT, né le 13 juillet 1737, maréchal-des-camps et armées du roi, commandeur de l'ordre royal et militaire de Saint-Louis, ancien inspecteur-général de cavalerie, membre du conseil de la guerre en 1787, et gouverneur de la citadelle d'Arras, officier-général au service de Russie à la fin de 1792; marié par contrat, signé du roi et de la famille royale, le 18 mars 1765, à demoiselle Marie Anisson-du-Perron; de laquelle sont issus cinq enfants existants :

1° Marie-Charles, comte de Lambert, né à Paris le 15 juillet 1773, enseigne au régiment des Gardes françaises en 1788, entré avec le grade de major au service de Russie en 1793; aujourd'hui lieutenant-général des armées de S. M. l'empereur de toutes les Russies, son aide-de-camp-général-inspecteur de la cavalerie, grand-cordon de l'ordre de Saint-Alexandre-Newski, chevalier de l'ordre de Sainte-Anne de la première classe, de l'Aigle Rouge de Prusse de la première classe, de Saint-Wladimir de la seconde classe, de l'ordre militaire de Saint-Georges de la troisième classe, de l'ordre militaire de Bavière de la seconde classe, de celui de Léopold et commandeur de l'ordre royal et militaire de Saint-Louis; marié en Russie, en 1806, à demoiselle Julie Déef, fille de Michel Déef, colonel et chevalier de plusieurs ordres, et de dame Alexandrine Plawetska; de laquelle sont issus quatre enfants existants,

a. Alexandrine, née en Russie le 27 juin 1808;

b. Joseph, né en Russie le 15 août 1809;

c. Pierre-Charles, né à Langres en Champagne le 2 mars 1814;

d. Alexandre-Charles, né à Paris le 5 novembre 1815;

2° Henri-Jacques, comte de Lambert, frère du précédent né à Paris le premier février 1778, s'est embarqué en 1793 sur la frégate la Recherche, commandée par M. d'Entrecasteaux, pour aller à la recherche de M. de la Peyrouse. De retour en Europe, il entra avec le grade de major au service de Russie, où il fut reçu chevalier de Malte de minorité. Il est aujourd'hui conseiller d'état actuel de S. M. l'empereur de toutes les Russies; il a épousé en 1810, demoiselle Sophie Alimoff, fille de Nicolas Alimoff, ancien brigadier des armées, et de dame Julie de Loukianovitch;

3° Marie-Louise de Lambert, née à Paris le 9 novembre 1766, mariée par contrat, signé par le roi et la famille royale, le 6 juillet 1783, à Louis-François-René, marquis de Courtarvel de Pézé, ancien colonel du régiment de Vivarais; aujourd'hui lieutenant-général des armées du roi et chevalier de l'ordre royal et militaire de Saint-Louis. Il a fait les preuves de la cour et est monté dans les carrosses du roi, le 20 mars 1781. Cette maison est une des plus anciennes et des plus distinguées de la province du Maine ;

4° Louise-Marie-Henriette de Lambert, née à Paris le 23 août 1774, mariée le 2 février 1799, à Jacques-Rose, marquis de Voisins, de l'illustre maison de ce nom en Languedoc. Il fit les preuves de la cour et monta dans les carrosses du roi, le 12 février 1788 ; décédé en 1811, il laissa de son mariage deux garçons et deux filles existantes.

5° Henriette-Françoise-Cécile de Lambert, née à Paris le 9 juillet 1780, mariée le 20 mars 1805, à Mathieu-Armand d'Angosse, baron de Corberes, ancien chevalier de Malte de minorité, fils de Jean-Paul, marquis d'Angosse, maréchal-des-camps et armées du roi, chevalier de St-Louis, grand-sénéchal d'Armagnac, député de la noblesse du Bearn aux États-généraux, et de dame Louise-Pétronille d'Usson-de-Bonnac, dont une fille existante.

*Armes* : « Coupé emmanché de gueules de
« trois pièces, sur deux et deux demi-pièces
« d'argent; pour support, deux lions ».

*Nota.* La généalogie de cette maison se trouve dans l'Armorial Général de France, registre 11, part. 11; dans le Dictionnaire de la Noblesse, in-4°, tome VIII; dans les Etrennes de la Noblesse de l'année 1776.

*Voyez* l'Hist. génér. des grands-officiers de la couronne, par le P. Anselme, in-fol., tom. IX, page 457; Chronologie Historique Milit., par M. Pinard, in-4°, édit. 1761 et suiv., tom. IV, pag. 39, 40 et 41, 317, 318 et 319, tom. V, pag. 91 et 92, tom. VI, pag. 104, 439 et 611; Hist. de France du président Hénault, année 1644, et celle du P. Daniel, *idem*.

LANGLOIS D'AUTEUIL, famille originaire de Normandie, province où elle réside encore de nos jours. Elle est représentée par :

Jacques-Ferdinand LANGLOIS D'AUTEUIL, seigneur de Criquebeuf, écuyer, né le 22 mai 1770, ancien gendarme de la garde du roi; marié en 1790, à Marie-Victoire Millard; de ce mariage sont issus :

    2° Edmond Langlois d'Auteuil, né en 1793, gendarme de la garde du roi, en 1814, a passé en Angleterre pour rejoindre le roi à Gand, en 1815, et fut retenu à Bristorn par M. le duc de Castries, auprès duquel il fut employé pour le service du roi;

2° Adèle Langlois d'Auteuil, née en 1792.

*Armes* : « D'argent, au lion de gueules, au
» chef d'azur, chargé de trois molettes d'éperon
» d'or ».

LAUZET ( DU ), *voyez* CAÏRE.

LAVAULX, ancienne maison de Lorraine et
de Barrois, originaire du duché de Luxembourg,
laquelle, en 1416, occupait la troisième place
aux assises de ce duché ; elle réside présentement dans les environs de Château-Thierry,
ayant perdu ses biens situés en Lorraine, par
suite de l'émigration ; elle a fait ses preuves de
cour, et était admise dans tous les chapitres ;
elle est représentée aujourd'hui par :

Louis-Marie-Joseph, comte DE LAVAULX, né
à Poussaye le 19 mars 1781, chevalier de Malte,
capitaine des dragons de la Gironde ; marié le
22 août 1809, à Agathe de Villiers, fille de Prudent de Villiers, écuyer, conseiller au parlement,
et de Charlotte de Boula de Mareuil ( Agathe de
Villiers est morte, le premier juin 1814 ), de
laquelle sont issus :

1° Joseph Erard, né le 22 août 1810 ;
2° Louis-Ernest, né le 21 mai 1814.

*Armes* : « Ecartelé aux 1 et 4 d'azur, à deux
» bars adossés d'argent, cantonnés de quatre croi-

» settes d'or, qui est de CHINY; aux 2 et 3 de sable,
» trois herses d'argent, qui est de LAVAULX; et
» sur le tout, de sable à trois tours d'argent
» (*armes de récompense*); couronne de comte,
» surmontée d'une couronne murale. Dans un
» diplôme de comte, donné par François, duc
» de Lorraine et de Bar, en 1736, il est dit que
» cette maison portera une couronne de comte,
» au-dessus de l'écu de ses armes, qui auront
» pour supports deux sauvages de carnation,
» armés de leur masse. La devise est: *Tout par*
» *amour* ».

*La généalogie de cette maison se trouve dans presque tous les ouvrages qui traitent de la noblesse.*

LIMESI (DE), *voyez* TOUSTAIN.

LOUVENCOURT (DE), famille originaire de Picardie, établie maintenant à Avricourt, en la même province. Elle est représentée aujourd'hui par :

Jacques-Eustache DE LOUVENCOURT, neuvième du nom, né le 15 octobre 1755, officier au troisième régiment de chevau-légers, chevalier, seigneur du Saulchoy, Allégrin, Clery, Gournay, Inval (*voyez* ce dernier nom), et le Boisrond, marié le 30 juillet 1782, à mademoiselle Antoinette-Elisabeth de Champagne; de ce mariage sont issus :

1° Jacques-Jules-Auguste de Louvencourt, dixième du nom, né le 3 juillet 1783, en ce moment capitaine dans le régiment des hussards de Monsieur, frère du roi;

2° Anne-François-Eugène de Louvencourt, né le 20 mai 1787, actuellement chef d'escadron dans le régiment d'Angoulême, cuirassiers, décoré de la croix d'officier de la Légion d'Honneur;

3° Athalie-Anne-Marie, qui a épousé M. Edouard de Briois, gentilhomme d'Artois, dont des enfants.

*Armes :* « D'azur, à la fasce d'or, chargée de trois merlettes de sable et accompagnées de trois croissants du second émail. Couronne de comte ; supports, deux lévriers ».

*Voyez, sur cette famille, le Nobiliaire de Picardie, page 312.*

MAISNIEL (DU), famille noble et ancienne, que les uns disent originaire de Normandie et les autres de Picardie, le même nom existant dans ces deux provinces; en Normandie, sous le nom de *du Mesnil*, marquis de Sommery ; et en Picardie, sous celui de *du Maisniel*, comte d'Applaincourt, etc.

Les du Maisniel, dont il est question, paraissent en 1350, dans le comté de Ponthieu, qu'ils n'ont cessé d'habiter depuis cette époque. Ils se divisent en deux branches, l'aînée dite d'Applaincourt, et la cadette de Belleval, lesquelles se subdivisent en plusieurs autres, représentées par :

### Branche d'Applaincourt.

Pierre DU MAISNIEL, comte d'Applaincourt, né le 12 septembre 1762, émigré en 1791, avec le grade de lieutenant au régiment Royal Navarre, cavalerie; marié le 12 juillet 1803, à Marie-Elisabeth d'Houdetot, ex-chanoinesse de Bourbourg, fille de François-Bernard, comte d'Houdetot et de Hélène-Margueritte du Maisniel, dont est issu :

Pierre-Claude du Maisniel d'Applaincourt, né le 21 juin 1804;

*Frère* : Pierre DU MAISNIEL, vicomte D'APPLAINCOURT, né le 22 septembre 1768, émigré en 1791, avec le grade de lieutenant au régiment de Condé, infanterie; marié le 27 juillet 1808, à Marie-Louise-Françoise-Joséphine de Louvencourt, fille de Jean-Baptiste-François, marquis de Louvencourt, et de Marie-Françoise-Joséphine de Vignacourt, dont :

1° Pierre-Marie-Gustave du Maisniel d'Applaincourt, né le 13 avril 1810;

2° Marie-Antoinette-Sidonie du Maisniel d'Applaincourt, née le 6 septembre 1811.

### Branche de Belleval.

Charles-Joseph DU MAISNIEL, comte de WA-

TIGNIES, demeurant à Lille, né le 12 septembre 1767; marié le premier septembre 1791, à Marie-Ferdinande-Liévine-Joséphine-Colette de Lannoy, ex-chanoinesse de Denain, fille de Charles-François, comte de Lannoy, chevalier de l'ordre royal et militaire de Saint-Louis, maréchal-des-camps et armées du roi, et de Alexandrine-Charlotte d'Hangouwart; dont :

 Ferdinand-Gustave de Maisniel de Watignies, né le 10 juin 1804.

*Frères* : Charles-Philippe DU MAISNIEL, chevalier, seigneur DE NEMPONT, né le 2 mars 1769, émigré en 1791, lieutenant au régiment d'Auxerrois, infanterie; marié le 8 novembre 1802, à Marie Lefebvre de Wadicourt, fille de Jean-Pierre, chevalier, seigneur de Wadicourt, et de Jeanne-Françoise-Hyacinthe de la Vaulte; dont :

 1°. Charles-Amédée du Maisniel de Nempont, né le 11 juillet 1804;
 2° Pierre-Gédéon du Maisniel de Nempont, né le 13 janvier 1806.

Pierre-François DU MAISNIEL, chevalier, seigneur de LIERCOURT, né le 7 septembre 1771, émigré en 1791, officier à la suite du régiment d'Auxerrois; marié le 2 septembre 1807, à Marie-Louise-Josephe de Lavaulx, ex-chanoinesse de Poussay, fille de Charles-Nicolas-Joseph, comte de Lavaulx, capitaine de vaisseau, émigré, fait maréchal-de-camp par le roi à l'armée de monseigneur le prince de Condé, chevalier de Saint-Louis, et de Marie-Louise d'Estourmel ; dont :

    1° Charles-Ferdinand-Octave du Maisniel de Liercourt, né le 27 juillet 1809 ;

    2° Louis-Joseph-Anatole du Maisniel de Liercourt, né le 7 août 1811 ;

*Oncle* : Antoine-Joseph DU MAISNIEL, baron de NEUVILLE, oncle des précédents, né le 7 février 1737, garde-du-corps du roi, puis capitaine de cavalerie en 1773, gouverneur de Crécy, et chevalier de l'ordre royal et militaire de St-Louis en 1780, émigré en 1791. Il a épousé le 27 juin 1770, Marie-Charlotte-Alexandrine de Buigny, fille de François, comte de Buigny, chevalier de l'ordre royal et militaire de Saint-Louis, et de Marie-Charlotte de Fontaines ; dont :

    Marie-Joséphine-Alexandrine du Maisniel de Neuville, mariée le 20 novembre 1800, à Jean-Baptiste-Sébastien Drillet de Laingout, chevalier, seigneur de Laingout, dont plusieurs enfants.

*Frère* : Pierre-François DU MAISNIEL, chevalier, seigneur de SAVEUSE, frère du précédent, né le 9 juin 1743, chevau-léger de la garde du roi, et chevalier de l'ordre royal et militaire de Saint-Louis, a épousé le 3 juin 1791, Marie-Louise-Thérèse du Liège, fille de Pierre-Antoine du Liège, écuyer, et de Françoise le Sergent de Fresnes; dont :

    1° Pierre-Jules du Maisniel de Saveuse, né le 30 mars 1792, actuellement garde-du-corps, compagnie de Luxembourg;

    2° Marie-Louise du Maisniel de Saveuse, née le 30 mars 1792, mariée le 2 août 1813, à Charles-Abraham Blancart, écuyer, seigneur de Saucourt.

*Armes*: « D'argent, à deux fasces de gueules, » chargées chacune de trois besants d'or. Cou- » ronne de marquis; supports, deux lions ».

MALLEVAUD ( DE ), famille noble, originaire du Poitou divisée en plusieurs branches, 1° celle de Mallevaud de la Varenne, établie en Angoumois; 2° celle de Mallevaud de la Vomoran, à la Martinique et en Saintonge; 3° celle de Mallevaud de Marigny, 4° celle de Mallevaud de Puy-Renaud, en Limosin et en Touraine.

*Branche de la Varenne.*

Charles-Gabriel DE MALLEVAUD DE LA VARENNE, page de feue Madame, épouse de Sa Majesté Louis XVIII, ancien officier d'infanterie, a émigré en 1791; et a fait les campagnes dans l'armée des princes. Il a plusieurs filles :

*Frères.* Charles-Henri, chevalier de MALLEVAUD. Il a un fils.

Alexandre DE MALLEVAUD, qui a servi avec ses frères avant la révolution. Il n'a pas d'enfants.

*Sœurs.* N... DE MALLEVAUD, mariée à Joseph de Pressac-Léonel, lieutenant-colonel d'artillerie, chevalier de l'ordre royal et militaire de Saint-Louis.

N. DE MALLEVAUD, épouse de M. Avril de Mesquinan.

Julie de MALLEVAUD, sans alliance.

*Branche de Marigny.*

François-Henri-Charles DE MALLEVAUD, seigneur DE MARIGNY, chevalier de l'ordre royal et militaire de Saint-Louis, ancien page de feue Madame, épouse de Louis XVIII, et ancien officier des chasseurs de Hainaut, a émigré et fait les campagnes de l'armée des princes. Il n'est pas marié.

*Sœurs.* N... DE MALLEVAUD DE MARIGNY, mariée à M. du Peyron Saint-Hylaire;

N... DE MALLEVAUD DE MARIGNY, mariée à M. Baret de Rouvray;

N..... DE MALLEVAUD DE MARIGNY, mariée à M. Desmiers, marquis de Chenon.

### Branche de Puy-Renaud.

François-Henri DE MALLEVAUD, chevalier, seigneur de Puy-Renaud, ancien magistrat, assista à la convocation de la noblesse à Tours, en 1789. Il a épousé, par contrat du 4 avril 1781, demoiselle Nolleau de Beauregard, dont il a:

- 1° François de Mallevaud de Puy-Renaud, inspecteur des douanes à Dieppe;
- 2° Etienne de Mallevaud de Puy-Renaud, servant dans la marine royale;
- 3° Pauline de Mallevaud de Puy-Renaud, mariée à M. de la Motte de Logny, officier au régiment de la Reine, qui a fait la campagne de l'armée des princes.

*Armes*: « D'argent, au triple trécheur d'azur; » au bâton du même, péri en pal ».

*Voyez le tome III du Nobiliaire universel de France, in-8°, 1815.*

MALMAZET DE SAINT-ANDÉOL (DE), en Vivarais et en Nivernais, ancienne famille noble, originaire du Comtat-Venaissin, divisée en trois branches, représentées par:

*Première branche, à Villeneuve de Berg, en Vivarais.*

Jean-Baptiste-Louis DE MALMAZET DE SAINT-ANDÉOL, chevalier, comte de Malmazet, baron de St.-Andéol, vicomte de Tournon et comté de Villeneuve de Berg, ancien capitaine de cavalerie, lieutenant de l'équipage de la vénerie du roi, chevalier de l'ordre royal et militaire de Saint-Louis, marié en novembre 1773, à Marie-Josephe de Boissel, fille de messire Joseph de Boissel, capitaine des dragons blancs au Port de Paix, île Saint-Domingue, et de dame Anne de Potel ; il a de ce mariage :

1º Jules-Fonctueux de Malmazet de Saint-Andéol, né en 1778, aspirant de marine, retiré du service ;

2º Louis-Ferdinand de Malmazet, vicomte de Saint-Andéol, commandant de la garde nationale du canton de Villeneuve de Berg, et en mars dernier un des capitaines des volontaires royaux aux ordres du général comte Eugène de Vogué, né en février 1781 ; marié en novembre 1808, à Constance-Louise-Flore Portin de la Porte, fille de messire Victor-Amédée Portin de la Porte, chevalier, seigneur de Moirans et autres places, ancien capitaine d'artillerie, chevalier de l'ordre royal et militaire de Saint-Louis et lieutenant des maréchaux de France, et de dame Jeanne-Henriette-Gillette de Paris ; de ce mariage sont issus :

a. Louis-Henri-Ferdinand de Malmazet,

comte de Saint-Andéol, né au mois d'août 1810;

b. Marie-Amédée-Clémentine de Malmazet de Saint-Andéol, née en juillet 1811;

3° Marie-Josephe-Zoé de Malmazet, née en septembre 1774, mariée le 16 juillet 1797, à noble Elisabeth-Mathieu Desjean de Montval, dont plusieurs enfants.

*Seconde branche, en Nivernais.*

Jacques-Hilaire, comte DE MALMAZET DE SAINT-ANDÉOL, ancien officier de cavalerie, marié en 1795, à Madelaine-Sophie-Henriette-Antoinette de Bechon-d'Arquian, fille de Jean-Pierre de Bechon, comte d'Arquian, mousquetaire de la garde ordinaire du roi, et de N... de Hinselin de Moraches; de ce mariage sont issus :

1° Pierre-Hilaire de Malmazet de Saint-Andéol, né le 18 juin 1797;

2° Jean-André-Gustave de Malmazet de St-Andéol, né le 24 septembre 1800;

3° Charles-Victor de Malmazet et de Saint-Andéol, né le 29 juillet 1804;

4° Henriette-Adèle de Malmazet de Saint-Andéol, née le 24 janvier 1796.

*Troisième branche, à Bourg-Argental, en Vivarais.*

Jean-André DE MALMAZET, chevalier DE ST-ANDÉOL, lieutenant-colonel de cavalerie, maréchal-des-logis des gardes du corps du roi, chevalier de l'ordre royal et militaire de St-Louis, chevalier de la Légion d'Honneur, nommé par le roi ; marié à Bourg Argental, à Marie-Antoinette de Mathon.

*Armes* : « D'azur, au chevron d'or, abaissé » sous une fasce du même, accompagnée en chef » de trois croissants mal-ordonnés d'argent ».

*Voyez, pour la généalogie de cette maison, le tome V du Nobiliaire de France, in-8°, 1815.*

MELUN. Cette illustre maison, dont la filiation remonte par titres à Josselin, vicomte de Melun, qui tenait rang parmi les grands seigneurs de la cour du roi Hugues Capet, est représentée par :

Anne-Joachim-François, vicomte DE MELUN, chevalier, baron de Brumetz, etc., né le 10 mars 1785, brigadier de la première compagnie des mousquetaires de la garde du roi, membre du collège électoral du département de l'Aisne, maire de la commune de Brumetz. Il épousa le 18 avril 1805, demoiselle Amélie de Faure, fille de Jacques-Pancrace-Ange de Faure, lieutenant-colonel, chevalier de l'ordre royal et militaire de Saint-Louis, et d'Amélie de Norville, dont sont issus :

1° Anatole-Louis-Joachim-Joseph ;
2° Armand-Marie-Joachim ;

jumeaux, nés au château de Brumetz, le 24 septembre 1807.

3º Léonie-Victoire-Louise, née à Paris, le 18 février 1810.

4º Anne-Amélie-Marie, née au château de Brumetz, le 21 juillet 1813;

5º Mathilde-Blanche-Joachime, née à Paris, le 27 avril 1815.

*Armes* : « d'azur à 7 besants d'or, 3, 3 et 1; au » chef du même. Devise : *Virtus et honor*. Cri » de guerre : *A moi Melun!* »

*Voyez sur cette maison, l'histoire des grands officiers de la couronne, celles de la ville de Melun, par Rouillard, édition de 1628, et du Gatinais, par Morin, édition de 1630; le dictionnaire de Moreri, édition de 1759; celui de la Noblesse par la Chenaye des Bois, et le tome 1ᵉʳ du Nobiliaire universel de France, in-8º, 1814.*

MILHAU, famille originaire du Rouergue, établie dans le haut Languedoc, où elle est divisée en quatre branches, dont les chefs sont :

Jean-Joseph-François, marquis de MILHAU;
Pierre-Joseph, comte de MILHAU;
Marie-Augustin, vicomte de MILHAU;
Bernard-Charles, dit le comte Charles de MILHAU.

*Armes* : « d'azur à trois épis de mil empoi- » gnés d'or, accompagnés en pointe d'un crois- » sant d'argent; au chef cousu de gueules ».

MIREPOIX (de), *voyez* Batz.

MIRVILLE, *voyez* Eudes.

MOLARD (du), *voyez* Barrès.

MOLINGHEM (de), *voyez* Bryas.

MONCROC (de), *voyez* Gripière.

MONNIER (Jean-Charles), comte, pair de France, lieutenant-général des armées du roi, grand officier de la Légion d'Honneur, chevalier de l'ordre royal et militaire de Saint-Louis, successivement sous-lieutenant au 7ᵉ régiment d'infanterie, nommé par le roi Louis XVI, le 1ᵉʳ juillet 1792; nommé adjoint à l'état major de l'armée de l'intérieur, le 30 octobre de la même année; à celui de l'armée d'Italie, le 3 février 1793; adjudant-général, chef de bataillon le 9 juillet suivant; adjudant-général, chef de Brigade le 12 décembre 1794; général de brigade le 23 mai 1797, général de division le 6 mars 1800; rappelé au service de S. M. Louis XVIII, le 12 juin 1814; chevalier de l'ordre royal et militaire de Saint-Louis, le 29 juillet, commandant de la Légion d'Honneur le 23 avril; comte le 31 décembre; grand officier de la Légion d'Honneur le 3 avril 1815; pair de France le 17 août de la même année. Il résulte par l'état des services de M. le comte Monnier, qu'il a fait treize campagnes, qu'il a pris de vive force onze villes de guerre, et trois citadelles rendues à discrétion, et que le 29 mars 1800, il a obtenu une armure d'honneur complète. A la dernière campagne de 1815, il a commandé l'armée royale du midi, sous les ordres de S. A. R. monseigneur le duc d'Angoulême.

*Armes* : « Coupé, au 1 d'azur, à la couronne
» murale de sable, adextrée d'une épée antique
» d'argent en pal, sénestrée d'une ancre du
» même ; au 2 de gueules, au cavalier armé de
» toutes pièces d'or, l'épée en arrêt. Cri de
» guerre : *io la difesi*. L'écu sommé d'une cou-
» ronne de comte, et entouré d'un manteau
» de pair ».

MONTAL ou MONTALLI (DE), famille originaire d'Italie, naturalisée en France sous le règne de François 1er, établie maintenant à Béziers en Languedoc. Elle est représentée aujourd'hui par :

Joseph-Louis DE MONTAL, né le 3 décembre 1777, marié le 18 janvier 1803, à Gabrielle-Rosalie de Rives, fille de Joseph-François de Rives, baron de Ribaute, et de Catherine de Gros, de laquelle sont issus :

 1º Joseph-François-Léopold de Montal, né le 10 novembre 1803 ;

2° Marie-Rosalie-Félicie de Montal, née le 11 juillet 1815.

*Armes* : « de gueules à trois léopards l'un sur » l'autre d'or. »

MONTRESSEL (de), *voyez* Le Febvre.

MOTTE (de la), *voyez* Boucher.

OUTREQUIN, famille de Normandie, dont la souche est originaire de Hollande.

Jean Outrequin, écuyer, reçu conseiller secrétaire, greffier en chef civil, criminel, et garde des archives en la cour des aides de Paris, le 8 février 1765, mort en 1799, avait épousé Marie-Agnès-Adélaïde Binet, fille de Claude Binet, conseiller du roi, commissaire receveur général, contrôleur des saisies réelles de la ville de Paris, et d'Anne Roger. De ce mariage sont issus :

1° Claude-Jean-Louis, qui suit;
2° Alexandre-Philippe-Prosper Outrequin, receveur-général du département des Pyrénées orientales, marié avec demoiselle Hyacinte de la Rivière, dont trois demoiselles;
3° Adélaïde-Jeanne-Charlotte Outrequin.

Claude-Jean-Louis Outrequin, écuyer, chevau-léger surnuméraire de S. M. Louis XVI, en 1787, a épousé Esther-Jeanne Chachereau, morte en 1812, sans laisser de postérité.

*Armes*: « d'argent, à cinq loutres de sable, » 2, 2, et 1. »

PACARONY ( DE ), famille originaire de la ville de Fermo, dans la marche d'Ancône en Italie, établie maintenant à Issoudun, département d'Indre ; elle est représentée aujourd'hui par :

Catherine CHARTRÉ MARCHET DUMÉNIL, veuve de messire Louis-Alexandre DE PACARONY, chevalier, née le premier septembre 1762; de laquelle sont issus :

1° Joseph de Pacarony, né le 26 juillet 1789; marié le 6 novembre 1813, à Brigitte-Clorinthe Gaignault fille de Pierre-Denis Gaignault, et de Marie Juliette de la Chastre ; de laquelle sont issues ;

a. Catherine-Joséphine-Ernestine de Pacarony, née le 13 octobre 1814;

b. Joséphine-Anna, de Pacarony, née le 21 septembre 1815 ;

2° Madelaine de Pacarony, née le 25 décembre 1791.

*Armes* : « D'azur, à trois bandes d'argent ; » au chef du même, chargé d'un lion issant du » second émail, armé et lampassé de gueules ».

PALISSE (DE LA), *voyez* CHABANNES.

PAYEN DE LA BUCQUIÈRE, ancienne famille d'Artois, représentée aujourd'hui par :

Louis-Théodore-Emmanuel PAYEN, chevalier, comte DE LA BUCQUIÈRE, ancien membre du corps de la noblesse des Etats de cette province, et ci-devant seigneur de Brebières, de Beaumont, Hoflende, etc., né le 29 février 1760; marié le 13 février 1787, à Marie-Césarine-Josephe du Val de Fiennes, dame de Mortry, fille de messire Anne-François-Louis-Joseph, chevalier, seigneur de Santrecourt, St-Martin-Glise, Bareuil, Montinghein, Rouvigni, Martry, etc, ancien membre du corps de la noblesse des Etats d'Artois, lieutenant des maréchaux de France, et ancien officier au régiment de Cambresis, et de Marie-Louise-Thérèse de Lascaris de Vintimille, dame de Bareuil. Il a émigré avec son frère, dont l'article suit, en 1792, fait les campagnes dans l'armée des princes, en qualité de volontaire, dans les compagnies des gentilshommes d'Artois, et a contribué, en 1793, à la défense de Maëstricht.

*Frère.* Charles-Procope PAYEN, chevalier DE LA BUCQUIÈRE, né le 18 octobre 1765, entré au régiment Colonel général infanterie, en 1781, dans lequel il a servi dans les grades de sous-lieutenant et de lieutenant, jusqu'à la fin de 1791;

marié le 30 novembre 1802, à Séraphine-Josephe de Vicq, fille de messire André-Joseph, écuyer, et de Séraphine-Josephe de Maulde; de laquelle est issue :

 Adèle-Françoise-Isaure-Louise-Séraphine Payen de la Bucquière.

*Armes* : « D'or, à l'aigle de sinople, becquée » et membrée de gueules; au canton du même, » chargé de trois bandes de vair ».

PELLETIER ( LE ), de la branche anciennement établie dans l'Ile de France, noblesse militaire, distinguée depuis plusieurs générations successives dans l'artillerie.

 *Première branche, à la Guadeloupe.*

Antoine LE PELLETIER DE LIANCOURT, seigneur et propriétaire, avant la révolution, des vicomtés de Crécy-au-Mont et de Villers-Hellon, ancien capitaine d'artillerie, chevalier de l'ordre royal et militaire de St-Louis, a épousé Luce Longviller le Poincy, dont il a :

 1° N...., dit le chevalier le Pelletier, ancien lieutenant de la marine royale;

 2° N....., le Pelletier de Monteran, chevalier de l'ordre royal et militaire de St-Louis, ancien capitaine du corps royal de l'artillerie;

 3° N....., le Pelletier d'Etournerie, attaché pendant l'émigration, en 1791, à la marine royale;

4° N..... le Pelletier, marié à M. le comte de Maupeou, ancien officier aux gardes françaises.

*Seconde branche, en Valois.*

Louis-François LE PELLETIER DE GLATIGNY, frère d'Antoine, chevalier de l'ordre royal et militaire de Saint-Louis, ancien officier supérieur au corps royal de l'artillerie, avec rang de colonel, a émigré et fait toutes les campagnes de l'armée des princes. Il a épousé Catherine le Vieux, dont il a:

1° Louis le Pelletier de Glatigny;
2° Louis-Ernest le Pelletier de Glatigny.

*Troisième branche, à Argers.*

Gabriel LE PELLETIER, chevalier de l'ordre royal et militaire de Saint-Louis, ancien colonel au corps royal de l'artillerie, a fait, en qualité d'officier supérieur au même corps, toutes les campagnes de monseigneur le prince de Condé. Il a deux neveux de son nom, dont un est au service. Il a épousé N..... de Gizancourt, dont il a une fille.

*Armes:* « D'azur, à la fasce d'argent, char-
» gée d'un croissant de gueules, et accompagnée
» de trois étoiles d'or ».

*Voyez la généalogie détaillée de cette famille dans le Nobiliaire Universel de France, in-8°, tom. 1, 1814.*

PICHON (DE), famille originaire de Guienne, province où elle réside encore de nos jours, divisée en deux branches, issues de Bernard de Pichon, président à mortier au parlement de Bordeaux, sous les rois Louis XIII et Louis XIV. Il était seigneur haut-justicier et baron de Parampuyre, baron de Longueville, seigneur de Carriet et autres lieux. Ces deux branches sont représentées par les fils mineurs du baron de Pichon, mort dans son château de Carriet ou de Pichon, près Lormont, au mois d'avril 1815, et par Joseph, baron de Pichon-Longueville, né en novembre 1748, marié au mois de mai 1784, avec Marguerite-Rosalie-Sophie-Félicité de Narbonne-Pelet d'Anglade; de laquelle sont issus:

1° Raoul-Jacques-Albert-Paulin de Pichon-Longueville, officier de cavalerie, chevalier de la Légion d'Honneur, décoré du Brassard;

2° Louis-Antoine-Bernard-Joseph de Pichon-Longueville, membre de la Légion d'Honneur et décoré du Brassard;

3° Virginie de Pichon-Longueville;

4° Gabrielle de Pichon-Longueville.

*Armes* : « D'azur, au chevron, accompagné en chef de deux molettes d'éperon, le tout d'or, et en pointe d'un croissant d'argent, surmonté d'un agneau du même ».

PIERRE DE FREMEUR (DE LA), famille originaire de Bretagne, établie maintenant à Paris ; représentée aujourd'hui par :

Armand-Louis DE LA PIERRE, marquis DE FREMEUR, fils de Jean-Toussaint de la Pierre, marquis de Fremeur, mort maréchal-de-camp, et de Marie-Louise de Surirey de Saint-Remy, né le premier janvier 1768, cadet gentilhomme à l'École Militaire de Paris, officier au régiment des Gardes françaises jusqu'à son licenciement en 1789, nommé par le roi en 1814 chevalier de la Légion d'Honneur, en qualité d'ancien officier supérieur, nommé avant le 20 mars 1815 chef de légion de la garde nationale dans le département de Seine-et-Marne ; marié le 22 mars 1791, à Elisabeth-Pierrette de Bouthillier, fille de Charles-Léon, marquis de Bouthillier, ancien major-général de l'armée de Condé, lieutenant-général et commandeur de l'ordre royal et militaire de Saint-Louis, et d'Elisabeth-Marie Marchal de Sainscy ; de laquelle sont issus :

1° Anatole-Charles-Marie, né le 10 mai 1803 ;
2° Aimé-Marie-Théodore, né le 16 août 1806 ;

3º Elisabeth-Clémentine, née le 20 juillet 1795, qui a épousé Adolphe-Charles-Maximilien, comte des Réaulx, capitaine dans le régiment de dragons de la garde royale;

4º Anatolie-Marie-Joséphine, née le 14 août 1811.

*Armes*: « D'or, à deux fasces de gueules ».

*Voyez cette famille dans la Chenaye des Bois.*

PIERRES (DE), en Touraine et au pays Chartrain, famille d'ancienne chevalerie, originaire de la Grande-Bretagne; elle subsiste en trois branches. Celle de Fontenailles d'Épigny est représentée par:

Antoine-Samuel-Armand PIERRE DE FONTENAILLES D'ÉPIGNY, né le 22 juillet 1775, fils aîné d'Antoine-Anne-Joseph, et de Marguerite de Gogne de Moussonvilliers, sa première femme, a épousé, le 13 novembre 1810, Louise-Françoise-Pulchérie de Carvoisin, dont il a:

1º Euphrasie, née le 26 septembre 1811;

2º Henriette-Pulchérie, née le 12 avril 1814.

*Frères*: Charles-Antoine, chevalier DE PIER-

RES, né le 30 octobre 1776, marié le 20 mars 1803, à Victoire Brochard, dont il a :

1°. Hélène, née le 28 décembre 1803 ;
2° Armande, née le 26 novembre 1805.

Joseph-Anatole PIERRES DE FONTENAILLES, fils d'Antoine-Anne-Joseph, et d'Henriette-Françoise de Nogerée, sa seconde femme, né en octobre 1799.

Louis-Adolphe PIERRES DE FONTENAILLES, en mars 1802.

*Armes* : « D'or, à la croix patée et alésée de » gueules. Devise : *Pour soutenir loyauté.* Ci- » mier, un ours issant, tenant une pierre en » une de ses pattes, et ces mots : *Ours lance* « *pierres* ».

*Voyez, pour les autres branches, le tome I du Nobiliaire Universel de France ; voyez aussi sur cette famille, Ménage, le P. Ménétrier, l'abbé de Marolles, Jean Iret, Bourdigné, etc. etc.*

PILES (DE), *voyez* FORTIA.

PIN ( DU ), famille de chevalerie, originaire de Normandie, et qui y tenait un rang illustre dès 1090.

En 1124, elle se divisa en Bretagne, en Bourbonnais et en Angleterre à la suite des comtes de Meulan, sous Henri 1er, roi d'Angleterre et duc de Normandie, après la conjuration de la Croix de Saint-Lenfroy, pour laquelle ODOART DU PIN, l'un des trois chefs, eut les yeux crevés. Elle y fit en 1130, par charte, une fondation pieuse, en faveur des chanoines de Dunstaple..... A cette époque, Morin du Pin fut banni, et ses biens confisqués au domaine ducal, pour sa résistance à rendre Beaumont le Roger à Henri 1er d'Angleterre.

En 1190, Jourdain du Pin, croisé, fut avec l'amiral Margarit, un des chefs de la flotte de Richard Cœur de Lion, duc de Normandie, lors de la croisade, avec Philippe-Auguste. Cette famille est inscrite au catalogue des seigneurs renommés en Normandie, depuis Guillaume le Conquérant jusqu'en 1212, après la confiscation de ce duché en 1204. En 1360, elle sortit du Bourbonnais et s'établit en Poitou, à la suite du roi Jean ; elle est aujourd'hui représentée par :

*Branche aînée.*

François-Louis-Gabriel DU PIN DE LA GUÉRIVIÈRE, né le 10 mai 1760, entré au service en 1775, cadet gentilhomme au régiment de Foix, infanterie, où il fut successivement sous-lieutenant et lieutenant, chevalier de l'ordre de Malte, breveté par rappel en 1814, capitaine d'infanterie à dater de 1793, et chevalier de l'ordre royal et militaire de Saint-Louis, en considération de ses services à l'armée de Condé, fils aîné de messire Pierre-Louis du Pin, chevalier, seigneur de la Guérivière, de Courge, etc. capitaine au régiment de Penthièvre, cavalerie, en 1757, et de dame Marie-Anne Courand de la Rochechevreux, en Berry. Il a épousé, le 17 août 1787, Marie-Louise de Coué de Lusignan, fille unique de messire René-Vincent de Coué de Lusignan, chevalier, seigneur de Foix-près-Maillé, etc., ancien capitaine au régiment Royal-Infanterie, chevalier de l'ordre royal et militaire de St-Louis, et de Marie-Constance du Cher; il a de ce mariage:

1° René-Louis-Frédérik du Pin, né le 22 juillet 1778, adjoint aux commissaires-des guerres;

2° Jean-Adolphe du Pin, né le 22 août 1789, élève de Saint-Cyr, et au sortir du trente-sixième régiment de ligne, entré dans la légion de la Vendée comme lieutenant;

3° Alphonse-François-Gilbert, né le 6 février 1802;

4° René-Louis du Pin, né le 6 septembre 1805.

*Branche puînée.*

Jean-François, vicomte DU PIN DE LA GUÉRIVIÈRE, frère de François-Louis-Gabriel, né le 24 mars 1761, reçu chevalier de Malte au grand-prieuré d'Aquitaine à Poitiers, le 9 mai 1777; entra aspirant-garde de la marine, au mois d'avril 1777; fut fait garde de la marine, le 7 novembre 1778; enseigne de vaisseaux, le 9 mai 1781; lieutenant de vaisseaux, le premier mai 1786; passa à Malte, à l'époque de la révolution; fit ses vœux, le 25 juin 1791; fut fait lieutenant-colonel des chasseurs de l'ordre, le premier février 1792; commandant au Port Saint-Paul, le 20 février 1793; colonel en second du même régiment, le 10 mai 1793; commandant le fort Rohan, port de Marsascirrocco, et toute les batteries du Levant, le 20 septembre 1793;

A la prise de l'île par les Français, le 11 juin 1798 il se défendit dans ce poste même après l'envoi des commissaires chargés de la honteuse capitulation du Grand-Maître; et n'en sortit, manquant de vivres et de tous les moyens de résistance, que par une capitulation honorable, deux fois offerte (acceptée la seconde), par M. le capitaine du génie Garbé, au nom du général français Dessaix; il emporta avec lui le pavillon de l'ordre, qu'il vint, en vertu de sa capitulation, déposer aux pieds du Grand-Maître, qu'il trouva anéanti par ses remords (1). Il obtint du Saint-Siége l'annullation de ses vœux, le 29

---

(1) Voyez les Moniteurs des 12 et 13 brumaire an 7.

avril 1803, et son bref fut adressé à Paris au cardinal-légat Caprara, par le cardinal Consalvi. Il a épousé le 5 juin 1805, Marie-Claude-Christine de Coucy, née le 11 février 1780, au château de Mersuay, près Favernay, fille aînée de messire Antoine-Nicolas de Coucy, ancien capitaine au régiment d'Artois, infanterie, chevalier de l'ordre royal et militaire de Saint-Louis, et de dame Marie-Gabrielle de Maignien....., sa sœur cadette, Marie-Charlotte-Julienne de Coucy, a épousé le 19 janvier 1812, M. Charles Nicolas Oudinot, pair et maréchal de France, duc de Reggio, ministre d'état, major-général de la maison militaire de S. M. Louis XVIII, gouverneur de la troisième division militaire, grand-croix de l'ordre de la Légion d'Honneur, de celui de Saint Henri de Saxe, etc......

Il fut nommé capitaine de vaisseau et vicomte par provision du roi, en date du 8 janvier 1814; chevalier de l'ordre royal et militaire de Saint-Louis, le 18 août 1814; et d'après la lettre d'avis de M. le duc de Pienne, madame la vicomtesse de Guérivière, fut présentée au roi, et à la famille royale, par madame la comtesse Dessolles, née Dampierre. Sur sa demande, le vicomte de la Guérivière a été admis par S. M., le 11 janvier 1815, à la retraite de capitaine de vaisseau, avec pension. Il est maintenant capitaine de la deuxième compagnie, deuxième légion, quatrième bataillon de la garde nationale de Paris. Ses enfants sont :

1° Odoart-Florian-Alphonse-Edmond du Pin de la Guérivière, né le 25 mars 1806;
2° Louis-Joseph-Arthur du Pin de la Guérivière, né le 19 mars 1811 :

Tous deux présentés et inscrits à la commission de l'ordre de Malte, séant à Paris, sous la présidence du Bailli de Clugny, le 6 août 1814. MM. les Bailis, prince Camille de Rohan, et Texier d'Haute-Feuille; MM. les commandeurs de Bataille, de Dienne, de Châteauneuf, et chevalier de Clermont-Montoison, membres de ladite commission; le commandeur Vîc-Césarini, secrétaire.

*Frère*: Pierre-René DU PIN DE LA GUÉRIVIÈRE, dit le chevalier de Courgé, né le 15 décembre 1763; reçu chevalier de Malte, le 3 février 1776; a servi jusqu'à la prise de Malte en qualité d'enseigne, lieutenant et capitaine des vaisseaux de l'ordre. Il a fait ses vœux à Malte, en 1791.

*Sœur*: Marie-Françoise-Radegonde-Rosalie DU PIN DE LA GUÉRIVIÈRE, née le 13 février 1762, mariée le 10 février 1809, à messire Joseph Texier, vicomte d'Haute-Feuille, chevalier de Malte, lieutenant des vaisseaux du roi en 1772; passé lieutenant-colonel du régiment de Normandie, infanterie, commandé par M. le marquis d'Haute-Feuille son frère, chevalier de l'ordre royal et militaire de Saint-Louis, en 1774; colonel en second du même régiment, en 1781; colonel-commandant du régiment de l'Ile-de-France, maréchal-de-camp en 1788; inspecteur en 1790; commissaire des princes en 1791, pour la formation des compagnies de la noblesse à Bruxelles, lors de l'émigration; demeurant au château de Roulict, près de Châtellerault.

*Branche séparée en 1482.*

Cette branche s'est formée par le mariage de Pierre DU PIN, chevalier, seigneur d'Anière, fils cadet de Mathurin, chevalier, seigneur de la Guérivière, Courgé, le Breüil-Cartais du Vigier, etc., et de dame Jacqueline Pigace de Nouzière, avec demoiselle Philippe de Lavaud Boussy, dame de Lavaud et Bussière-Boffy, par contrat du 23 mars 1482.

Elle est connue aujourd'hui sous le nom de du Pin de Saint-Barban, terre près Belac en Basse-Marche, que le fils du susdit Pierre du Pin a eu en 1514 en mariage, avec demoiselle Françoise de Guiot d'Anières et que cette branche possède encore; elle est représentée aujourd'hui par;

Claude-Gilbert DU PIN DE SAINT-BARBAN, entré en 1779, à l'Ecole des chevau-légers de la garde du roi; marié à demoiselle Boutoüillic de la Villegonan; après sa rentrée en France, ayant émigré en 1791 et suivi le sort de l'armée des princes. Il habite Saint-Barban.

*Frère* : Etienne-Jean-Baptiste, entré au mois de mai 1783, sous-lieutenant de remplacement au régiment du Maine, infanterie.

*Enfants*, l'un et l'autre, de messire Jacques-Gilbert du Pin, chevalier, seigneur de Saint-Barban, Natré-Saint-Martial, le Verger, etc., et de Marie-Margueritte de Marans, fille de messire Claude de Marans, chevalier, seigneur de Châtain et de la Bastide, et de dame Marie Estourneau, qu'il avait épousée en 1758.

*Armes*: « D'argent, à trois bourdons, rangés » de gueules ; devise : *Fidem peregrinans testor* ».

*Voyez, sur cette famille, l'Histoire de la maison d'Harcourt, par Saint-Gilles de Laroque, tome 1, pag.* 43, 49, 50, 54, 55, 59, 60, 62, 63 et 254 ; *Preuves latines, tom IV,* pag. 1319, 1325, 1326, 1335, et 2, 3 et 4 du sup.; tom. 2, pag. 2057 ; tom. 4, p. 1618, 1620, 1621, 1622, 1624, 2165, 2167, 2195, 2244, 2251, 2254, pag. 5, 6 et 9 du suppl. ; *Histoire de Normandie, par Gabriel Dumoulin,* pag. 254, 328, 329, 336, 437 et suiv., *fin du volume,* pages 46 et suiv, ; *Histoire de France de Vely, tom. III, pag.* 59, 60 et 63, *de l'édition de 1756 ; Idem, par le Père Daniel, en 10 volumes, tome III, pag.* 218 ; *Généalogie de la Maison de Chamboran, par d'Hozier, reg.* 3, 1<sup>re</sup> *partie*; Idem, *de la Maison d'Aubigné, et Mémoires de madame de Maintenon.*

PLANTA (DE), famille ancienne, originaire du pays des Grisons, et plus anciennement d'Etrurie. Elle subsiste en trois branches en Dauphiné, représentées par :

*Première branche*, dite de *Wildenberg.*

Glaude-Anne DE PLANTA-WILDENBERG, né en 1752, fourrier-major de la compagnie Ecossaise des gardes du corps du roi, avec brevet de capitaine de cavalerie, chevalier de l'ordre royal et militaire de Saint-Louis, grand-maréchal héréditaire de l'évêché de Coire. Il a été député de la ville de Valence près S M. Louis XVIII, à son avénement au trône en 1814, et a reçu, à cette occasion, la décoration du Lys. Il a épousé le 16 avril 1796, Marie-Anne-Clair Parisot de Durand; il a de ce mariage :

    Joséphine-Henriette-Anne-Virginie de Planta-Wildenberg, née le 14 mars 1797.

*Seconde branche*, dite de *Longueterre.*

Jean-Claude DE PLANTA DE LONGUETERRE, né le 4 mai 1746, fils de Claude-Antoine de Planta de Longueterre, second fils d'Edmond de Planta, 1<sup>er</sup> du nom, et de marie Ruel, a eu l'honneur d'être présenté, le 8 août 1814, à Sa Majesté Louis XVI I, qui daigna lui accorder la décoration du Lys, tant pour lui que pour ses deux fils. Il a épousé, 1° Jeanne-Charlotte du Claux de la Mesangère; 2° Elisabeth Astier, de Clermont-Ferrand; il a de ce dernier mariage:

 1° Jean-Claude-Félix de Planta de Longueterre, né le 31 mai 1797;
 2° Jean-Jacques-Adolphe de Planta de Longueterre, né le 22 novembre 1800;
 3° Anne-Zoé de Planta de Longueterre.

*Troisième branche, seconde de Wildenberg.*

Marc-Antoine DE PLANTA-WILDENBERG, né le 25 août 1765, officier au régiment de Barrois, infanterie, en 1781, a émigré en 1791, et a fait les campagnes à l'armée des princes, dans le régiment Dauphin. Il a fait partie de la députation envoyée par la ville de Valence à S. M. Louis XVIII, à son avènement au trône, et a reçu, à cette occasion, la décoration du Lys. Il a de son mariage avec Joséphine de Rostaing:

 1°. Alexis-Rodolphe de Planta-Wildenberg, né le 26 octobre 1802;
 2° Louise-Fanny de Planta-Wildenberg, née le 5 février 1805.

*Armes* : « D'argent, à une patte d'ours de
» sable en bande, coupée de gueules; cimier,
» la patte d'ours de l'écu ».

*Voyez les Tomes I et VI du Nobilaire de France*, in-8°.

POISSON DE LA CHABEAUSSIÈRE, à Paris, famille originaire de l'Anjou ; représentée par :

Ange-Etienne-Xavier POISSON DE LA CHABEAUSSIÈRE, né le 5 décembre 1752, garde du corps de son altesse royale monseigneur le comte d'Artois ; marié 1° le 30 novembre 1780, à demoiselle Catherine-Jeanne Bingant, morte en couches, en novembre 1781, dont deux filles jumelles, mortes en 1783 ; 2° à dame Claire-Sylva, veuve de messire comte de Maleyssie, capitaine au régiment des Gardes-françaises, chevalier de l'ordre royal et militaire de Saint-Louis.

Ange-Etienne-Xavier de la Chabeaussière est avantageusement connu comme littérateur.

*Frère.* Ange-Jacques-Marie POISSON DE LA CHABEAUSSIÈRE, chevalier, né le 6 août 1755, surnuméraire dans les gardes du corps de monseigneur le comte d'Artois, sous-inspecteur-général des mines en 1784, surnuméraire dans les gardes de la porte en 1814, chevalier de la Légion d'Honneur en septembre même année ; marié avec demoiselle Marie Syriart des Aldudes, dont il a Jeanne Magnagne Poisson de la

Chabeaussière, née le 6 décembre 1781, mariée à monsieur Louis Bousquet, dont postérité.

*Sœur.* Catherine-Julie-Xavier POISSON DE LA CHABEAUSSIÈRE, née le 11 juin 1747, morte en 1813; mariée en premières noces en 1769, à messire Augustin-Philibert de la Girennerie, valet de chambre de S. M. Louis XV; et en secondes noces, à messire Pierre-Bergeret, receveur-général des finances, mort en 1807; a eu de son second mariage, une fille morte jeune; et du premier, 1°. Ange-Augustin, mort en bas âge; 2° Anne-Louise, morte à 7 ans; 3° Ange-Philibert Lyonard de la Girennerie, existant, né le 8 janvier 1772, émigré en 1791, chevalier de l'ordre royal et militaire de Saint-Louis, de la Légion d'Honneur, lieutenant-colonel aux gardes de la porte; marié à demoiselle Gertrude Ernest; dont un fils, Edouard de la Girennerie, garde de la porte, lieutenant des voltigeurs de la garde royale; et une fille, Angélique-Thérèse-Léocadie, née en juin 1803.

*Sœur.* Barbe-Françoise-Victoire POISSON DE LA CHABEAUSSIÈRE, née le 3 décembre 1761; mariée en 1782, à François-Edme Cotilon de Torcy, avocat au parlement de Paris, mort le 24 mai 1801, dont deux enfants, 1° Ange-François Saint-Julien de Torcy; né en 1785, mort en 1806; 2° Françoise-Julie de Torcy, née le premier février 1783; marié le 16 mai 1808, avec

Alexandre le Bas de Sainte-Croix, capitaine de frégate de la marine royale, chevalier de la Légion d'Honneur et chevalier de l'ordre royal et militaire de Saint-Louis; dont une fille, Angeline de Sainte-Croix, née le 20 juin 1809.

*Armes* : « D'azur, au cor-de-chasse d'or; à
» un poisson du même en chef, entravaillé dans
» le lien du cor-de-chasse ».

PONS DE RENEPONT (DE), l'une des plus anciennes et des plus illustres maisons de la province de Champagne.

### Branche de Renepont.

Bernard-Alexandre-Elisabeth DE PONS, marquis DE RENEPONT, maréchal-de-camp, lieutenant des gardes du corps du roi, né le 20 août 1751; marié le 23 février 1775, à Catherine-Louise-Julie de Chestret; de ce mariage sont issus :

1° Alphonse-Charles-Léon de Pons, comte de Renepont, né le 3 novembre 1781, marié le 6 juillet 1812, à Fulvie de Fournès; de ce mariage est issu :

Jules, né en 1813.

2° Alexandrine-Françoise de Pons de Renepont, mariée à André de Biaudos, marquis de Castéja, préfet du département du Haut-Rhin;

3º Anne-Françoise-Octavie de Pons de Renepont, mariée à André-Pierre-Léopold, comte de Rutant.

*Sœur.* Louise-Charlotte-Alexandrine DE PONS DE RENEPONT, mariée à Claude-Alexandre-Marie-Gabriel-François des Forges, vicomte de Caullière.

*Branche d'Anonville.*

Antoine-Louis, comte DE PONS, chevalier de l'ordre royal et militaire de Saint-Louis, né le 6 mars 1774, marié le 30 mars 1797, à Marie-Jeanne-Antoinette de Montrond; de ce mariage est issu :

Charles-Pierre-Gaspard, comte de Pons, garde du corps surnuméraire du Roi, né le 13 juillet 1798.

*Cousine.* Louise-Pierrette DE PONS, mariée à François-Louis de la Plaigne, colonel d'infanterie, chevalier de l'ordre royal et militaire de Saint-Louis.

*Armes* : « De sable, à la bande d'argent, char-
» gée d'un lion de gueules, et accostée de deux
» étoiles du second émail ».

*Voyez le Nobiliaire de Champagne et celui de la Chesnaye-des-Bois.*

## PONTAS du MÉRIL, en Normandie.

Jean-Louis-François PONTAS DU MÉRIL a obtenu son annoblissement depuis le 9 novembre 1814, pour le récompenser de ses bons et loyaux services. Il a épousé Désirée Ango; de ce mariage sont issus :

1° Alfred, né en 1799;
2° Edelesland, né en 1801;
3° Ernestine, née en 1804.

*Armes :* « D'or, à la foi de carnation, tenant
» un lys au naturel, posé entre deux épées
» hautes, de gueules, au chef d'azur chargé
» d'un lion d'or; l'écu timbré d'un casque taré
» de profil, orné de ses lambrequins ».

## PREZ DE LA BOURDONNAIS ET DU PORTAIL, famille originaire de Bretagne (où elle réside encore en majeure partie); représentée aujourd'hui par :

Louis-Raoul DES PREZ DE LA MORLAIS, né le 15 mai 1768, lieutenant de la gendarmerie royale, chevalier de l'ordre royal et militaire de St-Louis; marié le 7 mai 1803, à Anne-Elisabeth-Augustine de la Motte Fablet, fille d'Yves-Vincent de la Motte Fablet, ancien conseiller au présidial, maire et lieutenant-général de police de Rennes, et d'Elisabeth-Nicole-Jeanne de Broize de la Rougeraye; de laquelle sont issus :

1°. Yves-Raoul des Prez de la Morlais, né le 30 janvier 1806;

2° Anne-Elisabeth, née le 3 avril 1804;

3° Pauline-Elisabeth, née le 26 novembre 1809.

*Frère.* Frédéric DES PREZ DE LA MORLAIS, né le 17 mai 1769; sans alliance.

*Sœur.* Angélique-Victoire DES PREZ DE LA MORLAIS, née le 27 août 1763; sans alliance.

*Cousins-germains.* René-François DES PREZ DE LA BOURDONNAIS, né le 12 mai 1745, maréchal-des-camps et armées du roi, chevalier de l'ordre royal et militaire de Saint-Louis; marié à mademoiselle de la Ville (américaine), de laquelle il n'a point eu d'enfants.

Joseph Pierre-Anne DES PREZ DE LA VILLE-TUAL, né le 26 octobre 1771, maire de la commune d'Illifault, département des Côtes-du-Nord; marié 1° le 9 février 1795, avec Marie-Anne Leray, fille de Mathurin Leray, et de Thomasse Sebillot; 2° le 22 septembre 1801, avec Perrine-Françoise Mouton, fille de Guillaume Mouton, et de Marie-Jeanne Blanchard; ses enfants sont:

*Du premier lit.*

1° Joseph-Marie des Prez de la Ville-Tual, né le 14 juin 1796;

*Du second lit.*

2º Louis-Marie-Hyacinthe, né le 7 avril 1814;

3º Marie-Josephe-Perrine, née le 4 juillet 1803;

4º Modeste-Perrine-Joséphine, née le 6 février 1805;

5º Julie-Marie, née le 2 mai 1807.

*Armes* : » D'argent, à huit losanges de gueu-
» les, rangées en deux fasces ; au croissant de
» sable en abîme ».

*Voyez* l'ouvrage intitulé : « *Mémoires sur*
» *l'état de la Noblesse de Bretagne, par le*
» *R. P. Toussaint de Saint-Luc, religieux*
» *carme de Bretagne, au couvent du Très-St-*
» *Sacrement des Billettes, imprimé à Paris,*
» *chez la veuve Prignard et Claude Prignard*
» *fils, au mot* Prez, *art.* 105 *de la* 3e *partie,*
» *page* 234 ».

QUIFISTRE de BAVALAN, maison ancienne, originaire de Bretagne, qui a fait ses preuves de cour en 1788, et qui est représentée par :

François-Joseph-Guy Quifistre, marquis de Bavalan, né en 1763, ancien capitaine de cavalerie. Il a été nommé président du collége électoral du département du Morbihan, pour porter au roi l'adresse d'hommage et de respect de ce département.

*Armes :* « D'argent, à trois fasces de sable. »

RAIGECOURT, maison originaire de Metz, établie en Lorraine, qui a fait les preuves de la cour; elle est représentée aujourd'hui par :

Anne-Bernard-Antoine, marquis DE RAIGECOURT-GOURNAY, né à Nancy le 10 février 1763, pair de France, maréchal-des-camps et armées du roi, chevalier de l'ordre royal et militaire de Saint-Louis; marié le 28 juin 1784, à Louise-Marie de Vincens, comtesse de Causans, chanoinesse du chapitre de Saint-Louis à Metz, dame pour accompagner madame Elisabeth de France. Il a de ce mariage :

1° Raoul-Paul-Emmanuel, né le 25 janvier 1804;
2° Louise-Hélène-Marie, qui a épousé Charles-Louis-Modeste, comte de Beufvrier, ancien officier de la marine royale;
4° Ernestine-Joséphine-Théodora.

Charles-Louis-Plaikard, comte DE RAIGECOURT, né en août 1766, chambellan de Sa Majesté l'empereur d'Autriche, général-major de ses armées, chevalier de l'ordre royal et militaire de Saint-Louis, commandant de la Légion d'Honneur.

Charles-Joseph, marquis DE RAIGECOURT, né à Metz le premier janvier 1771, ancien officier-supérieur des hommes d'armes à cheval, veuf en premières noces d'Antoinette-Joséphine de Mitry; marié en secondes noces, à Eugénie Satteur de la Séraz, dont est issue une fille.

*Armes* : « D'or, à la tour de sable ».

*La généalogie de cette maison a été imprimée à Nancy, chez la veuve le Clerc, 1776, in-4°, de 442 pages.*

RAMIÈRE (LA), maison issue de l'illustre famille des Ramierès de Léon en Espagne, établie en Rouergue, en 1201, au retour de la Terre-Sainte, et successivement en Agénois, en Quercy et en Périgord, alliée aux maisons de Clermont, de Fumel, de Caumont, de Cardaillac, de Frostier de la Coste, de Lubersac, etc.

La branche aînée est éteinte dans la marquise d'Escorailles, mariée en 1755.

La seconde, dans Gédéon DE LA RAMIÈRE, seigneur de la Treine, mort en 1712, sans postérité.

La quatrième, dans Hélie DE LA RAMIÈRE, seigneur de Saint-Hilaire et du Bastie, fils d'Antoine et de Marie-Claude d'Ambrugeac, mort en 1781, sans enfants d'Elisabeth de Cugnac, sa femme.

La troisième est représentée aujourd'hui par :

Émilie-Joséphine-Jeanne Ramire DE LA RAMIÈRE, née à Paris, le 20 mai 1783, dernière de sa maison, mariée le 25 mai 1803, par contrat du 23 du même mois, à Stanislas-Catherine-Alexis de Blocquel de Croix, baron de Wismes, en Artois, né le 4 juillet 1778, préfet du département du Tarn, en juin 1814, de celui de Maine-et-Loire, en juillet 1815, fils aîné d'Eugène-Armand, baron de Wismes, capitaine de cavalerie au régiment de Berry, et de Marie-Jeanne-Françoise de Rougé, son épouse. Voyez *Blocquel de Wismes*. Elle avait pour père Louis-Gabriel, comte DE LA RAMIÈRE, officier au régiment de Champagne, seigneur et baron de Peucharnaud, de la Maison-Neuve, de Saint-Estephe, de Piégut, de Pluviers, de Champniers, d'Augignac, des villes de Nontron et de Montbron en Périgord, mort en 1789, fils de Charles, marquis DE LA RAMIÈRE, et de Marie Achard Joumard de Tison-d'Argence, veuf, en premières noces, de Magdeleine-Antoinette Dulau-d'Allemans, dont il n'avait eu qu'un fils (Charles DE LA RAMIÈRE), mort au berceau; et pour mère, Anne-Louise Pichon de la Rivoire, sœur de la comtesse de Gain de Montaignac.

*Armes* : « D'azur, au sautoir d'or, can
» tonné de quatre étoiles du même. L'écu,
» sommé d'une couronne de comte. Supports,

» deux lions d'or, lampassés et couronnés du
» même. »

RÉAULX (des), famille originaire du Nivernois, établie depuis près de trois cents ans en Champagne, qui a fourni des commandeurs et chevaliers à l'ordre de Malte; elle est représentée aujourd'hui par :

Adolphe-Charles-Maximilien, comte des Réaulx, né le 10 mai 1790, fils d'Anne-Louis-Maximilien, marquis des Réaulx, ancien capitaine aux Gardes-françaises, et d'Armande-Victoire de la Guarigue-Savigny de Rocourt. Il fut un des premiers qui formèrent la compagnie de la Garde nationale à cheval de Paris, et allèrent au-devant de *Monsieur*, en avril 1814; entra, lors de la formation des Gardes-du-corps, dans la compagnie de Luxembourg, en qualité de l'un des douze premiers surnuméraires. Il accompagna le Roi, en mars 1815, lors de son départ de Paris, et revint de Gand avec Sa Majesté ; il fut nommé, en octobre 1815, capitaine dans le régiment de dragons de la Garde-royale. Il a épousé, le 19 août 1813, Elisabeth-Clémentine de la Pierre de Fremeur, fille d'Armand-Louis de la Pierre, marquis de Fremeur, ancien officier aux Gardes-françaises, et d'Elisabeth-Pierrette de Bouthillier, de laquelle est issu :

Armand-Louis des Réaulx, né le 3 juillet 1814.

*Armes* : « D'or, au léopard-lionné monstrueux de sable, à tête humaine de carnation, chevelée et barbée du second émail. Devise : *Sic fortis ut humanus.* »

*Voyez sur cette famille, l'Armorial général de France, par d'Hozier; et le Dictionnaire de la Noblesse.*

RENEPONT, *voyez* Pons.

RICHEBOURG, *voyez* Toustain.

RICHETEAU DE LA COINDERIE, en Anjou, ancienne famille originaire du Poitou, représentée aujourd'hui par :

Paul-Esprit-Marie RICHETEAU DE LA COINDERIE, né en 1759, ancien officier-major dans les gardes-du-corps de *Monsieur*, où il fut admis en vertu du certificat de M. Cherin, qui constate qu'il a les degrés de noblesse exigés par les ordonnances. Il est aujourd'hui major dans la maison militaire de *Monsieur*, frère du Roi, et chevalier de l'ordre royal et militaire de Saint-Louis; il s'est distingué au siége de Maëstricht, où il a été blessé. Il a épousé Anne-Adélaïde de Terves du Margat, de laquelle il a :

1° Adélaïde Richeteau de la Coinderie;

2º Pauline Richeteau de la Coinderie.

*Armes :* « D'or, à un aubier terrassé de si-
» nople; au chef d'azur, chargé de trois étoiles
» d'argent; couronne de marquis. Supports,
» deux lions. ».

**RIQUET de CARAMAN,** *voyez* Chimay.

**RIVAROL** (de), famille originaire de Parme, illustre et très-ancienne, dont le nom a pris différentes terminaisons dans les diverses contrées d'Italie, où elle s'est établie. Elle a eu un cardinal de la création du pape Paul V, Dominique de Rivarol, qui avait été nonce à Paris, en 1611.

Le vicomte de Rivarol, chef actuel de la branche française de cette famille, capitaine dans un régiment, en 1788, colonel dans l'émigration, et chevalier de l'ordre royal et militaire de Saint-Louis, a épousé, 1º Marie-Louise de Lezan; 2º Charlotte-Camille de Sibert-Cornillon, nièce du marquis de Cornillon, ancien officier aux Gardes-françaises. Ses enfants sont:

*Du premier lit:*

1º Jean-Etienne-Auguste de Rivarol, aide-de-camp de cavalerie;

*Du second lit:*

2º Jean-Hector-Edouard de Rivarol.

Le marquis de Rivarol, maréchal-de-camp en 1738, était grand oncle du vicomte.

*Armes* : « Parti, au 1 de gueules, au lion d'or; » au 2 d'or, à l'aigle éployée et couronnée de » sable. Devise : *Leo meruit aquilam.* »

RIVOIRE ou DE RIVOIRE DE LA TOUR-RETTE (DE LA). dans les actes latins *Derivoria*, famille ancienne, originaire du Vivarais; représentée aujourd'hui par :

Marie-Just-Antoine DE LA RIVOIRE, marquis DE LA TOURRETTE, ci-devant baron des Etats du Languedoc, et colonel en second au régiment de l'Ile-de-France, successivement préfet des départements du Tarn, du Puy-de-Dôme et de Gênes, et en dernier lieu nommé par le roi, président du collége électoral de l'Ardèche ; marié à Louise-Ursule-Félicité de Guérin de Tencin, petite-nièce du cardinal de ce nom, et nièce par sa mère du marquis de Monteynard, ancien ministre de la guerre et gouverneur de l'Ile de Corse : de laquelle sont issus :

1° Antoine Marie-Just-Louis de la Rivoire, comte de la Tourrette, colonel attaché à l'état-major-général de la garde royale et précédemment sous-lieutenant des gardes-du-corps, compagnie de Wagram ; marié à Victoire Chaptal, fille du sénateur de ce nom, ex-ministre de l'intérieur et trésorier du Sénat; il a de ce mariage:

a. Antoine-Just-Alphonse de la Rivoire;
b. Paul de la Rivoire.

2° Marie-Jean-Antoine de la Rivoire, comte de Portalès, lieutenant des gardes du roi et maréchal de ses camps et armées;

3° Marie-Joseph-Antoine Lausan de la Rivoire de la Tourrette, prieur de Saint-Martin de Mèvres, vicaire général de Reims et depuis du diocèse de Mende;

4° Marie-Louis-Antoine-Ermand de la Rivoire la Tourrette, chevalier de Malte, lieutenant des gardes-du-corps de Sa Majesté Catholique, compagnie Flamande, et maréchal-des-camps et armées du roi d'Espagne.

Cette famille a joui des honneurs de la cour, dans la personne de plusieurs de ses membres qui ont monté dans les carrosses, et par leur mère, Marie-Louise-Thérèse de Beauvoir de Grimoard du Roure, comtesse de la Tourrette, qui fut présentée au roi et à la famille royale.

*Armes*: « Ecartelé, aux 1 et 4 de gueules, au
» lion d'argent, qui est de LA RIVOIRE; aux 2 et
» 3 d'or au lion de gueules, qui est de GINES-
» TOUS-LA-TOURRETTE ».

*La généalogie de cette maison est imprimée*

dans le *Nobiliaire de la Chesnaye-des-Bois*, et autres.

RODÈZ, *voyez* BÉNAVENT.

ROUGÉ (DE), très-ancienne maison, originaire de Bretagne, représentée par :

Bonabes-Louis-Victurnien-Alexis, marquis de ROUGÉ, né à Paris le 31 janvier 1778, pair de France, colonel, premier lieutenant des cent suisses de la garde du roi, chevalier de Saint-Louis, a épousé le 17 avril 1804, Alexandrine-Célestine-Zoé-Emmanuelle-Thimarette de Crussol-d'Uzès, dame de MADAME, duchesse d'Angoulême, née à Paris le 6 janvier 1785, fille de Marie-François-Emmanuel de Crussol, duc d'Uzès, premier pair de France, et de Amable-Emilie de Chastillon ; de ce mariage sont issus :

1° Théodorith-Bonabes-Victurnien-Félicien, né à Paris le 16 janvier 1806 ;
2° Hervé-Alexandre-Victurnien, né au château de Moreuil, le 18 janvier 1809 ;
3° Louis-Victurnien-Bonabes, né au château de Moreuil, le 7 novembre 1813 ;
4° Émérance-Henriette-Victurnienne, née à Moreuil, le 23 octobre 1807.

*Frère.* Adrien-Gabriel-Victurnien, dit le comte Adrien de ROUGÉ, né au château d'Everly, le 2 juillet 1782, lieutenant-colonel du régiment des chasseurs de la Somme, membre de la chambre des députés en 1815; il a épousé, en septembre 1809, Caroline-Jeanne-Marie-Sophie de Forbin d'Oppède, fille unique d'Ambroise-Louis-Marie de Forbin Maynier, marquis d'Oppède et de demoiselle Marie-Sophie Augeard décédés); ses enfants sont:

>1º Félix-Palamède-Bonabes-Victurnien, né au château de Moreuil, le 5 août 1810;
>
>2º Armel-Jean-Victurnien, né à Montreuil, le 3 mai 1813.

*Mère.* Victurnienne-Delphine-Natalie de ROCHECHOUART MORTEMART, née le 24 janvier 1759, fille de Jean-Victor de Rochechouart, duc de Mortemart, pair de France, et de Charlotte-Natalie de Manneville; mariée le 7 janvier 1777, à Bonabes-Jean-Catherine-Alexis de ROUGÉ, mort le 9 juillet 1783, en revenant d'Amérique, nommé colonel du régiment d'Auxerrois, fils aîné de Pierre-François, marquis de Rougé, lieutenant-général des armées du roi, gouverneur de Givet et Charlemont, tué à Fillenghosen en 1761, et de Marie-Claude-Jeanne-Julie de Coëtmen, son épouse.

*Oncle.* François-Pierre-Olivier de ROUGÉ, né au château de la Bellière, le 26 janvier 1756, second fils de Pierre-François, marquis de Rougé, s'est appelé d'abord *comte du Plessis-Bellière*, et ensuite COMTE DE ROUGÉ, marquis du Fay, maréchal-des-camps et armées du roi, chevalier de Saint-Louis, l'un des députés suppléants de la noblesse, pour les États-Généraux de 1789, a épousé, le 13 avril 1779, Marie-Josephe-Vincente Robert de Lignerac, fille d'Achilles-Joseph Robert de Lignerac, duc de Caylus, grand d'Espagne de la première classe, et de Marie-Odette de Lévis-Château-Morand; de ce mariage sont issus :

1.º Augustin-Charles-Camille, dit le comte Camille DE ROUGÉ, né à Paris, le 28 octobre 178 ¦, major du quatrième régiment d'infanterie de la garde royale, nommé par le roi membre de la Légion d'Honneur; marié le 11 janvier 1808, à Adélaïde-Charlotte-Colombe de la Porte de Riantz, fille unique d'Augustin-Charles-François, vicomte de la Porte de Riantz, et de Adélaïde-Charlotte-Colombe le Pelletier de Saint-Fargeau, de laquelle il a :

a. Adolphe-Charles-Joseph-Camille, né à Paris, le 28 décembre 1803;

b. Emmanuel-Charles-Olivier-Camille, né à Paris, le 12 avril 1811;

c. Charlotte-Adélaïde-Noëmi-Camille-Herminie, née au château des Rues, le 30 janvier 1813.

2.º Catherine-Innocente de Rougé, née à Paris.

*Armes :* « De gueules, à la croix patée d'argent ; l'écu timbré d'un casque taré au tiers, sommé d'une couronne de marquis ; cimier, une aigle issante d'un vol banneret ; supports, deux lions ».

ROYE de WICHEN (de), famille ancienne, qui prend son origine dans les anciens comtes de Roye, en Picardie, l'une des plus illustres maisons de France, et dont les descendants sont établis dans le royaume des Pays-Bas — *Voyez le tome V du Nobiliaire universel de France, in 8°, 1814.*

SAINT-ANDÉOL (de), *voyez* Malmazet.

SAINT-BARBAN (de), *voyez* du Pin.

SAINT-BELIN, *voyez* Belin (de Saint).

SAINTE-GEMME (de), *voyez* Andigné.

SAVEUSE (de), *voyez* du Maisniel.

SERGEANT d'HENDECOURT (le), famille de l'Artois, établie à Arras.

Elle est représentée par :

Louis-François-Joseph le Sergeant d'Hendecourt, chevalier, né le 26 février 1778, marié le premier juillet 1805, à Marie-Françoise de Hangest.

Cornil-Guislain-Joseph LE SERGEANT D'HEN-DECOURT, chevalier, né le 14 décembre 1780, marié le 24 août 1804, à Marie-Alexandrine-Clémentine-Pulcherie des Lyons de Moncheaux.

Vaast-François-Marie, chevalier, né le 8 janvier 1783.

Louis-Benoît, chevalier, né le 25 mai 1790.

Marie-Josephe-Antoinette, née le premier août 1770, mariée le 28 février 1810, à François-Joseph-Romain-Fromentin de Sartele.

Marie-Louise-Josephe, née le 26 septembre 1784, mariée le 29 juillet 1807, à Claude-Philippe-Charles Griffon d'Offoy.

TARTEREAU DE BERTHEMONT (1), famille ancienne, originaire de Brie, puis établie en Champagne et en l'Ile de France; elle est connue dès le douzième siècle, et fut maintenue, en 1516, 1551 et en 1566, par arrêt du conseil-d'état du roi, et toujours comme noble d'extraction. Sa

―――――――――――

(1) Louis de Tartereau, chevalier, seigneur de Berthemont et du Tremblay, gentilhomme de la chambre du roi Henri IV, et capitaine d'une compagnie de cinquante hommes d'armes, capitaine des villes et château de guerre de Corbeil, avait pour mère Diane le Picard, qui descendait de Jean le Picard, grand-maître de l'artillerie de France en 1479, et de Jean le Picard, chevalier, grand-maître des arbalestriers de France en 1298.

noblesse a été également certifiée au roi, par M. d'Hozier, pour les preuves de Saint-Cyr, en 1693, en 1750; et pour l'École Militaire, en 1758; elle a comparu en 1580 avec la haute noblesse, à la rédaction de la coutume de Paris, faite en parlement; elle est représentée aujourd'hui par :

Charles-Edme TARTEREAU, chevalier DE BERTHEMONT, chevalier de l'ordre royal et militaire de Saint-Louis et de Malte.

*Cousin-germain.* François TARTEREAU, chevalier DE BERTHEMONT, chevalier de l'ordre royal et militaire de Saint-Louis et de Saint-Lazare.

*Sœur.* Françoise de BERTHEMONT, dame de la maison de Saint-Cyr.

*Armes* : « De gueules, au chevron d'or, accompagné de trois tourterelles du même, celles en chef affrontées; cimier, une croix de gueules; devise : *Infractus et fidelis* ».

TERTRE ( DU ), famille originaire du Boulonnais, où elle était établie depuis 1190. Elle a fait les preuves de l'ordre de Malte, des pages, et du chapitre de Maubeuge.

*Branche ainée.*

Alexandre-Maximilien, vicomte DU TERTRE, comte du Saint-Empire, fils aîné de Louis-

Alexandre, vicomte du Tertre, et de dame Andrée-Françoise-Maximilienne de Fléchin, colonel chevalier de l'ordre royal et militaire de Saint-Louis, et officier supérieur dans la compagnie des gendarmes de la garde du Roi.

*Frères* : Charles-Henri DU TERTRE, comte du Saint-Empire, colonel d'infanterie, chevalier de l'ordre royal et militaire de Saint-Louis, né le 21 février 1775, marié à demoiselle Rose-Henriette de Taffin.

Charles-Emmanuel-Maximilien DU TERTRE, né en juillet 1776, comte du Saint-Empire, chevalier de Malte et de l'ordre royal et militaire de Saint-Louis, chef de bataillon, marié à demoiselle Madeleine-Marie de Taffin, dont deux filles.

*Sœur* : Marie-Théodore-Flavie DU TERTRE, comtesse du Saint-Empire, née en juillet 1778, mariée à Ferdinand, comte de Ghistelles, chevalier de l'ordre royal et militaire de Saint-Louis.

## *Seconde branche.*

Antoine-Marie DU TERTRE, commissaire ordonnateur, chevalier de l'ordre royal et militaire de Saint-Louis, de Saint-Lazare, et de la Légion d'Honneur, né en 1743.

*Frère* : Jean-Marie DU TERTRE, capitaine de cavalerie, écuyer du roi aux écoles royales militaires de Paris et de St-Cyr, chevalier de St-Louis et de St-Lazare, né le 30 septembre 1744, marié à N..... d'Auvergne, dont un fils et deux filles.

*Troisième branche.*

Jacques-Hyppolite DU TERTRE, capitaine d'infanterie.

*Frère.* Laurent DU TERTRE.

*Quatrième branche.*

Louis-Marie-Ferdinand, chevalier DU TERTRE, capitaine d'infanterie, chevalier de la Légion d'Honneur, né en 1786.

*Armes :* « Ecartelé, au 1 d'or, au créquier
» de gueules, qui est de CRÉQUI; au 2 fascé d'or
» et de sable, qui est de FLECHIN; au 3 d'azur,
» à trois fleurs-de-lys d'or, qui est de BOURBON; au
» 4 de gueules, à trois maillets d'or, qui est de
» MONCHY; sur le tout d'argent, à trois aiglettes
» éployées de gueules, becquées et armées d'azur,
» qui est DU TERTRE. Cimier, un vol d'aigle;
» supports, deux aigles ».

*La généalogie de cette ancienne maison se trouve dans le Dictionnaire de la Noblesse de la Chesnaye-des-Bois. Le père Anselme, dans ses Grands Officiers de la Couronne, en parle, ainsi que plusieurs Nobiliaires de Picardie, d'Artois et de Flandres.*

THIROUX D'ARCONVILLE, à Paris, famille originaire d'Autun, en Bourgogne.

Amédée-Jean-Charles THIROUX D'ARCONVILLE, né à Paris le 27 décembre 1778, est fils de M. Thiroux de Crosne, ancien lieutenant-général de Police de la ville de Paris, conseiller d'état, et intendant de Rouen.

*Armes* : « D'argent, à la fasce d'azur, char-
» gée de trois bandes d'or, accompagnée en chef
» d'une croisette ancrée de gueules, et en pointe
» de trois têtes de lion du même ».

*Cette famille est dans plusieurs Nobiliaires imprimés.*

TOUR EN VOIVRE (DE LA), maison d'ancienne chevalerie de Lorraine ; représentée par :

### Branche ainée.

1° Emmanuel-Dieudonné, comte DE LA TOUR EN VOIVRE, chevalier, commandeur de l'ordre de St-Etienne, chambellan de S. M. l'empereur d'Autriche, et colonel à son service, a épousé, en 1780, Éléonore-Raymonde de Seiglières de Soyecourt, fille du comte de Soyecourt, et de mademoiselle de Berenger, sœur du marquis de Berenger, cordon bleu. *Sans enfants.*

2° François-Charles, comte DE LA TOUR EN VOIVRE, chevalier, commandeur de l'ordre de Saint-Étienne, lieutenant-général, inspecteur-général de la marine de S. M. le roi Ferdinand de Sicile, a épousé en 1796, Henriette, comtesse du Gaillard-d'Heillimer, dame de la Croix-Étoilée, grande-maîtresse à la cour de Sicile. Il a de ce mariage :

>1° Charles, né à Naples, le 9 juin 1797;
>2° Emmanuel, né à Naples, le 8 janvier 1800;
>3° François, né à Palerme, le 5 avril 1806;
>4° Suzanne, née à Naples, le 16 octobre 1802.

3° Charles-Dominique, comte DE LA TOUR EN VOIVRE, colonel de cavalerie, officier supérieur dans le corps de la gendarmerie, compagnie de MONSIEUR, du 27 juillet 1784, a contribué de ses deniers pour recréer le corps à Coblentz en 1792, et a fait avec lui cette campagne en qualité de capitaine de la compagnie Dauphin. Appelé par ses services, d'après les anciennes ordonnances, et les priviléges de ce corps, au grade de maréchal-de-camp, à la date du 27 juillet 1799, il attend sa nomination des bontés de S. M.; il est colonel de la garde nationale de Nancy. Il a épousé, en 1789, Françoise-Louise-Victoire de Marie de la Higourdais, dame de la Croix-Étoilée. Sans enfants.

La branche cadette, dite de la Tour en Voivre-Jeandelise, est établie en Allemagne.

*Armes :* « Ecartelé, aux 1 et 4 de gueules, à
» trois lions léopardés d'argent; aux 2 et 3 de sa-
» ble, à une fasce d'argent, accompagnée de trois
» pattes de lion du même, deux en chef contre-
» onglées, et l'autre contournée et mouvante de la
» pointe ».

*Voyez le tome VI du Nobiliaire de France.*

TOURRETTE (DE LA), *voyez* RIVOIRE.

TOUSTAIN-FRONTEBOSC (DE), en Normandie, maison d'ancienne chevalerie, d'origine Scandinave, dont plusieurs rameaux se sont répandus en Poitou, Lorraine, Champagne, Orléanais, Artois et Bretagne; outre ceux qui se sont éteints en Angleterre, trois branches subsistent, celles de Limesy, de Richebourg et d'Écrennes. Les marquis et comtes de Carenci, pairs d'Aix et vicomtes de Vaustain, s'éteignirent en 1727, et les marquis de Virai, barons d'Illing, de Thous et de Lande, en 1808.

*Première branche.*

Jean-Baptiste-François-Hyppolite-Casimir, comte de TOUSTAIN — LIMESY, successivement page de la petite écurie, lieutenant et capitaine de cavalerie, fut admis dans les carrosses du roi, en février 1789, et fit les campagnes d'émigration en 1792 et 1793, campagnes où périt son frère cadet, Armand-Charles-Henri, lieutenant de vaisseaux. Le roi avait signé, en décembre

1786, son contrat de mariage avec sa parente Angélique-Charlotte-Sophie de Toustain-Virai, dame de Canapeville, fille de feu Remi-Charles, marquis de Toustain, lieutenant-général, cordon rouge, grand bailli d'épée de Bougonville, etc. Ses enfants sont :

1° Alphonse, aujourd'hui chef de nom et d'armes de sa maison ;
2° Théodore, garde du corps surnuméraire du roi ;
3° Aglaé-Anne-Charlotte-Désirée, mariée au comte Félix de Faudoas, chevalier de l'ordre royal et militaire de Saint-Louis, et neveu de la baronne de Crussol et de la comtesse de Clermont-Tonnerre.

*Seconde branche.*

Charles-Gaspard, vicomte DE TOUSTAIN-RICHEBOURG, successivement page de la grande écurie, sous-lieutenant, sous-aide-major et capitaine de cavalerie, capitaine de carabiniers, major de cavalerie, commissaire de la noblesse aux États de Bretagne, associé de plusieurs académies, lieutenant-colonel de cavalerie, colonel en chef de la onzième Légion des gardes nationales de la Seine-Inférieure, décoré du Lys en juillet 1814, volontaire royal de S. M. Louis XVIII, le 14 mars 1815, et n'ayant fait adresse, adhésion, ni serment quelconque au revenant de l'île d'Elbe. Entré dans les carrosses de S.

M. Louis XVI, en janvier 1786; il a été présenté à S. M. Louis XVIII, le 16 janvier 1815, et les jours suivants à la famille royale. Marié à Marie-Paule Glier de Chanloiseau, sa seconde épouse, a eu le même honneur, le 13 février suivant. De son premier mariage, fait en 1769, de l'agrément du Roi et sous la protection spéciale du premier prince du sang, avec Angélique-Émilie-Perrine du Bot, d'ancienne noblesse de Bretagne, sœur d'un premier page de la reine, il a eu plusieurs fils, dont l'honorable et triste sort est consigné dans le tome III du *Nobiliaire de France*, et dans les *Prisonniers d'état*, de M. Robert. Il ne lui reste que:

1º François-Joseph-Tobie-Machabée, chevalier, ancien officier des troupes du roi, receveur-général des finances au département d'Ille-et-Vilaine; veuf sans enfants de Thaïs d'Avrange;

2º Louise-Marie-Adélaïde, ancienne élève de Saint-Cyr, veuve de François de Sales-Marin-Oury, seigneur d'Ingrande, dont elle a un fils.

### *Troisième branche.*

Victor-Alexandre, marquis DE TOUSTAIN, fils du feu lieutenant-général des armées, commandant des grenadiers à cheval, a fait les campagnes d'émigration en Allemagne, Russie et Portugal, où il a été successivement capitaine et major; chevalier de l'ordre royal et militaire de Saint-Louis, lieutenant colonel, et aide-de-camp du lieutenant-général, comte de Vioménil, maréchal de Portugal, son bel oncle. Depuis la restauration, il est devenu sous-lieutenant des gardes du corps de la compagnie de Wagram, avec rang de colonel, a suivi S. M. à Gand, et a été fait, en octobre 1815, colonel de la légion d'Eure-et-Loire; de son mariage avec mademoiselle de Clermont, il a plusieurs enfants en bas âge. Ses cousins-germains paternels sont:

1° Jean-François DE TOUSTAIN-FORTE-MAISON, officier dans l'émigration;

2° Charles de TOUSTAIN-BAUDREVILLIERS, chevalier de l'ordre royal et militaire de St-Louis et garde du roi, avec rang de capitaine de cavalerie, marié à N... Skibnieska, fille de N... Skibnieski, gentilhomme Polonais, et de N... Potocka; de ce mariage, jusqu'à présent, un fils unique, Émile Toustain, encore en bas âge.

*Armes :* « D'or, à la bande échiquetée d'azur » et d'or de deux tires ».

TRENQUELLÉON, *voyez* BATZ.

URBAN (D'), *voyez* FORTIA.

VAILLANT (LE), famille très-ancienne, établie depuis des siècles en Normandie. Elle est divisée en plusieurs branches; une d'elles s'est établie nouvellement à Valogne : ce sera la seule dont on fera mention en cet article:

Louis-André-Ouën LE VAILLANT DE FOLLEVILLE, écuyer, seigneur d'Etienville, né le 26 août 1782, maire d'Etienville, marié le 4 janvier 1810, à Marie-Thérèse-Joséphine Lelièvre-Desnoyers, de laquelle sont issus :

 1° Louis-Charles-Joseph, né le 17 novembre 1811;

 2° Louis-Henri-Joseph, né le 4 octobre 1813;

 3° Joséphine-Louise-Elisabeth, née le 28 novembre 1810.

*Armes* : « D'azur, au dextrochère mouvant » d'une nuée d'argent, paré de gueules, tenant » une épée du second, garnie d'or. »

VERDONNET (DE) (Verdunelli), maison originaire d'Auvergne, établie maintenant à Paris. Elle a donné à Rhodes, en 1293, en 1337, et en 1456, des chevaliers hospitaliers de l'ordre de Saint-Jean de Jérusalem; elle a aussi prouvé à Malte en 1673, et en 1788. Cette maison a aussi donné des comtes à l'église de Saint Julien de Brioude, en 1293, en 1337, en 1502, et en 1690. Elle est représentée aujourd'hui par:

Paul, comte DE VERDONNET, chevalier de l'ordre royal et militaire de Saint-Louis, ancien seigneur et baron d'Ironde, Buron, Parent, La-Molière, Roure, et autres places, marié en 1776, à dame Catherine-Jacqueline de Courtaurel de Rougat, dame de Lolière. De ce mariage est né :

    Durand-Etienne-François-Victor, comte de Verdonnet, chevalier de l'ordre royal et militaire de Saint-Louis, capitaine d'état-major-général de la garde royale, marié en 1813, à Marie-Jeanne-Laure de Salignac de la Mothe-Fénélon.

François DE VERDONNET, et Jacques DE VERDONNET, chevaliers de l'ordre royal et militaire de Saint-Louis, établis maintenant à Billom, en Auvergne, forment une autre branche de cette maison; ils descendent de Noël de Verdonnet, et de Jeanne de Roquelaure, bisaïeux des deux branches; ils ne sont point mariés; ces deux branches sont, pour le degré de parenté, issues de germain.

*Armes* : « D'azur, au lion d'or, lampassé et
» armé de gueules; à la bordure de vair. L'écu,
» sommé d'une couronne de comte, et soutenu
» par deux lions, appuyés sur des recerceaux,
» avec ses lambrequins d'azur et de gueules. »

WICHEN (DE), *voyez* ROYE.

WISMES, *voyez* BLOCQUEL-DE-CROIX.

# HONNEURS DE LA COUR.

ÉTAT *général des gentilshommes* PRÉSENTÉS, *ou qui ont eu l'honneur de monter dans les* CARROSSES DU ROI, *et de suivre* SA MAJESTÉ *à la chasse, ou qui ont obtenu les* ENTRÉES DE la CHAMBRE, *depuis l'année* 1731 *jusqu'à* 1789.

*Honneurs de la cour*: Ces honneurs étaient, pour les dames, d'être présentées au Roi, à la Reine, et à la Famille royale;

Pour les hommes, de monter dans les carrosses du Roi, et de chasser avec Sa Majesté, après avoir été *préalablement présentés.*

Ils étaient accordés:

1° A la noblesse d'ancienne chevalerie qui faisait ses preuves depuis 1399, par titres originaux;

2° Aux descendants des maréchaux de France, des chevaliers des ordres du Roi, et des ministres;

3° Aux personnes que le Roi jugeait à propos d'admettre, en les dispensant de faire leurs preuves (*ce qui se voyait très-rarement*).

L'ordonnance du Roi, rendue le 17 avril 1760, et que je transmets littéralement ici, donnera une juste idée de la pureté de la noblesse des familles qui étaient admises à ces honneurs :

« A l'avenir, nulle femme ne sera présentée à
» S. M. qu'elle n'ait préalablement produit de-
» vant le généalogiste de ses ordres trois titres
» sur chacun des degrés de la famille de son
» époux, tels que contrat de mariage, testament,
» partage, acte de tutelle, donation, etc., par
» lesquels la filiation sera établie clairement de-
» puis l'an 1400. Défend S. M. audit généalo-
» giste d'admettre aucun des arrêts de son con-
» seil, de ses cours supérieures, ni de jugements
» rendus par ses différents commissaires, lors de
» diverses recherches de noblesse faites dans le
» royaume, et de ne recevoir, par quelque con-
» sidération que ce puisse être, que des ori-
» ginaux des titres de famille. Et voulant, à
» l'exemple des rois ses prédécesseurs, n'accorder
» qu'aux seules femmes de ceux qui sont issus
» d'une noblesse de race, l'honneur de lui être
» présentées, S. M. enjoint également à son gé-
» néalogiste de ne délivrer aucun certificat, lors-
» qu'il aura connaissance que la noblesse dont
» on voudra faire preuve aura pris son principe
» dans l'exercice de quelque charge de robe et
» d'autres semblables offices, ou par des lettres
» d'annoblissement, exceptant toutefois dans ce
» dernier cas ceux dont de pareilles lettres au-
» raient été accordées pour des services signalés
» rendus à l'Etat, se réservant au surplus d'ex-

» cepter de cette règle ceux qui seraient pourvus
» de charges de la couronne ou dans sa maison,
» et les descendants par mâles des chevaliers de
» ses ordres, lesquels seront seulement tenus de
» prouver leur jonction avec ceux qui auront été
» décorés desdits ordres »

Nota. *Ce réglement est le même que celui qui concernait la preuve des hommes qui aspiraient aux honneurs de la cour.*

## NOMENCLATURE GÉNÉRALE.

### A.

*Abzac* ( le chevalier d' ), le 9 février 1787.

*Abzac de Mayac* ( le comte d' ), le 4 novembre 1781.

*Acres de Laigle* ( M. des ), le 20 août 1774.

*Adalbert de Périgord* ( le comte ), le 8 mars 1777.

*Adhémar* ( le comte d' ), le 18 mars 1765.

*Adhémar* ( le comte d' ), le 24 décembre 1779. *Les entrées.*

*Affry* ( M. d' ), le 9 janvier 1767.

*Affry* ( le comte d' ), le 4 août 1772.

*Agenois* ( le comte d' ), duc d'Aiguillon, en 1738.

*Agénois* ( la duchesse d' ), en 1748.

*Agénois* ( la comtesse d' ), le 27 février 1785.

*Agénois* ( la duchesse d' ), le 21 août 1785. *A pris le tabouret.*

*Agoult* (le baron d'), le 2 mai 1770.
*Agoult* (le chevalier d'), le 2 mai 1770.
*Agoult* (la comtesse d'), le 23 mars 1782.
*Agoult* (la comtesse d'), le 31 mars 1782.
*Aguesseau* (la marquise d'), le 23 janvier 1785.
*Aguesseau de Fresnes* (M. d'), le 4 mai 1783. *Les entrées.*
*Aignan* (la duchesse de Saint-), le 22 avril 1758.
*Aignan* (la marquise de Saint-), le 6 décembre 1785, dame d'honneur de la princesse de Conty.
*Aiguirande* (le comte d'), le 24 mai 1787.
*Ailli* (le comte d'), le 5 mai 1770.
*Albert de Luynes* (le duc d'), le 19 janvier 1783. *Les entrées.*
*Albignac* (M. d'), le 9 avril 1774.
*Albon* (M. d'), le 27 novembre 1772.
*Albon* (le vicomte d'), le 15 février 1786.
*Aldegonde* (le comte de Sainte-), le 15 avril 1782.
*Aldegonde* (la comtesse de Sainte-), le 9 janvier 1785.
*Aldegonde* (la comtesse de Sainte-), le 27 février 1785.
*Aldegonde* (le comte Alexandre de Sainte-), le 31 mars 1786.
*Aldegonde* (la comtesse Louise de Sainte-), le 22 avril 1789.

*Allemans* ( M. d' ), le 24 avril 1769.

*Allonville* ( le chevalier d' ), le 21 avril 1787.

*Allonville* ( M. d' ), le 9 mai 1787. *Les entrées.*

*Allonville* ( le baron d' ), le 16 mai 1787.

*Allonville* ( le comte Armand d' ), le 21 janvier 1788.

*Allonville* ( le chevalier Antoine d' ), le 21 janvier 1788.

*Aloigny* ( la marquise d' ), le 14 janvier 1787.

*Altier* ( le comte d' ), le 21 janvier 1771.

*Altier* ( la comtesse d' ), le 28 septembre 1783.

*Ambly* ( le comte d" ), le 4 mai 1786.

*Amiens* ( le vidame d' ), le 2 mai 1760.

*Amphernet* ( François-Michel d' ), vicomte de Pont-Bellanger en 1786.

*Amphernet de Pont-Bellanger* (le marquis d'), le 12 novembre 1784.

*Amphernet de Pont-Bellanger* (le chevalier d'), le 12 novembre 1784.

*Ancezune* ( la marquise d' ), en 1738.

*Andigné* ( le marquis d' ), le 2 novembre 1771.

*Andigné* ( M. d' ), le 15 novembre 1771.

*Andigné* ( le marquis d' ), le 16 mai 1787.

*Andlau* ( la marquise d' ), en 1738.

*Andlau* ( d' ), le 22 décembre 1763.

*Andlau* ( le comte d' ), le 3 août 1785. *Les entrées.*

*Angeville* ( le comte d' ), le 14 novembre 1785.

*Angevillers* ( M. Flahaut d' ), le 15 septembre 1759.

*Anhalt* ( le prince d' ), le 23 mars 1757.

*Anneville de Chiffridast* ( le vicomte d' ) le 22 mars 1788.

*Antigny Damas* ( M. d' ), le 27 mars 1754.

*Antin* ( le duc d' ), le 25 octobre 1753.

*Antoine* ( M. d' ), le 30 septembre 1752.

*Apchier* ( le chevalier d' ), en 1740.

*Apchier* ( M. d' ), en 1774.

*Apchon* ( M. d' ), le 31 mars 1751.

*Apchon* ( M. d' ), le 2 août 1767.

*Arbouville* ( le comte d' ), le 20 janvier 1787.

*Arcambal* ( le marquis d' ), le 7 août 1769.

*Arces* ( le comte d' ), le 26 janvier 1788.

*Arclay de Montamy* ( le comte d' ), en 1773.

*Arclay de Montamy* ( le comte d' ), le 28 avril 1783.

*Arcy* ( le chevalier d' ), le 9 janvier 1769.

*Aremberg* ( le prince Louis d' ), le 31 octobre 1785.

*Aremberg* ( le prince d' ), le 3 novembre 1785.

*Aremberg de la Marck* ( le prince Louis d' ), le octobre 1785.

*Argenteuil* ( le marquis d' ), en avril 1768.

*Argenteuil* ( la marquise d' ), le 5 décembre 1779.

*Argenteuil* ( la comtesse d' ), le 30 janvier 1780.

*Argenteuil* ( la comtesse d' ), le 13 mars 1785.

*Argentré* ( M. d' ), le 20 octobre 1774.

*Argentré* ( la marquise d' ), le 30 avril 1788.

*Argouges* ( M. d' ), le 31 janvier 1761.

*Argouges* ( madame d' ), le 9 novembre 1768.

*Arnouville* ( M. Machault d' ), le 30 octobre 1756.

*Assas* ( le baron d' ), le 23 janvier 1786.

*Assas de Montdardier* ( le vicomte d' ), le 10 février 1788.

*Asnières* ( le marquis d' ), le 9 janvier 1785.

*Asnières de la Châtaigneraye* (le marquis d'), le 17 décembre 1782.

*Asnières-la-Châtaigneraye* ( la comtesse d' ), le 8 mai 1785.

*Asnières de Palluau* ( le marquis d' ), le 14 avril 1783.

*Astier* ( le comte de St- ), le 29 avril 1785.

*Astorg* ( la comtesse d' ), le 26 janvier 1782.

*Astorg* ( le comte d' ), le 27 janvier 1789.

*Aubépine* ( le marquis de l' ), le 31 octobre 1768.

*Aubeterre* ( M. d' ), le 17 octobre 1754.

*Aubusson* ( le comte d' ), le 7 février 1786.

*Audenarde* ( la comtesse d' ), le 15 avril 1781.

*Aulaire* ( la comtesse de Saint- ), le 21 janvier 1781.

*Aumale* ( la comtesse d' ), le 7 mai 1776.

*Aumont* ( la duchesse d' ), en 1738.

*Aumont* ( la marquise de ), le 19 août 1781.

*Autichamp* ( M. d' ), le 23 décembre 1738.

*Antichamp* (la vicomtesse d'), le 15 juin 1783.
*Aunier de Villemontée* (le comte), en avril 1781.
*Auvergne* (le cardinal d'), en 1731.
*Auvergne* (le baron d'), le 12 août 1770.
*Auvet* (le comte d'), le 14 janvier 1771.
*Aux* (le comte d'), le 16 novembre 1784.
*Avaray* (M. de Bésiade d'), le premier août 1754.
*Avaray* (le comte d'), le 14 mars 1778.
*Avaray* (Henriette de Bésiade, comtesse d'), le 4 juin 1780. Dame de compagnie de la comtesse d'Artois.
*Avaray* (M. d'), le 24 avril 1782.
*Avaugour de Belouars* (le comte d'), le 2 juin 1787.
*Avaux* (la comtesse d') le 9 avril 1780.
*Ayen* (le duc d'), en 1731.
*Ayen* (le comte d'), en 1731.
*Ayen* (la duchesse d'), en 1749.
*Ayen* (le duc d'), le 12 mars 1756.

### B.

*Bâcle d'Argenteuil* (le comte le), en avril 1773.
*Balaincourt* (le comte de), le 12 février 1769.
*Balaincourt* (la vicomtesse de), le 24 février 1788.
*Baglion* (M. de), le 23 décembre 1763.

*Balby* (le comte de ), en 1749.
*Balby* ( M. de ), le 9 novembre 1772.
*Balby* (la comtesse de ), le 9 juillet 1780. Nommée dame d'atours de Madame.
*Balivière* (le marquis de ), le 7 avril 1788.
*Balivière* ( la marquise de ), le 27 avril 1788.
*Balleroy* ( la marquise de ), le 21 octobre 1784.
*Barbançois* ( le comte de ), le 12 février 1770.
*Barbançois* ( le comte de ), le 2 mars 1787.
*Barbançois* ( le chevalier de ).
*Barbançois* ( la comtesse de ), le 11 mars 1789.
*Barbançon* ( le marquis de ), en 1735.
*Barbançon* ( le comte de ), le 13 octobre 1770.
*Bardonenche* ( le chevalier de ), le 12 mai 1787.
*Barbantane* ( M. de ), le 27 mars 1753.
*Barbantane* ( M. de ), le 25 mai 1778.
*Barbantane* ( la comtesse de ), le 25 mai 1783.
*Barentin* ( madame de ), le 25 octobre 1788. *A pris le tabouret.*
*Bargemont* ( M. de ), le 25 mai 1768.
*Bargemont* ( le vicomte de ), le 12 novembre 1784.
*Bargemont* ( la vicomtesse de ), le 2 mars 1788.
*Barry* ( le vicomte du ), le 25 avril 1769.
*Barry* ( la comtesse du ), le 13 juillet 1769.
*Barry* ( le chevalier du ), le 10 juin 1770.
*Barrin* ( le marquis de ), le 6 juin 1787.
*Barthe-Giscaro* ( le vicomte de la ), le 4 mars 1777.

*Baschi* ( le comte de ), en janvier 1751.
*Baschi* ( madame de ), le 3 novembre 1757.
*Baschi* ( le vicomte de ), le 29 décembre 1773.
*Baschi* ( la comtesse de ), le 10 décembre 1786.
*Bassompierre* ( madame de ), le 5 mars 1754.
*Bassompierre* ( M. de ), le 13 novembre 1756.
*Bassompierre* ( M. de ), le 26 janvier 1767.
*Bataille* ( le chevalier de ), en mai 1789.
*Bayly* ( le marquis de ), le 27 janvier 1789.
*Béarn* ( le marquis de ), en 1739.
*Béarn* ( le marquis de Gaillard de ), le 15 février 1766.
*Béarn* ( le chevalier de ), le 28 novembre 1768.
*Beaucaire* ( M. de ), le 14 avril 1753.
*Beaufort* ( le chevalier de ), le 16 février 1771.
*Beaufranchet d'Ayra* ( le comte de ), le 9 avril 1784.
*Beaufremont* ( la marquise de ), en 1739.
*Beaufremont* ( madame de ), en 1744.
*Beaufremont* ( le chevalier de ), le 18 mai 1758.
*Beaujeu* ( le chevalier de ), sous-gouverneur, le 1er mai 1758.
*Beaujeu* ( le comte de ), le 26 octobre 1771.
*Beaume Montrevel* ( M. de la ), le 22 mars 1754.
*Beaumont* ( M. de ), le 16 juillet 1761.
*Beaumont* ( la vicomtesse de ) le 24 octobre

1781. Dame pour accompagner madame Victoire de France.

*Beaumont* ( la baronne de ), le 16 mars 1782.

*Beaumont* ( la comtesse de ), le 8 mai 1785.

*Beaumont* ( la comtesse Christophe-Françoise de ) le 1er octobre 1786.

*Beaumont de la Balnonie* ( le marquis de ), le 3 février 1786.

*Beaumont de la Bonnière* ( la marquise de ), le 21 juin 1786.

*Beaune* ( madame de ), le 30 juin 1765.

*Beaune* ( le vicomte de ), en décembre 1768.

*Beauveau* ( le prince de ), le 20 septembre 1755.

*Beauvilliers* ( la duchesse de ) en 1744.

*Beauvilliers* ( la duchesse de ), le 11 février 1754.

*Beauvilliers* (le duc de), le 13 janvier 1756.

*Beauvilliers* ( le duc de ), le 25 octobre 1765.

*Beauvilliers* ( la duchesse de ) le 19 juillet 1767.

*Bédoyère* ( la vicomtesse de la ), le 13 juin 1784.

*Belloy* ( le comte de ), le 16 mars 1789.

*Belsunce* ( la comtesse de ), en 1745.

*Belsunce* ( le vicomte de ), en janvier 1751.

*Belsunce* ( le marquis de ), le 4 janvier 1762.

*Belsunce* ( la marquise de ) le 7 mars 1779.

*Belsunce* ( le vicomte Henri de ), le 3 novembre 1787.

*Belsunce* ( le chevalier de ), le 3 novembre 1785.

*Benavent-Rodez* (le vicomte de), le 15 mai 1784. *Les entrées.*

*Benthem* ( M. de ), en 1749.

*Benthem* ( madame de ), en 1749.

*Béon* ( M. de ), le 27 mai 1775.

*Beon* ( la comtesse de ), le 13 février 1780.

*Béranger* ( M. de ), le 22 octobre 1773.

*Bercheny* ( le chevalier de ), le 8 octobre 1765.

*Bercheny* ( madame de ), en juin 1767.

*Bérenger* ( M. de ), en 1746.

*Bérenger* ( la comtesse de ), le 30 janvier 1785.

*Berghen* ( le prince de ), le 8 octobre 1768.

*Berghen* ( la princesse de ), le 11 octobre 1768.

*Berghes* ( la comtesse de ), le 15 janvier 1781.

*Bermon* ( la comtesse de ), le 24 juillet 1785.

*Bernis* ( la comtesse de ), le 28 mai 1778.

*Besançon* ( l'archevêque de ), en novembre 1761.

*Besiade d'Avaray* (le comte de), le 11 novembre 1781.

*Béthizy* ( la vicomtesse de ), le 23 mai 1784.

*Béthizy* ( le comte de ), le 25 janvier 1768.

*Béthune* ( le comte de ), le 3 février 1753.

*Béthune* ( le marquis de ), le 17 avril 1753.

*Béthune* ( le marquis de ), le 23 novembre 1758.

*Béthune* ( madame de ), le 23 novembre 1758.

*Bethune* ( le vicomte de ), le 13 mai 1778.
*Béthune* ( la baronne de ), née le Vavasseur, le 19 février 1786.
*Beuil* ( la comtesse de ), le 21 mai 1786.
*Beuvron* ( le marquis de ), en 1749.
*Beuvron* ( madame de ), en 1749.
*Beuvron* ( la duchesse de ), le 8 février 1784. *A pris le tabouret.*
*Beuzeville* (la comtesse de ), le 13 juillet 1751.
*Bianchi* ( la comtesse de ), le 24 juin 1781.
*Biencourt* ( le chevalier de ), le 11 avril 1786.
*Biencourt-Pontricourt* ( le marquis de ), le 3 novembre 1785.
*Bierne* ( le marquis de ), en 1748.
*Billarderie* ( M. de la ), le 14 mars 1767.
*Billarderie* ( M. de la ), le 20 octobre 1774.
*Bintinaye* ( le chevalier de la ), le 8 juin 1785.
*Biron* ( la duchesse de ), le 4 juin 1756.
*Biron* ( le comte de ), duc de Lauzun, le 13 août 1759.
*Bissy* ( le marquis de ), en 1734.
*Bissy* ( le chevalier de ), le 18 septembre 1751.
*Bissy* ( le comte de ), le 15 octobre 1753.
*Blache* ( le comte de la ), le 15 octobre 1768.
*Blache* ( le vicomte de la ), le 23 décembre 1772.
*Blaizel* ( Camille, marquis de ), le 11 avril 1788.
*Blaizel* ( le marquis de ), le 21 octobre 1771.
*Blancard* ( le marquis de Saint ), le 27 avril 1788.

*Blanchbuisson* (le baron de), le 9 février 1789.
*Blangy* (la vicomtesse de), le 29 février 1784.
*Blaru* (le marquis de), le 4 avril 1767.
*Bloqueville* (le marquis de), le 27 août 1788.
*Blot* (le comte de), le 20 septembre 1751.
*Blot* (M. de), le 14 novembre 1751.
*Bobéril de Cherville* (le comte de), la 21 janvier 1788.
*Bois d'Aisy* (le baron du), le 22 janvier 1787.
*Bois de la Motte* (le marquis du), le 5 mars 1780.
*Bois de la Motte* (la comtesse du), le 25 août 1780. Dame de compagnie de Madame.
*Bois de la Motte* (la vicomtesse du), le 25 août 1780.
*Boisdenemets* (le comte de), le 3 novembre 1785.
*Boisdenemets* (le vicomte de), le 7 novembre 1785.
*Boisdenemets* (le marquis de), le 23 janvier 1786.
*Boisgelin* (M. de), le 10 février 1759.
*Boisgelin* (M. de), gentilhomme de la manche, le 10 septembre 1760.
*Boisgelin* (la marquise de), le 27 avril 1788.
*Boisse* (le marquis de), le 21 octobre 1777.
*Boisse* (la marquise de), le 14 avril 1782.
*Boisseulh* (le marquis de), le 12 novembre 1784.
*Boisseulh* (le chevalier de), le 12 novembre 1784.

*Boisseuil* (le comte Raimond de), le 17 avr 1784.

*Boissière Chambors* (M. de la), le 10 janvi 1774.

*Bombelles* (la marquise de), le 28 mai 1778.

*Bonac* (M. de), le 13 mai 1752.

*Bonfontan* (le marquis de), le 2 avril 1787.

*Bonnay* (le marquis de), le 3 avril 1783.

*Bonne-Lesdiguières* (le vicomte de), le 18 ma 1788.

*Bonneval* (le comte de), le 15 avril 1786.

*Bonneval* (le marquis de), le 4 février 1789.

*Bordage* (le marquis du), en 1731.

*Bordage* (M. du), le 2 décembre 1773.

*Bosc* (le comte de), le 31 mars 1786.

*Boscage* (la comtesse du), le 18 février 1787.

*Botderu* (le comte Hyacinthe de), le 2 ju 1787.

*Botterel-Quintin* (le vicomte de), le 7 novei bre 1785.

*Bouchet de Tourzel* (le marquis du), le 13 f vrier 1789.

*Boufflers* (la marquise de), en 1745.

*Boufflers* (le duc de), en 1749.

*Boufflers* (la duchesse de), en 1749.

*Boufflers* (M. de), le 25 septembre 1753.

*Boufflers* (le chevalier de), le 16 avril 1765.

*Boufflers-Remiencourt* (le marquis de), le avril 1770.

*Bouillé* (M. de), le 31 octobre 1763.

*Bouillé* (la vicomtesse de), le 18 décembre 1785.

*Bouillé* (le vicomte de), le 23 janvier 1786.

*Boulainvilliers* (le comte de), le 9 mai 1778.

*Boulainvilliers* (la comtesse de), le 12 janvier 1783.

*Bourbon* (la duchesse de), le 3 mai 1770.

*Bourbon* (l'abbé de), le 18 janvier 1784. *Les entrées.*

*Bourbon-Busset* (M. de), le 29 mars 1753.

*Bourbon-Busset* (M. de) fils, le 14 avril 1767.

*Bourbon-Busset* (le comte de), le 18 mars 1772.

*Bourdeilles* (le vicomte de), le 6 avril 1771.

*Bourdonnaye* (M. de la), le 21 octobre 1769.

*Bourdonnaye* (la marquise de la), le 23 décembre 1781.

*Bourdonnaye* (la vicomtesse de la), le 11 janvier 1784.

*Bourdonnaye* (la marquise de la), le 14 mars 1786.

*Boursac* (la vicomtesse de), le 30 mars 1788.

*Boursonne* (M. de), le 13 avril 1772.

*Bouseville* (M. de), le 11 mars 1767.

*Bouteville* (la duchesse de), le 23 janvier 1785. *A pris le tabouret.*

*Bouzolle* (le marquis de), en 1739.

*Bouzolle* (le marquis de), en décembre 1768.

*Bouzolle* (le marquis de), le 24 juin 1787. *Les entrées.*

*Bovet* (M. de), le 23 juin 1755.

*Brachet de Floressac* (M. de), le 24 avril 1773.

*Brachet de Floressac* (le comte de), le 10 décembre 1785.

*Brancas* (la marquise de), le 4 novembre 1754.

*Brancas* (le marquis de), le 9 novembre 1754.

*Brancas* (le comte de), le 16 février 1755.

*Branicki* (M. de), en octobre 1759.

*Braque* (mademoiselle de), en 1749.

*Brassac* (le comte de Gallard de), en 1765.

*Brehan* (le marquis de), en 1751.

*Brehan* (M. de), le 25 mai 1768.

*Breteuil* (le baron de), le 6 janvier 1771.

*Breteuil* (la vicomtesse de), le 7 avril 1782.

*Breton de Vannoise* (le vicomte le), le 2 décembre 1786.

*Brézé* (madame de), le 9 mai 1751.

*Brienne* (le comte de), le 17 avril 1753.

*Briffe* (le comte de la), le 23 mars 1789.

*Briges* (M. de), le 17 avril 1773.

*Briges* (la comtesse de), le 16 avril 1780.

*Briges de Malbec* (le comte de), le 13 avril 1778.

*Brionne* (la comtesse de), en 1740.

*Briqueville* (M. de), en 1746.

*Briqueville* (le vicomte de), le 7 décembre 1784.

*Briqueville* (la vicomtesse de), le 12 septembre 1787.

*Brisey* (le comte de), le 16 avril 1768.

*Brisey* ( le comte de ), le 22 décembre 1768.
*Brissac* ( la duchesse de ), en 1737.
*Brissac* ( la duchesse de ), en 1744.
*Broc* ( M. de ), le 24 mars 1751.
*Broglie* ( la maréchale de ), en 1746.
*Broglie* ( le duc de ), en 1747.
*Broglie* ( le comte de ), en 1749.
*Broglie* ( la duchesse de ), le 12 août 1754.
*Broglie* ( madame de ), le 20 octobre 1756.
*Broglie* ( le vicomte de ), le 26 juillet 1770.
*Broglie* ( la princesse de ), le 28 février 1779.
*Broglie* ( la marquise de ), le 23 décembre 1781. *A pris le tabouret.*
*Broglie* ( le comte de ), le 13 février 1785.
*Broglie de Revel* ( le prince de ), le 30 janvier 1786.
*Brossard* ( le marquis de ), le 15 mars 1787.
*Brossard* ( la marquise de ), le 28 mars 1787.
*Brugnion* ( la comtesse de ), le 20 novembre 1768.
*Bruneau de Boisgelin* ( le comte ), le 3 novembre 1785.
*Brunier d'Adhémar* ( le marquis de ), le 10 avril 1782.
*Brunier d'Adhémar* ( la comtesse de ), le 9 mars 1783.
*Brunier d'Adhémar* ( la marquise de ), le 7 mars 1763.
*Bruyères-Chalabre* ( la comtesse de ), le 18 uil et 1784.

*Buffévent* ( le marquis de ), en 1773.
*Buffévent* ( la vicomtesse de ), le 9 juin 1782.
*Bulkeley* ( M. de ), le 20 septembre 1771.
*Butler* ( madame de ), en 1747.
*Bullion* ( M. de ), le 11 avril 1774.
*Busançois* ( la comtesse de ), le 16 juillet 1765.
*Busançois* ( le marquis de ), le 18 août 1766.
*Busançois* ( la comtesse de ), le 13 février 1780; dame d'honneur de madame Sophie de France. *Les grandes entrées.*

## C.

*Cabanac* ( M. de ), le 13 novembre 1771.
*Caillebot de la Salle* ( le marquis de ), le 15 mai 1784.
*Caillebot-la-Salle* ( le chevalier de ), le 10 février 1788.
*Calonne-de-Courtebonne* (le comte Amédée de), le 17 mars 1785.
*Candé* ( la comtesse de ), le 17 mars 1785.
*Canillac* ( la comtesse de ), le 6 mai 1776.
*Cambis* ( M. de ), le 7 février 1752.
*Cambis* ( le comte de ), le 16 janvier 1770.
*Cambis* ( le comte de ), le 13 octobre 1787.
*Canisy* ( M. de ), le 16 janvier 1770.
*Canisy* ( la vicomtesse de ), le 22 janvier 1782.
*Canouville* ( la comtesse de ), le 16 mars 1783.
*Capellis* ( le comte de ), le 29 janvier 1785.
*Capellis* ( la comtesse de ), le 27 février 1785.

*Caraman* (la vicomtesse de), le 18 janvier 1786.
*Caraman* (le vicomte de) le 4 février 1789.
*Caraman* (Maurice Riquet, chevalier de), le 4 février 1789.
*Carbonnières* (le vicomte de), le 24 mars 1786.
*Carbonnières* (le chevalier de), le 26 octobre 1786.
*Carbonnel-Canisy* (le comte de), le 28 février 1753.
*Carency* (le prince de), le 9 février 1787.
*Carondelet* (M. de), le 4 janvier 1787.
*Carvoisin* (M. de), le 20 juillet 1754.
*Carvoisin* (le vicomte de), le 2 mars 1754.
*Carvoisin* (le comte de), le 15 mai 1784.
*Carvoisin* (la comtesse de), le 28 mars 1787.
*Carvoisin* (le marquis de), le 13 mai 1787
*Castellane* (madame de), en 1749.
*Castellanne* (le marquis de), le 27 mars 1754.
*Castellanne* (madame de), le 6 juin 1755.
*Castellanne* (madame de), le 17 septembre 1760.
*Castellanne* (la comtesse de), le 31 mai 1781.
*Castellane* (la vicomtesse de), le 11 juillet 1784.
*Castellane* (la marquise de), le 4 février 1787.
*Castellane-Saint-Maurice* (le marquis de), le 13 février 1785.
*Castelmoron* (M. de), en 1737.
*Castelnau* (le vicomte de), en avril 1773.
*Castelnau* (le baron de), le 12 novembre 1773.
*Castries* (la marquise de), en 1744.

*Castries* ( madame de ), le 27 juillet 1753.
*Castries* ( la comtesse de ), le 5 mai 1776.
*Castries* ( la duchesse de ), le 1er. février 1784. A pris le tabouret.
*Caulaincourt* ( la marquise de ), le 31 juillet 1751.
*Caulaincourt* ( M. de ), le 6 avril 1767.
*Caumont* ( M. de ), le 15 juillet 1767.
*Caumont* ( madame de ), le 12 août 1767.
*Caupenne* ( M. de ), le 28 avril 1766.
*Caupenne* ( le vicomte de ), le 26 décembre 1778
*Causans* ( madame de ), le 28 octobre 1768.
*Causans* ( M. de ), le 28 février 1772.
*Causans* ( la comtesse de ), le 20 février 1780.
*Causans* ( la comtesse Louise de ), le 13 janvier 1782.
*Causans* ( la marquise de ), le 18 février 1787. Dame pour accompagner madame Elisabeth.
*Caylar* ( la comtesse du ), le 29 août 1780, présentée en qualité de dame pour accompagner la reine.
*Caylus* ( la duchesse de ), le 23 mai 1784. A pris le tabouret.
*Caylus* ( le marquis de ), le 2 décembre 1786.
*Certaines* ( la marquise de ), le 27 août 1788.
*Chabannes* ( madame de ), le 10 avril 1759.
*Chabannes* ( M de ), le 25 janvier 1760.
*Chabannes* ( la comtesse Frédérique de ), le 10 novembre 1782.

*Chabannes* ( le marquis de ), le 29 mai 1785. *Les entrées.*

*Chabannes* ( le marquis de), le 9 février 1787.

*Chabannes* ( la marquise de ), le 7 mars 1787.

*Chabot* ( le marquis de ), le 23 novembre 1761.

*Chabot* ( le vicomte de ), le 26 février 1766.

*Chabot* ( le comte Charles de ), le 17 octobre 1786.

*Chabrillant* ( le marquis de ), le 12 janvier 1767.

*Chabrillant* ( le bailli de ) le 18 mai 1770.

*Chabrillant* ( le comte Hyppolite de ), le 3 novembre 1785.

*Chabrillant* ( la comtesse Hyppolite de), le 3 février 1786.

*Chalabre-Bruyères* ( le comte de ), le 7 avril 1781.

*Chalais* ( le prince de ), en 1734.

*Chalais* (la princesse de ), en 1737.

*Chalais* ( le prince de ), le 2 avril 1774.

*Châlons* ( le comte Hardouin de ), le 18 mars 1788.

*Chamans* ( le marquis de Saint- ), le 21 août 1766.

*Chamans* ( le baron de Saint- ), le 16 mars 1789.

*Chamboran* ( M. de), le 15 septembre 1753.

*Chambors* ( la marquise de ), le 17 décembre 1786.

*Chamissot* ( Louis, comte de ), le 9 février 1789.

*Chambray* ( M. de ), le 7 mars 1761.

*Chambray* ( le vicomte de ), le 14 janvier 1782.

*Champagne* ( madame de ), en 1745.

*Champagne* ( madame de ), le 30 juin 1765.

*Champagne-Giffart* ( le marquis de ), le 12 mars 1781.

*Champagne-Giffart* ( le comte de ), le 11 avril 1786.

*Champcenets* ( Louis-Pierre-Quentin, marquis de ), le 24 juin 1787. *Les entrées.*

*Champié* ( la marquise de ), le 26 octobre 1776.

*Champignelles* ( M. de ), en 1738.

*Champignelles* ( le marquis de ), le 16 janvier 1767.

*Chanaleilles de la Saumès* ( le comte de ), le 3 novembre 1785.

*Chantilly* ( M. de ), le 20 avril 1767.

*Chaponnay de Morancé* ( le marquis de ), le 25 janvier 1789.

*Chapt de Rastignac* ( la comtesse de ), le 29 mars 1789.

*Charleval* ( mademoiselle de ), en 1748.

*Charlus* ( le marquis de ), le 4 janvier 1776.

*Charost* ( le marquis de ), en 1732.

*Charost* ( la duchesse de ), le 9 mars 1782. *A pris le tabouret.*

*Charost* (le duc de), le 24 juin 1787. Les entrées.

*Charry-des-Gouttes* (le marquis de), le 2 juin 1787.

*Charry-des-Gouttes* (la marquise de), le 11 mai 1788.

*Chartres* (le duc de), le 30 mars 1761.

*Chartres* (la duchesse de), le 11 juillet 1769.

*Chastel* (le comte du), le 3 février 1786.

*Chastellier du Mesnil* (la marquise de), le 4 février 1787.

*Chastenay* (le comte de), en avril 1773.

*Chastenay* (le chevalier de), le 11 décembre 1773.

*Chastenay* (la marquise de), le 3 février 1786.

*Chastenay Lanty* (le comte de), le 4 mars 1770.

*Chastenet de Puységur* (la marquise de), le 12 mars 1780.

*Chastenet-Puységur* (la comtesse de) le 28 novembre 1788.

*Châtaigner* (le comte de), le 30 octobre 1776.

*Châtaigner* (la comtesse de), le 28 mai 1780.

*Château-Reski* (M. du), le 4 novembre 1763.

*Chateaubriant* (le chevalier de), le 23 février 1787.

*Chateaubriant* (la comtesse de), le 3 janvier 1788.

*Chateaubriant* (le comte de), le 21 février 1788.

32*

*Châteaubrun* (le marquis de), le 20 mai 1786.
*Châteaumeillant* (madame de), le 4 août 1753.
*Châteauregnault* (madame de), en 1737.
*Châtelaillon* (la comtesse de), le 18 février 1781.
*Châtelet* (le marquis du), en 1739.
*Châtelet* (le marquis du), en 1749.
*Châtelus* (le chevalier de), le 21 octobre 1765.
*Châtelus* (le comte de), le 24 octobre 1768.
*Châtelus* (le marquis de), le 4 novembre 1787.
*Châtillon* (la duchesse de), en 1738.
*Châtillon* (la duc de), le 9 janvier 1759.
*Châtre* (la marquise de la), en 1738.
*Châtre* (la marquise de la), le 4 novembre 1754.
*Châtre* (le comte de la), le 10 avril 1770.
*Châtre* (M. de la), le 9 janvier 1772.
*Châtre* (le baron de la), le 2 avril 1787.
*Chaumont* (M. de Saint-), le 14 avril 1757.
*Chaumont-Guitry* (la marquise de), le 21 juin 1787.
*Chaunac-Lanzac* (le marquis de), le 15 mars 1787.
*Chauvelin* (le marquis de), le 29 décembre 1765.
*Chauvelin* (la marquise de), le 17 juillet 1767.
*Chauvelin* (le marquis de), le 2 avril 1785.
*Chauveron* (le comte de), le 21 avril 1784.
*Chauvigny de Blot* (le comte de) le 2 mars 1787.

*Chauvigny de Blot* ( la comtesse de ), le 22 avril 1789.

*Chavagnac* ( le marquis de ), en 1739.

*Chavagnac* ( la comtesse de ), le 23 janvier 1785.

*Chayla* ( le comte Ebrard du ), le 21 avril 1784.

*Chazeron de Monestey* ( le vicomte de ), en avril 1772.

*Cherisy* ( M. de ), le 5 janvier 1767.

*Cherisy* ( la comtesse de ), le 12 janvier 1783.

*Chevigné* ( le vicomte de ), le 29 avril 1785.

*Chevigny* ( le marquis de ), le 11 avril 1786.

*Chilleau* ( le marquis du ), le 14 mars 1767.

*Chimay* ( le prince de ), en 1748.

*Chimay* ( la princesse de ), en 1748.

*Chimay* ( le prince de ), le 28 octobre 1751.

*Chimay* ( la princesse de ), le 4 juin 1756.

*Chimay* ( le prince de ), le jeune, le 22 août 1763.

*Chimay* ( la princesse de ), le 15 octobre 1763.

*Chinon* ( la comtesse de ), le 19 juin 1785.

*Chinon* ( la comtesse de ), le 12 décembre 1787. *Les entrées.*

*Circello* ( la marquise de ), le 12 décembre 1786.

*Civrac* ( madame de ), en 1747.

*Civrac* ( madame de ), le 2 mai 1751.

*Choiseul* ( le comte de ), en 1733.

*Choiseul* ( la marquise de ), en 1746.

*Choiseul* ( M. de ), en 1749.

*Choiseul* ( madame de ), le 2 mai 1751.
*Choiseul* ( le marquis de ), le 6 avril 1754.
*Choiseul* ( madame de ), le 4 juin 1756.
*Choiseul* ( le duc de ), le 23 février 1757.
*Choiseul* ( madame de ), le 21 avril 1758.
*Choiseul* ( le marquis de ), le 12 décembre 1760.
*Choiseul* ( madame de ), en novembre 1761.
*Choiseul* ( la duchesse de ), le 22 août 1763.
*Choiseul* ( la comtesse Hippolyte de ), le 14 janvier 1781.
*Choiseul-la-Baume* ( le marquis de ), le 24 juin 1787. *Les entrées.*
*Choiseul-de-Lorge* ( M. de ), le 19 juillet 1756.
*Choiseul-Meuse* ( le chevalier de ), le 21 mars 1765.
*Choiseul-Praslin* ( le comte de ), le 28 octobre 1777.
*Choiseul-Stainville* ( le duc de ), en 1742.
*Choiseul-Stainville* ( le comte de ), le 26 avril 1763.
*Choiseul-Stainville* ( le comte de ), depuis maréchal de France, en décembre 1779. *Les entrées.*
*Choiseul-Stainville* ( la comtesse de ), le 14 janvier 1781.
*Choiseul-Stainville* ( la comtesse de ), le 6 décembre 1782. *A pris le tabouret.*
*Clarac* ( le marquis de ), le 28 mars 1767.
*Clermont* ( le marquis de ), le 3 février 1753.

*Clermont-d'Amboise* ( le marquis de ), en 1747.

*Clermont-Gallerande* ( le marquis de ), en octobre 1762.

*Clermont-Gallerande* ( le comte de ), le 29 mai 1785. *Les entrées.*

*Clermont-Mont-Saint-Jean* ( la marquise de ), le 30 janvier 1785.

*Clermont-Tonnerre* ( le maréchal de ), le 10 septembre 1759.

*Clermont-Tonnerre* ( madame de ), en novembre 1761.

*Clermont-Tonnerre* ( la vicomtesse de ), le 7 mars 1779.

*Clermont-Tonnerre* ( la comtesse de ), le 10 mars 1782.

*Clermont-Tonnerre* ( le vicomte de ), le 15 février 1787.

*Clermont-Tonnerre de Thoury* ( le comte Louis de ), le 3 avril 1782.

*Closenhaydenbourg* ( le baron de ), le 17 avril 1784.

*Coëtlogon* ( la marquise de ), le 14 janvier 1781.

*Coëtlogon* ( la marquise de ), le 18 juillet 1784.

*Coëtlosquet* ( le comte de ), le 4 décembre 1767.

*Coëtlosquet* ( le baron de ), en janvier 1774.

*Coëtlosquet* ( la baronne de ), le 17 mars 1782.

*Coigny* ( la comtesse de ), en 1749.

*Coigny* ( le duc de ), le 13 mai 1754.

*Coigny* ( madame de ), le 16 juillet 1755.

*Coigny* (le comte de), le 1er. décembre 1757.
*Coigny* (le chevalier de), le 4 janvier 1762.
*Coigny* (le comte de), le 2 décembre 1773.
*Coigny* (la marquise de), le 11 juin 1780. *A pris le tabouret.*
*Coigny* (le chevalier de), le 26 janvier 1783. *Les entrées.*
*Coigny-Boissy* (la comtesse de), le 3 août 1767.
*Coislin* (madame de), en janvier 1751.
*Coislin* (M. de), le 22 mars 1751.
*Colbert de Maulevrier* (le chevalier), le 15 février 1787.
*Comnène* (le comte Démétrius), le 21 juin 1782.
*Comnène* (la comtesse Démétrius), le 27 novembre 1785.
*Comnène* (le comte Georges-Constantin), le 11 avril 1786.
*Condé* (le prince de), le 19 septembre 1751.
*Condé* (la princesse de), le 16 juillet 1753.
*Conflans* (le marquis de), en 1734.
*Conflans* (M. de), le 23 octobre 1753.
*Conflans* (madame de), en janvier 1760.
*Conflans* (le marquis de), le 29 mai 1785. *Les entrées.*
*Connel* (le comte O'), le 21 janvier 1788.
*Contades de Gizeux* (le marquis de), le 2 mars 1787.

*Contades-Gizeux* (le marquis de), le 20 janvier 1788.

*Corn* (le chevalier de), le 18 mars 1788.

*Cosnac* (la comtesse de), le 16 mars 1782.

*Cosnac* (le baron de), le 10 avril 1782.

*Cossé* (la duchesse de), en 1763.

*Cossé* (le comte de), le 25 octobre 1765.

*Cossé* (le duc de), le 14 mars 1757.

*Cossé* (la duchesse de), le 16 juillet 1761.

*Cossé* (le chevalier de), le 23 janvier 1768.

*Cossé* (la comtesse de), le 17 juin 1781.

*Cossé* (la duchesse de), le 18 juillet 1784. *A pris le tabouret.*

*Coste* (M. de la), le 10 octobre 1754.

*Coste* (la marquise de la), le 16 mars 1782.

*Coucy* (le comte de), le 27 avril 1775.

*Coucy* (la comtesse de), le 23 février 1783.

*Couldre de la Bretonnière* (le vicomte de la), le 27 mars 1789.

*Cour de Balleroy* (le marquis de la), le 13 février 1783.

*Courbon-Blénac* (M. de), le 18 mai 1773.

*Courcy* (le comte de), le 21 février 1783.

*Courtarvel* (la marquise de), le 28 décembre 1782.

*Courtarvel de Pézé* (le comte de), le 20 mars 1781.

*Courtebonne* (le marquis de), le 23 février 1770.

*Courtomer* (M. de), le 15 septembre 1753.

*Courtomer* (la marquise de), le 30 janvier 1785.

*Crenay* (le marquis de Poilvillain de), le 16 mars 1789.

*Crenol* (le comte de), le 25 octobre 1765.

*Créquy* (le marquis de), en 1763.

*Crequy* (le comte de), le 16 décembre 1773.

*Crillon* (le marquis de), le 2 août 1767.

*Crillon* (M. de), le 13 novembre 1771.

*Croismare* (M. de), le 1$^{er}$ septembre 1775.

*Croismare* (le comte de), le 10 avril 1783.

*Croismare* (le comte de), le 29 avril 1784.

*Croix* (le comte d'Escorches de Sainte), le 4 décembre 1773.

*Croix de Castries* (le comte de la), le 26 janvier 1786.

*Cropte de Bourzac* (le vicomte de la), les 1$^{er}$. et 7 février 1783.

*Cropte de Bourzac* (le marquis de la), les 2 et 14 avril 1783.

*Croy* (le prince de), en 1739.

*Croy* (le prince de), en 1751.

*Croy* (la princesse de), le 29 juillet 1767.

*Croy* (le prince de), le 28 juin 1787.

*Croy* (la princesse de), le 21 janvier 1789. *A pris le tabouret.*

*Croy-Solre* (la princesse de), le 21 janvier 1789. *A pris le tabouret.*

*Crussol* (madame de), en 1737.

*Crussol* (le comte de), en 1749.

*Crussol* ( le marquis de ), en 1749.
*Crussol* ( madame de ), le 23 octobre 1752.
*Crussol* ( la duchesse de ), le 15 janvier 1760.
*Crussol* ( le chevalier de ), en avril 1772.
*Crussol* ( le baron de ), en avril 1773.
*Crussol* ( le duc de ), le 23 février 1778.
*Crussol d'Amboise* ( M. de ), le 26 février 1755.
*Cugnac* ( le comte de ), le 12 novembre 1784.
*Cussé* ( M. de ), le 16 mai 1758.
*Cussé* ( le chevalier de ), le 5 janvier 1759.
*Cussé* ( le marquis de ), en septembre 1765.
*Custine* ( M. de ) , en 1739.
*Custine* ( le comte de ), le 24 février 1768.
*Custine* ( le marquis de ), le 28 juin 1787.
*Custine* ( la comtesse de ), le 20 janvier 1788.

### D.

*Damas* ( madame de ), en octobre 1757.
*Damas* ( le comte de ) , le 18 janvier 1768.
*Damas* ( le marquis de ), le 2 mars 1776.
*Damas* ( la comtesse Charles de ), le 12 décembre 1779.
*Damas* ( la comtesse Alexandre de ), le 19 mai 1783.
*Damas* ( la baronne de ), le premier août 1784.
*Damas* ( le comte Roger de ), le 26 octobre 1784.
*Dampierre* ( M. Picot de ), le 22 août 1774.

*Dampierre* ( le chevalier de ), le 24 mars 1786.
*Danville* ( le duc de ), en 1733.
*Daugnon* ( la comtesse du), le 14 janvier 1781.
*Dauvet* ( le marquis de ), le 17 avril 1784.
*David de Lastour* ( la marquise de ), le 5 avril 1789.
*Deffend* ( le comte du ), en 1773.
*Dessenstein* ( M. ), le 21 février 1757.
*Deux-Ponts* ( le prince Maximilien de ), le 19 octobre 1776.
*Deux-Ponts* ( la comtesse de ), le 23 janvier 1780.
*Deux-Ponts* ( le prince Maximilien - Joseph de ), le 19 janvier 1783. *Les entrées.*
*Deux-Ponts* ( la marquise des ), le 21 février 1787.
*Deux - Ponts - Forbach* ( le comte Guillaume de ), le 10 février 1776.
*Deux-Ponts-Forbach* ( le comte de ), le 10 février 1776.
*Dieback* (M.), le 28 décembre 1773.
*Dillon* ( milord ), en 1750.
*Dillon* ( le comte de ), le 17 mars 1770.
*Dillon* ( le chevalier de ), le 20 janvier 1774.
*Dillon* ( la comtesse Arthur de ), le 6 mars 1785.
*Dillon* ( la comtesse Robert de ), le 27 août 1788.
*Dion* ( le comte de ), le 12 novembre 1784.

*Donezan d'Usson* ( M. ), le 12 novembre 1754.

*Donissant* ( la marquise de ), en septembre 1765.

*Donissant* ( le marquis de ), en juin 1767.

*Doulcet de Ponlécoulant* ( le comte ), le 15 mai 1783.

*Drée* ( le comte de ), le 5 mai 1782.

*Drée* ( la baronne de ), le 22 juin 1783.

*Dresnay* ( le marquis du ), le 22 décembre 1766.

*Dresnay* ( le marquis du ), le 21 février 1783.

*Dresnay* ( la comtesse du ), le 31 août 1788.

*Dresnay-des-Roches* ( la comtesse du ), le 9 mars 1783.

*Dreux-Brézé* ( le marquis de ), le 5 février 1787.

*Duras* ( le maréchal duc de ), en 1737.

*Duras* ( la duchesse de ), en 1747.

*Duras* ( le marquis de ), le 19 janvier 1761.

*Duras* ( la marquise de ), le 18 mai 1761.

*Duras Bournonville* ( le comte de ), le 10 janvier 1763.

*Durfort* ( le duc de ), en 1737.

*Durfort* ( la comtesse de ), le 19 septembre 1751.

*Durfort* ( le comte de ), le 6 juillet 1752.

*Durfort* ( le vicomte de ), le 14 juillet 1752.

*Durfort* ( Madame de ), le 27 août 1768.

*Durfort* (le comte de), 22 novembre 1770.
*Durfort* (le chevalier de), le 31 novembre 1770.
*Durfort* (le chevalier de), le 19 janvier 1783. *Les entrées.*
*Durfort-Boissières* (le marquis Alphonse de), le 23 mars 1786.
*Durfort de Lorge* (le comte de). le 13 mai 1787.

### E.

*Ecquevilly* (le marquis d'), en 1748.
*Ecquevilly* (Madame d'), en 1749.
*Ecquevilly* (le marquis d'), en 1767.
*Ecquevilly* (le chevalier d'), le 12 octobre 1770.
*Ecquevilly* (la comtesse d'), le 19 mai 1782.
*Egmont-Pignatelli* (le comte d'), en 1746.
*Egreville* (le marquis d'), le 23 octobre 1753.
*Elva* (la comtesse d'), le 21 août 1785.
*Entragues* (M. d'), le 27 mars 1752.
*Erlach* (le comte d'), le 24 décembre 1772.
*Erlach* (le baron d'), le 22 février 1775.
*Escars* (le marquis d'), le 20 février 1763.
*Escars* (le comte d'), le 11 mars 1765.
*Escars* (le chevalier d'), le 15 novembre 1770.
*Escars* (la comtesse d'), le 14 janvier 1781.

*Escars* ( la baronne d' ) , le 19 mai 1783.
*Escayrac* ( la marquise d' ), le 9 juin 1782.
*Eschoisy* ( M. d' ), le 22 mai 1756.
*Esclignac* ( le comte d' ), le 4 avril 1786.
*Esclignac* ( la duchesse d' ) , le 7 janvier 1788.
 *A pris le tabouret.*
*Escoubleau de Sourdis* ( le marquis d' ), le 26 octobre 1784.
*Escoubleau de Sourdis* ( la marquise d' ), le 27 novembre 1784.
*Espagne* ( M. d' ), le 9 août 1755.
*Espagne de Vénevelles* ( le comte Henri-Jacques-Louis d' ), le 10 avril 1782.
*Esparbez* ( le marquis d' ) , le 27 octobre 1751.
*Esparbez* ( M. d' ), en octobre 1762.
*Esparbez* ( le baron d' ), le 2 decembre 1786.
*Esparre* ( la duchesse de l' ), en 1740.
*Esparre* ( le marquis d' ), le 28 février 1763.
*Esparre* ( le comte d' ) , le 5 mars 1766.
*Esparre* ( le comte d' ), le 20 novembre 1765.
*Espinasse* ( le vicomte de l' ), le 3 février 1786.
*Espinay-Saint-Luc* ( le marquis d' ) le 21 mars 1768.
*Esquelbec* ( la marquise d' ), le 26 juillet 1751.
*Esquelbec* ( la marquise d' ), le 16 mars 1783.
*Essarts* ( le comte des ), le 4 novembre 1776.
*Estaing* ( le comte d' ) , en 1749.
*Estampes* ( la comtesse d' ), le 27 juin 1784.
 *A pris le tabouret.*

*Estampes* ( le comte d' ), le 1er. décembre 1784.

*Estampes* ( la comtesse d' ), le 13 mars 1785.

*Estampes* ( la comtesse d' ), le 2 mars 1788.

*Esterhazy* ( la comtesse d' ), le 18 avril 1784.

*Esterhazy* ( M. d' ), le 5 octobre 1763.

*Esterhazy* ( le comte François d' ), le 2 décembre 1786.

*Esterno* ( M. d' ), le 26 février 1767.

*Esterno* ( la marquise d' ), le 1er. février 1789.

*Estourmel* ( M- d' ), le 6 mars 1773.

*Estourmel* ( la marquise d' ), le 23 mars 1779.

*Estrade* ( la comtesse d' ), en 1744.

*Estrées* ( la comtesse d' ), en 1747.

*Estutt de Solminihac* ( le comte d' ), le 8 mai 1786.

*Estutt de Solminihac* ( la comtesse d' ), le 20 janvier 1788,

*Exupéry* ( M. de saint ), en avril 1768.

## F.

*Falque de Montchenu* ( le comte ), le 21 avril 1787.

*Faucigny* ( la comtesse de ), le 24 décembre 1786.

*Faudoas* ( la marquise de ), en 1736.

*Faudoas* ( le vicomte de ), en avril 1773.

*Faudoas* ( le comte de ), le 16 avril 1785.

*Faudran* ( le comte de ), le 9 février 1789.

*Feydit de Tersac* ( M. de ), le 7 avril 1788.
*Fayette* ( le marquis de la ), le 29 mai 1785.
*Fayette* ( M. de la ), en 1750.
*Fayette* ( M. de la ), le 26 mars 1774.
*Fenélon* ( le marquis de ), en 1747.
*Fernand-Nunnès* ( la comtesse de ), le 31 octobre 1787. Ambassadrice d'Espagne.
*Ferrette* ( le commandeur de ), le 24 mai 1787.
*Ferrière* ( le chevalier de la ), sous gouverneur. le 1er. mai 1758.
*Ferronnaye* ( M. de la ), le 7 février 1756.
*Ferronnaye* ( le comte de la ), le 9 novembre 1770.
*Ferronnaye* ( le chevalier de la ), le 16 mars 1774.
*Ferronnaye* ( le marquis de la ), le 3 novembre 1783.
*Ferronnaye* ( la comsésse Josephe de la ), le 9 mai 1784.
*Ferté-Senecterre* ( la comtesse de la ), le 7 mai 1780.
*Fervaques* ( la marquise de ), en 1736.
*Feydeau de Brou* ( M. de ), le 4 mai 1783. Les entrées.
*Fezensac* ( la comtesse de ), le 5 novembre 1784.
*Ficquelmont* ( Etienne comte de ), le 23 mars 1789.
*Fitz-James* ( le duc de ), en 1738.

*Fitz-James* ( le comte de ), en 1739.

*Fitz-James* ( le marquis de ), le 20 novembre 1763.

*Fitz-James* ( le chevalier de ), le 12 février 1774.

*Fitz-James* ( la duchesse ), le 18 février 1731.

*Flamenrens* ( le comte de ), le 28 juin 1751.

*Flaschlanden* ( le baron de ), le 5 août 1769.

*Flavacourt* ( le marquis de ), en 1739.

*Flavacourt* ( madame de ), en 1743.

*Flavigny* ( M. de ), le 13 septembre 1753.

*Fleury* ( le marquis de ), en 1733.

*Fleury* ( la duchesse de ), en 1738.

*Fleury* ( le chevalier de ), en janvier 1751.

*Fleury* ( le bailli de ), en octobre 1757.

*Fleury* ( le marquis de ), le 21 novembre 1768.

*Fleury* ( la marquise de ), le 7 décembre 1768.

*Fleury* ( la marquise de ), le 21 avril 1787.

*Fleury* ( le marquis de ), le 22 mars 1788.

*Fleury* ( la duchesse de ), le 23 novembre 1788. *Les grandes entrées.*

*Florentin* ( M. de Saint ), en 1738.

*Florian de Kergorlay* ( le comte de ), le 21 avril 1787.

*Flotte d'Argenson* ( le comte de ), le 11 avril 1786.

*Fock* ( le baron de ), le 3 décembre 1785.

*Folleville* ( M. de ), le 16 avril 1774.

*Font de la Plesnove* ( madame de la ), le 24 septembre 1780.

*Fontanges* ( la marquise de ), le 18 mars 1787.
*Fontanges* ( le marquis de ), le 13 mai 1787.
*Fontanges* ( la marquise de ), le 9 novembre 1788.
*Fontette Sommery* ( le comte de ), le 31 janvier 1789.
*Forbin* ( madame de ), le 25 mars 1781.
*Forbin d'Oppède* ( le marquis de ), le 8 mai 1786.
*Forbin d'Oppède* ( la vicomtesse de ), le 8 mars 1789
*Force* ( la marquise de la ), en 1743.
*Force* ( la duchesse de la ), le 13 janvier 1788. *A pris le tabouret.*
*Force* ( le duc de la ), le 23 janvier 1789.
*Forges de Parny* ( le comte de ), le 25 octobre 1783
*Forges-Parny* ( M. de ), le 22 avril 1786.
*Forges-Parny* ( M. de ) le 26 octobre 1786.
*Foucauld de Pontbriant* ( le vicomte Armand de ), le 10 février 1788.
*Foudras* ( la comtesse de ), le 17 février 1782.
*Fougère* ( le chevalier de ), le 23 décembre 1763.
*Fournes* ( le comte de ), le 1er. mars 1777.
*Fournes* ( la marquise de ), le 6 octobre 1783.
*Fouquet* ( la marquise de ), le 8 février 1784.
*Fouquet* ( le marquis de ), le 23 janvier 1786.
*Fourqueux* ( madame de ), le 30 avril 1787.

*Franc* ( le chevalier de ), le 18 décembre 1766.
*Franc* ( la comtesse de ), le 26 juillet 1767.
*Freslon* ( le chevalier de ), le 10 avril 1782.
*Frise* ( le comte de ), en 1748.
*Fronsac* ( le duc de ), le 12 juillet 1756.
*Fronsac* ( la duchesse de ), le 30 juin 1765.
*Fronsac* ( la duchesse de ), le 16 novembre 1788.
 *A pris le tabouret.*
*Froulay* ( M. de ), le 24 avril 1758.
*Froulay-Tessé* ( madame de ), en 1746.
*Fumel* ( le marquis de ), le 25 novembre 1769.
*Fumel* ( le baron de ), le 27 mars 1770.
*Fussey de Mélay* ( le comte de ), le 24 mai 1787.

### G.

*Gacé* ( le comte de ), le 21 octobre 1754.
*Gacé* ( la comtesse de ), le 3 novembre 1756.
*Gaing* ( la comtesse de ), le 4 mars 1781.
*Gaing de Montagnac* ( M. de ), le 9 novembre 1772.
*Gaing de Montagnac* ( M. de ), le 10 août 1774.
*Galatin* ( M. de ), le 20 septembre 1775.
*Galatin* ( le baron de ), le 12 avril 1777.
*Galifet* ( M. de ), le 7 juillet 1753.
*Galifet* ( M. de ), le 4 avril 1772.
*Galifet* ( le baron de ), le 17 avril 1784.

*Galissonnière* ( la comtesse de la ), le 25 janvier 1788.

*Gallard-Terraube* (le comte Louis de ), le 27 décembre 1783.

*Gallard-Terraube* ( le chevalier de ), le 8 mai 1786.

*Gamaches* (le marquis de ), en janvier 1751.

*Gamaches* (le comte de ), le 28 février 1770.

*Gand* ( M. de ), le 25 octobre 1775.

*Gand* ( la comtesse de), le 23 décembre 1781. *A pris le tabouret.*

*Gand* (la vicomtesse de), le 28 mai 1786.

*Ganges* ( la marquise de), le 28 août 1776.

*Ganges* ( le comte de ), le 4 nombre 1776.

*Garde Saint-Angel* ( le marquis de la ), le 23 mars 1789.

*Gardien* ( le marquis de ), le 28 mars 1767.

*Gaucourt* ( la marquise de ), le 23 janvier 1780.

*Gauville* ( le comte de ), le 15 mai 1775.

*Gauville* ( la comtesse de ), le 20 avril 1788.

*Genlis* ( le comte de ), le 28 mars 1767.

*Genlis* ( la comtesse de ), le 4 mai 1776.

*Genlis* ( la comtesse de ), le 24 juillet 1779 ; l'une des dames pour accompagner la duchesse de Chartres, présentée en qualité de gouvernante des princesses ses filles.

*Geoffreville le Danois* ( M. de ), le 20 juillet 1754.

*Gerbeviller* ( M. de ), le 27 mars 1770.

*Gerbevillier* ( la marquise de ), le 21 août 1785.
*Germon* ( le comte O' ), le 3 novembre 1783.
*Gestas* ( la comtesse de ), le 24 octobre 1781 ; dame pour accompagner Madame Élisabeth de France.
*Gestas* (le marquis de ), le 20 mai 1786.
*Gèvres* ( le duc de ), le 12 mars 1767.
*Gèvres* (la marquise de ), en avril 1768.
*Gibon de Kerisonet* ( le comte de ), le 26 janvier 1788.
*Gilbertés* ( la comtesse de ), le 6 janvier 1782 ; dame pour accompagner MADAME.
*Ginestous* (Jean-François, comte de ), le 27 novembre 1781.
*Ginestous* ( la comtesse de ), le 19 janvier 1782.
*Ginestous* ( Louis comte de ), le 4 mai 1786.
*Gironde de Pilles* ( le comte Gilbert de ), en juillet 1779.
*Gisors* ( le comte de ), le 31 mai 1755.
*Gisors* ( la comtesse de ), le 16 juillet 1765.
*Gobien* ( le comte de ), le 4 janvier 1787.
*Goesbriant* ( madame de ), en 1749.
*Goesbriant* ( madame de ), le 29 juillet 1767.
*Gontaut* ( le comte de ), le 17 octobre 1768.
*Gontaut-Saint-Geniez* ( la comtesse de ), le 23 mai 1779.
*Gonzales* ( madame de ), en 1748.
*Gosman* (la comtesse de ), le 26 décembre 1783.
*Gouffier* ( le marquis de ), en 1763.

*Goulet* ( le baron du ), en février 1774.
*Gourjault* ( le comte de ), le 25 février 1788.
*Gouvernet* ( M. de la Tour du Pin de ), le 11 décembre 1760.
*Gouvernet* ( la comtesse de ), le 6 juin 1787.
*Gouy* ( M. de ), en 1749.
*Gouy* ( madame de ), en 1749.
*Gouy d'Arcy* ( le marquis de ), le 7 novembre 1770.
*Gouy d'Arcy* ( M. de ), le 11 août 1773.
*Goyon* ( M. de ), le 27 mars 1753.
*Goyon* ( M. de ), le 18 avril 1763.
*Grammont* ( la duchesse de ), en 1741.
*Grammont* ( madame de ), en 1742.
*Grammont* ( la comtesse de ), en 1749.
*Grammont* ( le comte de ), en janvier 1751.
*Grammont* ( la duchesse de ), le 16 juillet 1761.
*Grammont* ( le comte de ), le 25 octobre 1777.
*Grammont* ( la marquise de ) , le 17 décembre 1786.
*Grammont* ( la comtesse de ) , le 13 janvier 1788; dame du palais.
*Gramont* ( la marquise de ), le 25 juillet 1779.
*Gramont* ( la comtesse Eugénie de ) , le 30 septembre 1781.
*Gramont* ( le marquise de ), le 2 mars 1787.
*Gras-Préville* ( le marquis de ), le 16 mai 1787.
*Grasse* ( le marquis de ) , le 9 septembre 1766.
*Grave* ( le comte de ) , le 30 août 1763.
*Grave* ( le prince de ), en 1740.

*Grave* ( le chevalier de ), le 27 avril 1788.

*Gravier de Vergennes* ( le vicomte ), le 17 janvier 1784.

*Gravier de Vergennes* ( le vicomte de ), le 26 janvier 1786.

*Greneville* ( de Murdrac de ), en octobre 1757.

*Grille* ( le chevalier de ), le 23 février 1787.

*Groing* ( le comte de ), en novembre 1771.

*Grosberg-Bavière* ( le comte de ), le 19 août 1772.

*Grosberg-Bavière* ( la comtesse de ), le 14 janvier 1781.

*Grouchy* ( le comte de ), le 3 novembre 1785.

*Grouchy* ( la comtesse de ), le 7 janvier 1787.

*Gruel-Gruyère* ( le comte de ), 13 novembre 1783.

*Gruel-Gruyère* ( la comtesse de ), le 3 janvier 1788.

*Guébriant* ( M. de ), le 16 avril 1774.

*Guéméné* ( la princesse de ), le 26 mai 1761,

*Guéméné-Rohan* ( le prince de ), le 10 décembre 1763.

*Guerchy* ( le comte de ), en 1737.

*Guerchy* ( le marquis de ), en 1739.

*Guerchy* ( madame de ), le 27 juillet 1753.

*Guerchy* ( la marquise de ), le 2 février 1783.

*Guesclin* ( le comte du ), le 10 mars 1770.

*Guiche* ( le comte de ), le 16 mai 1758.

*Guiche* ( la comtesse de ), le 17 novembre 1766.

*Guiche* ( le comte de la ), le 2 avril 1776.

*Guiche* ( la duchesse de ), le 28 janvier 1787. *A pris le tabouret.*

*Guignard, comte de Saint-Priest* ( M. de ), le 12 décembre 1787. *Les entrées.*

*Guigne* (M. de), le 18 juillet 1754.

*Guillaumanches du Boscage* ( le comte de ), le 2 mars 1786.

*Guillaumanches du Boscage* (le marquis de), le 24 mars 1786.

*Guiscard* ( M. de ), le 23 octobre 1753.

*Guitry - Chaumont* ( M. de ), le 9 novembre 1754.

## H.

*Haget de Vernon* ( le comte de ), le 13 novembre 1786.

*Haloy* ( le comte du ), en octobre 1762.

*Hantier* ( le comte du ), le 31 décembre 1782.

*Hantier* ( la vicomtesse du ), le 27 mai 1787.

*Harambure* ( le baron d' ), le 31 janvier 1789.

*Haraucourt* ( le marquis d' ), le 3 avril 1783.

*Harcourt* ( le marquis d' ), le 12 août 1763.

*Harcourt* ( le chevalier d' ), le 20 novembre 1763.

*Harcourt* ( la marquise d' ), le 27 octobre 1769.

*Harcourt* (la comtesse d' ), ce 11 février 1787.

*Harcourt-Beuvron* ( le marquis d' ), le 18 janvier 1784. *Les entrées.*

*Harenc de la Condamine* ( le marquis de ), le 23 janvier 1786.

*Harenc de Gauville* ( le baron ), le 12 novembre 1784.

*Harville* ( le comte de ), le 28 février 1767.

*Haussonville* ( le marquis d' ), le 13 février 1789.

*Hautefeuille* ( le comte d' ), le 23 février 1787.

*Hautefort* ( M. d' ), le 4 janvier 1762.

*Hautefort* ( le chevalier d' ), le 18 février 1771.

*Hautefort* ( la vicomtesse d' ), le 27 avril 1783.

*Havré* ( le prince d' ), en 1738.

*Havré* ( le duc d' ), en octobre 1762.

*Havré* ( la duchesse d' ), le 18 août 1763.

*Havrincourt* ( le marquis d' ), le 23 avril 1770.

*Haye* ( M. de la ), gentilhomme de la Manche, le premier mai 1758.

*Helmstat* ( M. d' ), en 1749.

*Helmstat* ( madame d' ), en 1774.

*Hénin* ) la marquise d' ), le 26 juillet 1767.

*Henrichemont* ( le prince d' ), le 3 octobre 1752.

*Henrichemont* ( M. d' ), le 5 octobre 1752.

*Henrichemont* ( la princesse d' ), le 2 août 1767.

*Hérem* ( le marquis de Saint- ), en 1749.

*Hérem* ( la marquise de Saint- ), le 4 juillet 1784.

*Hermine de la Barrière* ( Emmanuel, chevalier de Sainte- ), le 23 février 1789.

*Hesse* ( le prince de ), le 19 octobre 1776.

*Hessenstin* ( M. de ), le 17 octobre 1768.

*Hoffelize* ( le comte Gaspard d' ), le 10 février 1788.

*Holstein* ( le prince de ), en janvier 1751.

*Holstein* ( le prince de ), le 16 octobre 1756.

*Hôpital* ( madame de l' ), en 1743.

*Hôpital Gallutchi* ( le comte de ), le 10 mai 1770.

*Houchin* ( le marquis d' ), le 3 mars 1778.

*Houdetot* ( M. d' ), le 14 avril 1753.

*Houdetot* ( le marquis d' ), le 10 février 1759.

*Houdetot* ( le vicomte d' ), le 19 février 1776.

*Houx de Vioménil* ( le vicomte du ), le 17 janvier 1785.

*Houx de Vioménil* ( le vicomte du ), le 15 mars 1787.

*Huchet de la Bédoyère* ( M. ), le 27 mai 1784.

*Hunolstein* ( le comte de ), en avril 1773.

*Hunolstein* ( la baronne de ), les 24 et 25 décembre 1785.

*Hunolstein* ( le baron d' ), le 23 janvier 1786.

## I.

*Ignon* ( le comte de Saint- ), le 26 janvier 1788.

*Imecourt* ( M. d' ), le 22 novembre 1770.

*Imecourt* ( le vicomte d' ), le 3 janvier 1774.

*Invau* ( madame d' ), le 8 novembre 1769.

*Isle* ( le marquis d' ), le 27 mars 1789.
*Isle-Bonne* ( M. de l' ), en 1748.
*Isle-Bonne* ( M. de l' ), le 4 janvier 1756.
*Isnards* ( Toussaint-Siffren des ),
*Isnards* ( Esprit-Dominique-Stanislas des ),
*Isnards* ( Jean-Charles-Gaspard, marquis des ),
} chevaliers de Malte présentés en 1780.

### J.

*Janson* ( le marquis de ), le 14 octobre 1754.
*Janson* ( la comtesse de ), le 21 mai 1782.
*Jarnac* ( la comtesse de ), le 15 avril 1787.
*Jaucourt* ( le chevalier de ), le 21 octobre 1765.
*Jaucourt* ( le comte de ), le premier mars 1769.
*Jaucourt* ( le chevalier de ), le 19 juillet 1773.
*Jaucourt* ( le comte de ), le 7 novembre 1777.
*Jaucourt* ( le marquis de ), en décembre 1779, *Les entrées*.
*Jourda de Vaux* ( le comte de ), le 29 juin 1783.
*Joussac d'Aubeterre* ( M. de ), en 1739.
*Joussineau de Tourdonnet* ( M. de ), le 17 juillet 1771.
*Joussineau de Tourdonnet* ( M. de ), le 28 avril 1773.
*Joussineau de Tourdonnet* ( la vicomtesse de ), le 14 mars 1779.

*Joussineau de Tourdonnet* ( la comtesse de ), le 3 février 1786.

*Joussineau de Tourdonnet* ( le comte de ), le 26 février 1788.

*Joyeuse* ( le marquis de ), en 1734.

*Juigné* ( M. le Clerc de ), le 25 septembre 1753.

*Juigné* ( le marquis de ), le 17 mars 1762.

*Juigné* ( la comtesse de ), le 2 juin 1782.

*Juigné* ( le comte de ), le 26 janvier 1783. *Les entrées.*

*Juigné* ( la comtesse de ), le 18 mars 1787.

*Jumilhac* ( M. de ), le 26 mai 1760.

*Jumilhac* ( M. de ), le 9 décembre 1760.

*Jumilhac* ( la comtesse ), le 25 octobre 1763.

*Jumilhac* ( le vicomte de ), le 31 mars 1770.

*Jumilhac* ( M. de ), le 11 avril 1772.

*Jumilhac* ( la baronne de ), le 15 février 1784.

## K.

*Kercado* ( M. de ), le 22 mars 1751.

*Kercado* ( madame de ), le 19 juillet 1756.

*Kercado* ( le marquis de ), le 29 mars 1777.

*Kercado* ( la comtesse de ), le 8 février 1784.

*Kercado* ( la comtesse de ), le 7 mars 1787.

*Kercado* ( Alexandre, comte de ), le 16 mars 1789.

*Kergorlay* ( le comte de ), le 7 novembre 1785.

*Kergorlay* ( la comtesse de ), le 12 décembre 1787.

*Keroniant d'Estuer* ( le comte de ), le 29 mars 1788.

*Kerouartz* ( le marquis de ), le 19 mai 1784.

*Kinski* ( la princesse de ), le 30 octobre 1765.

## L.

*Lac* ( le comte Armand du ), le 11 mai 1784.

*Lac* ( le marquis du ), le 31 octobre 1785.

*Lac* ( le chevalier du ), le 21 février 1788.

*Lage de Volude* (la comtesse de), le 19 janvier 1782. Dame pour accompagner la princesse de Lamballe.

*Lage de Volude* ( le vicomte de ), le 19 mars 1782.

*Laigle* ( le vicomte de ), le 30 mars 1785.

*Laizer* ( le chevalier de ), le 3 février 1786.

*Laker* ( M. du ), le 4 décembre 1773.

*Lamballe* ( la princesse de ), le 11 mars 1767.

*Lamballe* ( la princesse de ), le 19 mai 1767.

*Lamballe* ( la princesse de ), le 29 juillet 1767.

*Lambert* (M.), le 24 juin 1787. *Les entrées.*

*Lambertie* (M. de ), le 12 octobre 1771.

*Lambertie* ( le vicomte de ), en août 1772.

*Lambertie* ( le comte de ), le 19 mars 1774.

*Lambertie* ( la comtesse Amélie de ), le 27 février 1785.

*Lambertie* (la comtesse Auguste de ), le 11 mars 1787.

*Lambertie* (le comte Auguste de), le 14 avril 1787.

*Lambilly* (le chevalier de), le 24 mars 1786.

*Lameth* (le comte de), le 28 février 1753.

*Lameth* (la comtesse de), le 3 juin 1765.

*Lameth* (le comte de), le 29 mars 1774.

*Lameth* (le comte de), le 9 décembre 1778.

*Lameth* (le chevalier de), le 24 décembre 1778.

*Lameth* (la comtesse Charles de), le 29 janvier 1786.

*Lamoignon* (madame de), le 21 avril 1787.

*Lamoignon* (le chevalier de), le 2 février 1788.

*Lanau* (la comtesse de), le 18 mars 1787.

*Lande* (le vicomte de la), le 26 octobre 1786.

*Landreville* (le comte de), le 27 octobre 1774.

*Langeac d'Espinas* (le comte de), le 10 novembre 1770.

*Langeron* (le maréchal de), le 17 septembre 1752.

*Langeron* (madame de), le 2 novembre 1753.

*Langeron* (la comtesse de), le 21 novembre 1784.

*Langeron Maulevrier* (M. de), le 4 novembre 1754.

*Langon* (le marquis de), le 18 octobre 1770.

*Lannoy* (le comte de), le 18 octobre 1785.

*Lascases* (M. de), le 6 mai 1776.

*Lascases* ( la marquise de ), le 6 décembre 1782. Dame d'honneur de madame la princesse de Lamballe.

*Lastérie du Saillant* ( le marquis de ), le 28 novembre 1786.

*Lastic* ( M. de ), le 14 mars 1757.

*Lastic* ( la comtesse de ), le 26 mars 1763.

*Lastic* ( la marquise de ), le 21 février 1779.

*Lastours* ( le marquis de David de ), le 17 février 1789.

*Lattier* ( la marquise de ), le 24 février 1782.

*Lau* ( M. du ), le 28 mars 1757.

*Lau d'Allemans* ( le marquis du ), le 18 octobre 1770.

*Lau d'Allemans* ( le chevalier du ), le 30 octobre 1773.

*Laudun* ( le comte de ), le 29 février 1788.

*Launoy de Clervaux* ( le chevalier de ), le 7 mai 1785.

*Lauraguais* ( le duc de ), en 1738.

*Lauraguais* ( le duc de ), en 1742.

*Lauraguais* ( la duchesse de ), en 1742.

*Lauraguais* (le marquis de), le 16 février 1755.

*Laurencie* ( le comte de la ), le 23 mars 1786.

*Lautrec de Saint-Garnier* ( M. de ), le 11 octobre 1771.

*Lauzun* ( le marquis de ), en 1738.

*Lauzun* ( la duchesse de ), le 25 octobre 1769.

*Laval* ( le comte de ), en 1749.

*Laval* ( la comtesse de ), le 29 août 1751.

*Laval* ( le marquis de ), le 16 octobre 1751.
*Laval* ( le marquis de ), le 20 novembre 1763.
*Laval* ( le vicomte de ), le 17 février 1765.
*Laval* ( la vicomtesse de ), le 18 août 1768.
*Laval* ( le chevalier de ), le 25 février 1771.
*Laval* ( la marquise de ), le 9 mai 1784.
*Laval* ( le vicomte de ), le 31 octobre 1785.
*Laval-Montmorency* ( le duc de ), en 1749.
*Laval-Montmorency* ( la comtesse de ), le 13 août 1759.
*Lavaulx* ( le comte de ), le 3 mai 1783.
*Léde* ( la marquise de ), en 1748.
*Léde* ( M. de ), en 1749.
*Léon* ( la princesse de ), le 2 mars 1787.
*Léon* ( la princesse de ), le 29 juillet 1788. *A pris le tabouret.*
*Lervenchaupt* ( M. de ), le 22 mars 1751.
*Lescure* ( la comtesse de ), le 13 juin 1765.
*Lescure* ( le marquis de ), le 4 mai 1786.
*Lévis* ( M. de ), en 1739.
*Lévis* ( le marquis de ), le 3 février 1759.
*Lévis* ( la comtesse de ), le 4 novembre 1763.
*Lévis* ( le marquis de ), le 22 avril 1771.
*Lévis* ( la comtesse de ), le 26 mai 1782.
*Lévis* ( la maréchale de ), le 9 mai 1784. *A pris le tabouret.*
*Lévis* ( le vicomte de ), le 29 mai 1785. *Les entrées.*
*Lévis* ( le comte Antoine de ), le 13 janvier 1786.

*Lévis* ( la vicomtesse de ), le 28 mai 1786.
*Liancourt* ( le duc de ), le 18 octobre 1763.
*Liancourt* ( la duchesse de ), le 25 octobre 17 9.
*Lieuray* ( le baron de ), le 23 décembre 1763.
*Ligne* ( le prince de), le 14 septembre 1776.
*Ligneville* ( la comtesse de ); le 3 janvier 1788.
*Limoges* ( M. l'évêque de ), le 1er. mai 1758.
*Linières* ( le comte de ), le 24 novembre 1783.
*Linières* ( la comtesse de ), le 21 décembre 1783.
*Linières* ( le marquis de ), le 8 mai 1786.
*Liré de la Bourdonnais* ( M. de ), le 17 août 1756.
*Listel* ( M. de ), le 26 mai 1761.
*Listenay* ( le marquis de ), en 1739.
*Livron* ( le baron de ), le 28 juin 1787.
*Livron* ( la baronne de ), le 3 janvier 1788.
*Livry* ( la comtesse de ), en 1746.
*Livry* ( le comte Hippolyte de ), le 17 mars 1785.
*Lombelon des Essarts* ( la marquise de ), le 14 avril 1782;
*Lombelon des Essarts* ( la marquise de ), le 18 avril 1782. Dame pour accompagner madame Elisabeth.
*Loménie de Brienne* ( M. de ), en août 1774.
*Loménie* ( la vicomtesse de ), le 17 mars 1785.
*Lons* ( M. de ), en 1774.
*Lons* ( la comtesse de ), le 16 mai 1784.

*Lordat* ( M. de ), le 17 juillet 1755.

*Lordat* ( la marquise de ), le 20 août 1780. Dame de compagnie de madame Elisabeth de France.

*Lordat* ( la marquise de ), le 25 mars 1781.

*Lordat* ( le marquis de ), le 31 mai 1781.

*Lorges* ( le chevalier de ), en 1737.

*Lorges* ( la comtesse de ), en 1745.

*Lorges* ( le comte de ), en 1765.

*Lorges* ( la duchesse de ), le 30 janvier 1780. Dame d'honneur de madame la comtesse d'Artois. *Les grandes entrées.*

*Lort* ( la vicomtesse de ), le 23 avril 1786.

*Lort de Sérignan* ( le marquis de ), le 6 décembre 1773.

*Lostanges* ( M. de ), en 1750.

*Lostanges* ( madame de ), le 20 mai 1754.

*Lostanges* ( la marquise de ), le 8 mai 1785.

*Louvois* ( M. de ), le 18 avril 1768.

*Louvois* ( la marquise de ), le 10 mars 1782.

*Lowendal* ( M. de ), le 17 décembre 1766.

*Loz* ( le comte de ), le 16 février 1788.

*Lubersac* ( le marquis de ), le 20 septembre 1751.

*Lubersac* ( le comte de ), le 20 avril 1785.

*Lubersac* ( le baron de ), le 20 avril 1785.

*Lubomirsky* ( le prince Alexandre ), le 16 août 1774.

*Luc* ( le comte du ), en 1739.

*Luc* ( le marquis du ), le 11 octobre 1768.

Luc (la comtesse du), le 18 janvier 1784.

Lucinge (le comte de), le 11 mai 1785.

Lude (M. du), le 15 mars 1758.

Lugeac (M. de), en 1748.

Lupé (M. de), gentilhomme de la manche, le 6 décembre 1758.

Lupé-Garacé (le comte de), le 12 novembre 1784.

Lur-Saluces (le comte de), le 13 février 1785.

Lur-Saluces (la comtesse de), le 28 août 1785. Dame pour accompagner Madame.

Lusace (le comte de), prince de Saxe, le 4 avril 1760.

Lusignan (le comte de), le 7 janvier 1754.

Lusignan (le comte de), le 20 mars 1754.

Lusignan (M. de), le 21 avril 1770.

Lusignem (M. de), le fils, le 3 mai 1770.

Lussac (le comte de), le 16 février 1788.

Luzerne (le chevalier de la), le 26 mars 1763.

Luzerne (la vicomtesse de la), le 24 octobre 1784.

Luzerne (la vicomtesse de la), le 29 mai 1787.

Luzerne (le marquis de la), le 15 septembre 1788. *Les entrées.*

Luzerne (le vicomte de la), le 16 mars 1789.

Luxembourg (le chevalier de), en juin 1767.

Luxembourg (le comte de), le 26 octobre 1784.

Luxembourg (le duc de), le 24 juin 1787. *Les entrées.*

*Luynes* (le duc de); le 12 mars 1770.
*Luxelbourg* ( madame de ), le 26 septembre 1755.
*Lyon* ( le marquis du ), le 15 décembre 1786.

## M.

*Mac Carthy* ( M. de ), le 25 février 1777.
*Mac Carthy* ( le vicomte ), le 26 février 1788.
*Maceran* ( la princesse de ), le 18 février 1781. *A pris le tabouret.*
*Machault* ( madame de ), le 9 août 1756.
*Mackau* ( la baronne de ), le 21 janvier 1781.
*Mackau* ( le baron de ), le 11 mai 1782.
*Mahony* ( le comte O ), le 21 janvier 1788.
*Mahony* ( la comtesse O ), le 30 avril 1788.
*Maillé* ( M. de ), le 7 février 1752.
*Maillé* ( le chevalier de ), le 25 octobre 1768.
*Maillé* ( la duchesse de ), le 1ᵉʳ février 1784. *A pris le tabouret.*
*Maillé* ( la marquise de ) le 8 décembre 1787.
*Maillé* ( le marquis de ), le 10 février 1788.
*Maillé* ( la marquise de ), le 14 août 1788.
*Maillé* ( Charles, comte de ), le 23 janvier 1789.
*Maillebois* ( le comte de ), en 1738.
*Maillebois* ( le comte de ), en 1746.
*Mailly* ( le comte de ), en 1739.
*Mailly* ( M. de ), le 24 avril 1758.

*Mailly* ( madame de ), en septembre 1765.
*Mailly* ( le marquis de ), le 29 octobre 1765.
*Mailly* ( la comtesse de ), le 7 mai 1780.
*Mailly* ( le comte de ), depuis maréchal de France, le 31 mars 1782. *Les entrées.*
*Malespine* ( madame de ), le 4 septembre 1757.
*Malet* ( la comtesse de ), le 24 septembre 1783.
*Malet* ( le baron de ), le 11 avril 1786.
*Malet de la Jorie* ( le comte ), le 28 avril 1783.
*Malet Roquefort* ( le vicomte de ), le 15 mai 1783.
*Mandelot* ( la comtesse de ), le 1$^{er}$ février 1780.
*Marbeuf* ( M. de ), le 26 mars 1754.
*Marbeuf* ( la comtesse de ), le 21 août 1785.
*Marche* ( le comte de la ), en 1749.
*Marcieu* ( la comtesse de ), le 17 août 1782.
*Marck* ( la comtesse de la ), en 1749.
*Marck* ( le comte de la ), le 9 décembre 1771.
*Marconnay* ( la comtesse de ), le 17 mars 1786.
*Marconnay* ( le comte de ), le 28 mars 1786.
*Marconnay* ( le marquis de ), le 28 mars 1786.
*Marconnay* ( la marquise de ), le 4 mars 1787.
*Marguerie* ( le comte de ), le 7 avril 1781.
*Marguerie* ( le comte Edouard de ), le 15 mai 1784.
*Marguerie* ( la comtesse Edouard de ), le 27 juin 1784.
*Marigny* ( M. Poisson de ), le 12 octobre 1754.

*Marnèsia* ( le commandeur de ), le 12 novembre 1784.

*Marnier* ( la comtesse de ), le 18 janvier 1716.

*Marsan* ( la comtesse de ), en 1743.

*Marsault* ( la baronne de Saint ), le 2 avril 1786.

*Marsault* ( le baron de Saint ), le 23 février 1787.

*Marsault-Chatelaillon* ( le baron de Saint ), le 23 février 1787.

*Marseille du Luc* ( le comte de ), le 5 avril 1762.

*Marthonie* ( le comte de la ), le 30 mars 1785.

*Mastin* ( le comte de ), le 15 février 1785.

*Maubourg* ( le comte de ), le 6 décembre 1776.

*Maugiron* ( la comtesse de ), le 27 octobre 1751.

*Mauléon* ( le comte de ), le 17 décembre 1782.

*Mauléon* ( le comte Savary de ), le 8 mai 1786.

*Maulevrier* ( le comte de ), le 18 avril 1778.

*Maulevrier* ( la comtesse de ), le 24 mars 1782.

*Maupeou* ( le marquis de ), le 12 janvier 1772.

*Maurepas* ( madame de ), en 1738.

*Maurice* ( M. de Saint- ), le 17 janvier 1777.

*Maurice* ( la princesse de Saint- ), le 18 janvier 1784.

*Maurice-Chastenois* ( le marquis de Saint- ), le 12 mai 1787.

*Mazarin* ( le duc de ), le 7 juillet 1751.

*Mazarin* ( la duchesse de ), le 19 septembre 1751.

*Mégrin* ( le duc de Saint- ), le 8 mai 1762.

*Mégrin* ( la duchesse de Saint- ), le 8 juin 1767.

*Méhérenc-Saint-Pierre* ( le comte de ) le 24

mars 1788.

*Mehun de la Ferté* ( la comtesse de ), le 20 août 1780. Dame de compagnie de madame Victoire de France.

*Mehun la Ferté* ( le marquis de ), le 2 avril 1787.

*Mélat* ( le comte de ), le 2 juin 1787.

*Melfort* ( madame de ), en 1741.

*Melfort* ( la comtesse de ), le 3 novembre 1768.

*Melfort* ( le vicomte de ), le 13 janvier 1786.

*Mellet* ( la comtesse de ), le 18 octobre 1768.

*Menars* ( le comtesse Edouard de ), le 8 mars 1789.

*Menou* ( le marquis de ), le 8 mars 1769.

*Menou* ( le comte Charles de ), le 17 mars 1785.

*Menou* ( la comtesse de ), le 18 janvier 1784.

*Menou* ( le comte Victor de ), le 17 avril 1784.

*Menou* ( la comtesse de ), le 6 mars 1785.

*Menou* ( le comte Charles de ), le 17 mars 1785.

*Merinville* ( M. de ), le 24 juillet 1754.

*Merinville* ( madame de ), le 9 mars 1755.

*Merinville* ( le comte de ), le 4 mai 1756.

*Merinville* ( la vicomtesse de ), présentée le 17 mars 1782, en qualité de dame pour accompagner madame Elisabeth de France.

*Merle* ( le comte du ), le 8 novembre 1776.

*Merle* ( le baron du ), le 9 février 1789.

*Merle d'Ambert* ( la marquise de ), le 31 mai 1781.

*Mesme* ( le comte de Sainte- ), le 15 décembre 1774.

*Mesme* ( madame de ), le 24 juillet 1755.

*Mesnies* ( M. de ), le 8 mars 1773.

*Mesnard* ( le marquis de ), le 29 avril 1785

*Mesnard* ( le chevalier de ), le 31 octobre 1786.

*Mesnard de la Menardiere* ( le comte de ), le 16 décembre 1773.

*Mesnil-Simon* ( le comte du ), le 2 mars 1774.

*Messey* ( la comtesse de ), le 2 mai 1788.

*Miran* ( le marquis de ), le 29 août 1763.

*Miran* ( le marquis de ), 25 octobre 1763.

*Miorcec de Kerdanet* ( le vicomte Henri de ), le 22 mars 1788.

*Mirepoix* ( la maréchale de ), le 29 mars 1754.

*Mirepoix* ( le marquis de ), le 14 février 1776.

*Mirepoix* ( la comtesse de ), le 11 février 1779.

*Moges* ( le marquis de ), le 1er décembre 1766.

*Moges* ( la vicomtesse de ), le 25 janvier 1789.

*Moges* ( le vicomte de ), le 13 février 1789.

*Molac* ( le marquis de ), en 1739.

*Molac de Kercado* (le comte de), le 10 avril 1782.

*Molac* ( la marquise de ), le 17 décembre 1786.

*Molay* ( M. de ), le 22 mars 1751.

*Monaco* ( la princesse de ), en 1740.

*Monaco* ( la princesse de ) , en novembre 1761.

*Monaco* ( la princesse Josephe de ), le 8 décembre 1782. *A pris le tabouret.*

*Montagu* ( la marquise de ), le 19 mai 1782.

*Montagu Favol* ( le vicomte de ), le 2 juin 1787.

*Montagu-Lomagne* ( le marquis de ), le 23 janvier 1783. *Les entrées.*

*Montagu Lagne* ( la comtesse de ), le 20 janvier 1788.

*Montaignac* ( le marquis de ), le 12 novembre 1784.

*Montaignac* ( la marquise de ), le 20 février 1785.

*Montaigu* ( le marquis de ), le 15 décembre 1771.

*Montalembert* ( M. de ), le 26 juillet 1753.

*Montauban* ( madame de ), en 1737.

*Montauban* ( M. de ), le 1er mai 1758.

*Montault* ( M. de ), gentilhomme de la manche, le 16 décembre 1750.

*Montault* ( M. de ), le 18 février 1771.

*Montault* ( M. de ), le 12 octobre 1771.

*Montault* ( le comte Joseph de ), le 15 février 1787.

*Montauzier* ( M. de ), le 25 avril 1769.

*Montauzier* ( le comte de ), le 24 avril 1773.

*Montazet* ( M. de ), le 25 septembre 1755.

*Montazet* ( le marquis de ), le 14 mars 1772.

*Montbarey* ( le comte de ), le 20 novembre 1753.

*Montbarey* ( madame de ), le 19 janvier 1754.

*Montbarey* ( le chevalier de ), le 21 juin 1768.

*Montbarey* ( la princesse de ), le 30 juillet 1780. *A pris le tabouret.*

*Montbazon* ( le duc de ), en 1747.

*Montbazon* ( la duchesse de ), le 10 juin 1781. *A pris le tabouret.*

*Montbel* ( M. de ), le 2 décembre 1763.
*Montbel* ( M. de ), fils, le 24 avril 1769.
*Montboissier* ( M. de ), en 1749.
*Montboissier* ( le marquis de ), le 22 mars 1754.
*Montboissier* ( la comtesse de ), le 12 juillet 1756.
*Montboissier* ( le comte de ), le 9 avril 1770.
*Montchenu* ( M. de ), le 5 janvier 1767.
*Montchenu* ( le chevalier de ), le 11 avril 1786.
*Montchenu* ( le vicomte de ), le 22 avril 1786.
*Montclare* ( M. de ), le 8 janvier 1761.
*Montecler* ( le comte de ), le 21 mars 1765.
*Montecler* ( le chevalier de ), en 1765.
*Montécot* ( le comte de ), le 31 mars 1786.
*Monteil* (M. de), le 26 septembre 1752.
*Monteil* ( le chevalier de ), le 18 mars 1763.
*Montesquiou* ( M. de ), gentilhomme de la manche, le 1er. mai 1758.
*Montesquiou* ( la marquise de ), le 25 avril 1769.
*Montesquiou* ( M. de ), le 30 décembre 1778.
*Montesquiou* ( la baronne de ), le 14 janvier 1781.
*Montesquiou* ( la vicomtesse de ), le 4 mai 1783.
*Montesson* ( le chevalier de ), le 7 mai 1785.
*Monteynard* ( M. de ), le 29 mars 1756.
*Monteynard* ( Hector, comte de ), le 23 mars 1789.

*Montferrand* ( le marquis de ), le 13 novembre 1786.

*Montgaillard* ( la marquise de ), le 21 juin 1787.

*Montgiron* ( M. de ), le 31 octobre 1754.

*Montgon* ( le marquis de ), le 13 novembre 1786.

*Montholon* ( la marquise de ), le 14 octobre 1787. Dame pour accompagner madame Victoire.

*Montléart* ( le comte de ), le 23 janvier 1785.

*Montléart* de *Rumont* ( le marquis de ), le 3 février 1786.

*Montléart* ( la comtesse de ) le 4 juin 1786.

*Montlezun* ( M. de ), le 8 mai 1770.

*Montlezun-Campagne* ( le marquis de ), le 12 novembre 1784.

*Montlezun-Pardiac* ( le marquis de ), le 15 mai 1784.

*Montmirail* ( M. de ), le 13 septembre 1752.

*Montmirail* ( la marquise de ), le 27 août 1763.

*Montmorency* ( le duc de ), le 9 novembre 1754.

*Montmorency* ( la duchesse de ), le 26 mai 1755.

*Montmorency* ( le chevalier de ), le 17 octobre 1763.

*Montmorency* ( le prince de ), le 2 février 1788.

*Montmorency* (la duchesse de), le 29 juillet 1788. *A pris le tabouret.*

*Montmorency* (la comtesse de), le 28 juin 1789.

*Montmorency-Fosseux* (le duc de), en 1749.

*Montmorency-Laval* (le marquis de), en octobre 1762.

*Montmorency-Laval* (la marquise de), le 16 octobre 1770.

*Montmorency-Laval* (le duc de), le 3 août 1785. *Les entrées.*

*Montmorency-Luxembourg* (la comtesse de), le 13 mars 1789. *A pris le tabouret.*

*Montmorin* (la marquise de), le 11 octobre 1763.

*Montmorin* (la comtesse de), le 15 avril 1767.

*Montmorin* (le comte de), le 11 avril 1768.

*Montmorin* (la comtesse de), le 31 mai 1781.

*Montmort* (la comtesse de), le 22 juillet 1781.

*Monstiers* (la marquise de), le 13 mars 1785.

*Montréal* (le comte de), le 30 mars 1776.

*Montsoreau* (M. de), en 1742.

*Montsoreau* (le marquis de), le 15 juillet 1767.

*Morangiès* (la comtesse de), le 7 août 1756.

*Morant* (la marquise de), le 17 juin 1781.

*Morard* (le marquis de), le 17 avril 1784.

*Morard d'Arces* (la comtesse de), le 15 février 1789.

*Moreton Chabrillant* (M. de), le 10 juillet 1773.

*Moreton de Chabrillant* ( le chevalier de ), le 17 février 1789.

*Moriac* ( le comte de ), le 29 mars 1775.

*Mortagne la Tremblaye* ( le marquis de ), le 8 mars 1781.

*Mortemart* ( le duc de ), le 15 février 1772.

*Mortemart* ( le marquis de ), son frère, le 15 février 1772.

*Mortemart* ( la marquise de ), le 23 janvier 1780.

*Mortemart* ( la duchesse Pauline de ), le 19 janvier 1783. *A pris le tabouret.*

*Mory* ( la comtesse de ), le 2 novembre 1770.

*Motte-Paracé* ( le comte de la ), le 24 mai 1787.

*Moussaye* ( M. de la ), le 13 février 1778.

*Moussaye* ( le chevalier de la ), le 28 février 1783.

*Mousse* ( le comte de la ), le 22 janvier 1787.

*Moussy de la Contour* ( le comte de ), le 24 mars 1786.

*Moussy* ( M. de ), en 1746.

*Moustiers* ( le chevalier de ), le 2 novembr 1771.

*Moustiers* ( la marquise de ), le 6 février 1785.

*Moutier* ( le marquis du ), le 22 avril 1767.

*Moy* ( le vicomte de ), le 15 mai 1783.

*Moyria* ( le marquis de ), en avril 1773.

*Mun* ( le marquis de ), le 4 avril 1786.

*Murat* ( le comte de ), le 12 novembre 1784.

*Murat* ( le comte de ), le 3 novembre 1785.
*Murat de Lestang* ( la marquise de ), le 26 novembre 1788.
*Murat de Lestang* ( le marquis de ), le 27 janvier 1789.
*Murat de Verninat* ( le comte de ), le 27 mars 1789.
*Murinais* ( le chevalier de la ), le 3 mars 1769.
*Murinais* ( le chevalier de ), le 28 mars 1786.
*Musanchere* ( le chevalier de la ) le 6 décembre 1773.
*Muy* ( le marquis de ) en 1785.
*Myre Mory* ( M. de la ), le 12 août 1758.
*Myre Mory* ( le vicomte André-Jérôme de la ), le 21 juin 1782.
*Myre Mory* ( la vicomtese de la ), le 26 mars 1786.
*Myre-Mory* ( le chevalier de ), le 26 mars 1789

## N.

*Nagu* ( le comte de ), le 4 mars 1765.
*Narbonne* ( le comte de ), le 27 février 1758.
*Narbonne* ( le vicomte de ), le 16 juillet 1765.
*Narbonne* ( madame de ), le 31 octobre 1771.
*Narbonne* ( la comtesse de ), le 21 mai 1782.
*Narbonne-Pelet* (la comtesse Reymond de ), le 4 mai 1785.
*Narbonne* ( le marquis de ), le 25 avril 1785.

*Narbonne* ( le vicomte de ), le 29 mai 1785. *Les entrées.*

*Narbonne* ( la comtesse Amalric de ), le 26 novembre 1788.

*Narbonne* ( le chevalier de ), le 31 janvier 1789.

*Narbonne-Lara* ( M. de ), en 1749.

*Narbonne-Lara* ( madame de ), en 1749.

*Nassau* ( le prince de ), le 25 octobre 1763.

*Nassau* ( le prince de ), le 6 mars 1773.

*Nassau-Estreden* ( le prince de ), le 15 janvier 1765.

*Navailles* ( le baron de ), le 19 mai 1784.

*Navailles* ( la comtesse de ), le 12 octobre 1788.

*Nédonchel* ( la baronne de ), le 13 janvier 1782.

*Nédonchel* ( le baron de ), le 23 février 1789.

*Néel* ( la comtesse de ), le 25 août 1768.

*Néel* ( le comte de ), le 11 mai 1785.

*Néel* ( la comtesse de ), le 9 mai 1787.

*Nesle* ( mademoiselle de ), en 1739.

*Nieul* ( la vicomtesse de ), le 19 février 1786.

*Nieul* ( le vicomte de ), le 13 février 1785.

*Nivernais* ( le duc de ), en 1738.

*Noailles* ( la comtesse de ), le 19 septembre 1751.

*Noailles* ( la marquise de ), le 17 novembre 1766.

*Noé* ( le vicomte de ), le 25 décembre 1753.

*Noé* ( le comte de ), le 14 février 1756.

*Nonant* ( le comte de ), le 29 janvier 1785.
*Nonant* ( la comtesse de ), le 21 février 1787.

## O.

*Obakirch* ( la baronne d' ), le 13 juin 1784.
*Oguilvi* ( milord ), le 29 avril 1754.
*Oguinski* ( M. d' ), le 28 septembre 1759.
*Oilliamson* ( le chevalier d' ), le 3 décembre 1775.
*Oilliamson* ( la comtesse d' ), le 27 février 1785.
*Okelli* ( le comte ), le 21 octobre 1776.
*Olonne* ( la duchesse d' ), le 21 juin 1754.
*Omer* ( l'évêque de Saint- ), le 18 janvier 1784. *Les entrées.*
*Orléans* ( le duc d' ), en 1739.
*Orléans* ( mademoiselle d' ), le 2 juillet 1768.
*Osmond* ( la comtesse d' ), le 12 avril 1780 ; dame pour accompagner madame Adélaïde de France.
*Osmont* ( le comte d' ), le 12 novembre 1784.
*Osolinski* ( le duc d' ), le 19 février 1751.
*Ossonville* ( M. Cheron d' ), le 20 octobre 1756.
*Ossun* ( le comte d' ), le 24 octobre 1768.
*Ossun* ( le duc d' ), en 1737.
*Ourches* ( le comte d' ), le 12 août 1769.
*Ourches* ( la comtesse d' ), le 26 mars 1786.

## P.

*Pac de Bellegarde* (le comte du), le 27 janvier 1789.

*Palisse* (la comtesse de la), le 12 septembre 1787.

*Pallu* (le comte de la), le 17 mai 1756.

*Pallu* (le comte de), le 7 novembre 1785.

*Pallu* (le comte François de la), le 13 novembre 1786.

*Panouse* (le comte de la), le 16 mai 1787.

*Parabère* (Alexandre de), le 21 avril 1787.

*Parc de Barville* (Constantin-Frédéric-Thimoléon, comte du), le 11 avril 1788.

*Parc de Barville* (Marie-Claudine de Caillebot de la Salle, comtesse du), le 2 mai 1788.

*Pardieu* (la comtesse Félix de), le 25 janvier 1784.

*Pardieu* (le vicomte de), le 24 mars 1786.

*Paroy* (le comte de), le 12 mai 1787.

*Paulmy* (madame de), le 27 juillet 1753.

*Peguilhan de Thermes* (le marquis de), en janvier 1751.

*Pellagrue* (M. de), le 9 novembre 1771.

*Pellagrue* (le comte de), le 12 février 1774.

*Penfentenio de Chef Fontaines* (le marquis de), le 18 mars 1788.

*Penthièvre* (la duchesse de), en 1744.

*Pequigny* (le duc de), en 1735.

*Périgord* ( M. de ), en 1745.
*Périgord* ( la vicomtesse de ), le 24 janvier 1779.
*Pern-Ligonnier* ( le comte de St- ), le 12 mai 1787.
*Péruse d'Escars* ( le marquis de ), en août 1772.
*Péruse d'Escars* ( le comte de ), le 4 avril 1778.
*Peyre* ( le comte de ), le 4 décembre 1773.
*Pierre* ( madame de Saint- ), en 1737.
*Pierre* ( la comtesse de Saint- ), le 6 février 1785.
*Pierre de Bernis* ( le comte de ), le 15 février 1765.
*Pierrecourt* ( le marquis de ), le 14 octobre 1785.
*Pierrecourt* ( la marquise de ), le 11 décembre 1785.
*Pierrepont* ( le comte de ), le 22 mai 1782.
*Pignatelli* ( la comtesse de ), le 18 août 1764.
*Pimodan* ( le marquis de ), le 18 août 1766.
*Pimodan* ( le comte de ), le 28 mars 1786.
*Pimodan* ( la marquise de ), le 28 mai 1786.
*Pimodan* ( le baron de ), le 17 février 1789.
*Pins* ( le vicomte de ), le 23 janvier 1789.
*Pirch* ( le baron de ), le 26 avril 1782.
*Piré* ( la comtesse de ), le 28 novembre 1788.
*Plessis d'Argentré* ( le marquis du ), le 17 mars 1784.
*Plessis-Bellière* ( la comtesse du ), le 13 février 1780.
*Plessis-Châtillon* ( madame du ), en 1749.

*Plessis-Châtillon* ( M. du ), le 23 octobre 1752.

*Plessis-Châtillon* ( le chevalier du ), le 11 avril 1784.

*Plessis-Châtillon* ( le chevalier du ), le 11 mai 1784.

*Plessis de Grenedan* ( le chevalier du ), le 24 mai 1787.

*Plunely* ( le comte de ), en 1773.

*Pluviers* ( le comte de ), le 24 mars 1786.

*Pluviers* ( la comtesse de ), le 2 avril 1786.

*Podenas* ( la vicomtesse de ), le 21 mars 1784.

*Podenas de Villepinte* ( M. de ), le 27 avril 1775.

*Poilvilain* ( le marquis de ), le 25 octobre 1763.

*Poix* ( la princesse de ), le 14 octobre 1767.

*Poix* ( le prince de ), le 18 novembre 1769.

*Polastron* ( M. de ), le 27 mars 1752.

*Polastron* ( la comtesse de ), le 13 décembre 1780.

*Polignac* ( le marquis de ), en 1739.

*Polignac* ( le vicomte de ), en 1739.

*Polignac* ( madame de ), le 12 février 1752.

*Polignac* ( le comte de ), le 28 juillet 1755.

*Polignac* ( le chevalier de ), le 2 novembre 1756.

*Polignac* ( M. Jules de ), le 17 février 1766.

*Polignac* ( la vicomtesse Jules de ), le 21 juillet 1769.

*Polignac* ( madame de ), le 3 mai 1770.

*Polignac* ( la duchesse de ), le 24 septembre 1780. *A pris le tabouret.*

*Polignac* ( le comte Charles de ), le 17 février 1783.

*Polignac* ( la comtesse Charles de ), le 12 décembre 1787.

*Pompadour* ( la marquise de ), en 1744.

*Pons* ( le marquis de ), le 29 mai 1783. *Les entrées.*

*Pont* ( le marquis de ), en 1746.

*Pont* ( la comtesse de ), en octobre 1762.

*Pont* ( le marquis de ), le 25 octobre 1763.

*Pont* ( le comte de ), le 26 février 1767.

*Pont-Bellanger* ( la vicomtesse de ), le 25 janvier 1789.

*Pont-Saint-Maurice* ( le comte de ), le 18 septembre 1751.

*Pantaubevoye* ( Louis-François-Bertrand du ), comte de Lauberdière, en avril 1789.

*Pontavice* ( M. de ), le 27 mars 1771.

*Pontavice de Rouffigny* ( le marquis de ), le 3 février 1786.

*Pontevez* ( M. de ), le 20 mars 1772.

*Poret* ( la comtesse de ), le 26 mars 1788.

*Porhoet* ( le comte de ), le 20 avril 1785.

*Porte d'Eydoche* ( le chevalier de la ), le 11 mai 1784.

*Porte de Riants* ( la comtesse de la ), en 1746.

*Porte de Riants* ( la marquise de la ), le 3 mai 1789.

*Porte-Vezins* ( le marquis de la ), le 15 mars 1787.

*Poulpry* ( le comte de ), le 12 novembre 1784.
*Poulpry* ( la comtesse de ), le 27 novembre 1784.
*Poyanne* ( le marquis de ) en 1749.
*Pracomtal* ( M. de ), le 9 mars 1772.
*Pracomtal* ( le marquis de ), en avril 1772.
*Pracomtal* ( la marquise de ), le 5 mai 1776.
*Praslin* ( le marquis de ), le 14 décembre 1776.
*Praslin* (la vicomtesse de ) , le 16 avril 1780. *A* pris le tabouret.
*Pressigny Croissy* ( M. de ), le 20 mai 1758.
*Prestre de Lezonnet* ( le comte le ), le 3 novembre 1785.
*Prie* ( le marquis de ), le 10 janvier 1756.
*Prunelé* ( la comtesse de ), le 9 avril 1780.
*Prunelé* ( le vicomte de ), le 17 avril 1784.
*Puget* ( le chevalier de ), en 1774.
*Puget de Barbantanne* ( le marquis de ), le 18 janvier 1784. *Les entrées.*
*Puget* ( M. du ), le 9 mai 1787. *Les entrées.*
*Puget* ( le chevalier du ), le 21 avril 1787.
*Pugey* ( la marquise de ), le 14 septembre 1765.
*Puisigneux* ( le comte de ), le 26 février 1775.
*Pui-Melgueil* ( le vicomte du ), le 3 mars 1789.
*Puy-Montbrun* ( le marquis du ) le 26 janvier 1788.
*Puységur* ( M. de ), le 2 novembre 1753.
*Puységur* ( M. de ), le 24 novembre 1778.
*Puységur* ( la marquise de ), le 16 décembre 1787.

## Q.

Quatrebardes ( le comte de ), le 31 mars 1786.
Quelen ( le comte de ), le 26 octobre 1770.
Quémadeuc ( M. de ), le 7 décembre 1771.
Quengo de Tonquedec ( le vicomte de ), le 23 février 1782.
Queuille ( le marquis de la ), en avril 1773.
Quifistre de Bavalan ( le marquis ), le 29 mars 1788.

## R.

Rachais ( la marquise de ), le 28 septembre 1783,
Rachais ( le marquis de ) le 3 novembre 1783.
Raffelis ( le chevalier de ), en avril 1773
Raffetot (M. de), en 1749.
Raffin d'Hauterive ( le marquis de ), le 27 mars 1789.
Raigecourt ( la marquise de ), le 4 juillet 1784.
Raigecourt ( le marquis de ) , le 20 avril 1785.
Raigecourt ( le comte Charles de ), le 22 février 1788.
Raincourt ( le comte de ), le 18 mars 1788.
Rastignac ( le comte de ), le 4 avril 1767.
Raugrave ( le comte de ), le 20 juin 1782.
Renaut d'Allen ( le comte de ), le 11 avril 1786.
Renel-Clermont ( madame de ), en 1745.

*Renty* ( madame de ), le 16 juillet 1753.

*Revel* ( le comte de ), en 1750.

*Revel* ( la princesse de ), le 14 avril 1782.

*Riants* ( M. de ), en 1749.

*Ricci* ( le comte de ) le 12 octobre 1771.

*Richelieu* ( la maréchale de ), le 27 février 1780. *A pris le tabouret.*

*Rieux* ( madame de ), le 16 juillet 1761.

*Rieux* ( le marquis de ), le 9 décembre 1769.

*Rieux* ( le comte de ), le 17 janvier 1786.

*Rigaut* ( le marquis de ), le 13 novembre 1786.

*Rivière* ( M. de la ), le 18 octobre 1769.

*Rivière* ( le marquis de ), le 13 avril 1771.

*Rivière* (le comte de la ), le 27 octobre 1785.

*Rivière Prédange* ( le vicomte de la ), le 8 mars 1788.

*Rivoire Tourette* ( le chevalier de la ), le 3 mars 1789.

*Robèque* ( le prince de), le 18 janvier 1784. *Les entrées.*

*Robeque* ( le prince de ), en 1747.

*Rochambeau* ( M. de ), en 1748.

*Rochambeau* ( le marquis de ) le 19 mars 1778.

*Rochambeau* (la vicomtesse de), le 20 mai 1779.

*Roche-Aymon* ( le vicomte de la ), le 23 décembre 1772.

*Roche-Aymon* ( le marquis de la ), le 29 juillet 1769.

*Rochechouart* ( le marquis de ), le 18 septembre 1752.

*Rochechouart* ( le chevalier de ), le 13 mai 1752.

*Rochechouart* ( le marquis de ), le 28 juin 1751.

*Rochechouart*, ( madame de ), en 1748.

*Rochechouart* ( la duchesse de ), en 1738.

*Rochechouart* ( le duc de ), en 1732.

*Rochechouart* ( M. de ), le 1<sup>er</sup> décembre 1757.

*Rochechouart* (la duchesse de) , le 26 août 1756.

*Rochechouart-Faudoas* ( le marquis de ), en juin 1767.

*Roche-Dragon* ( M. de la ) , le 28 janvier 1775.

*Roche-Fontenilles* ( la marquise de la ), le 6 août 1780. Dame de madame Elisabeth de France.

*Rochefort* ( M. de ), en 1747.

*Rochefort* ( le marquis de ), le 11 mars 1766.

*Rochefort-Rohan* ( la princesse de ), le 8 mars 1766.

*Rochefort-Rohan* ( M. de ), le 13 mai 1752.

*Rochefoucauld* ( le duc de la ), le 25 octobre 1763.

*Rochefoucauld* ( la duchesse de la ), le 2 août 1767.

*Rochefoucault* ( le marquis de la ), le 18 juillet 1767.

*Rochefoucault* ( la duchesse de la ), le 15 avril 1781. *A pris le tabouret.*

*Rochefoucault-d'Oudeauville* ( madame de la ), née le Tellier, le 23 mai 1779. *A pris le tabouret.*

*Roche-Jaquelin* ( M. de la ), le 15 novembre 1771.

*Roche-Jaquelin* (M. de la), le 2 novembre 1771.

*Roche-Jacquelin* ( le marquis de la ), en 1773.

*Rochelambert* ( le comte de la ), le 6 février 1778.

*Rochelambert* ( le marquis de la ), le 18 mars 1765.

*Rochelambert* ( la vicomtesse de la ), le 2 mars 1788.

*Rochelambert* ( le comte de la ), le 7 novembre 1785.

*Rochelambert* ( le vicomte de la ), le 31 octobre 1786.

*Rochelambert-Thevalle* ( la marquise de la ), le 9 septembre 1779.

*Roche-du-Maine* ( le marquis de la ), le 5 mars 1766.

*Roches* ( la comtesse des ), le 6 décembre 1785. Dame pour accompagner la princesse de Conty.

*Roche-Saint-André* ( le marquis de la ), le 13 mai 1787.

*Roche-Saint-André* ( le chevalier de la ), le 13 mai 1787.

*Roffignac* (le comte de), le 19 juillet 1773.
*Rohan* (le marquis de), en 1740.
*Rohan* (mademoiselle de), en 1744.
*Rohan* (le duc de), en 1737.
*Rohan* (le prince Camille de), le 17 mars 1760.
*Rohan-Chabot* (le vicomte de), en 1743.
*Rohan-Chabot* (la duchesse de), le 15 janvier 1760.
*Rohan-Guémené* (mademoiselle de), le 1er mai 1770.
*Rohan-Rochefort* (madame de), le 11 juin 1780. *A pris le tabouret.*
*Rohan-Rochefort* (la princesse Charlotte de) le 16 juillet 1780. *A pris le tabouret.*
*Rôle* (le baron de), le 4 mai 1776.
*Rollat* (le chevalier de), le 13 mai 1787.
*Rollat* (le comte de), le 14 mai 1786.
*Romanet* (le vicomte de) le 22 mars 1788.
*Roncherolles* (madame de), le 7 août 1756.
*Roncherolles* (la vicomtesse de), le 22 juin 1783.
*Roncherolles* (le comte Charles de), le 21 mai 1785.
*Rooth* (le chevalier de), le 12 novembre 1784.
*Roque-Bouillac* (le comte de la), le 2 avril 1787.
*Roquefeuille* (M. de), le 16 mars 1771.

*Roquefeuille* ( M. de ), le 19 avril 1755.

*Roquelaure* ( M. de ), le 12 janvier 1772.

*Roquelaure* ( le chevalier de ), le 6 février 1778.

*Roquelaure* ( le marquis de ), le 27 juin 1779.

*Roque-Ménillet* ( la comtesse de la ), le 4 février 1787.

*Roque-Ménillet* ( le comte de la ), le 24 mar 1786.

*Rosen* ( M. de ), en 1740.

*Rosen* ( la marquise de ), en décembre 1768.

*Rosen* ( le marquis de ), le 25 octobre 1763.

*Rosnivinen de Piré* ( le comte de ), le 27 octobre 1785.

*Rostaing* ( M. de ), le 2 août 1773.

*Rostaing* ( M. de ), le 20 octobre 1773.

*Rostaing* ( la comtesse de ), le 26 mai 1782.

*Rouault* ( le comte Charles de ), le 4 janvier 1787.

*Rouault* ( la marquise de ) le 23 janvier 1780. *A pris le tabouret.*

*Roucy* ( le comte de ), le 29 octobre 1774.

*Roucy* ( la comtesse de ), le 24 décembre 1784.

*Rougé* ( M. de ), en 1774.

*Rougé* ( M. de ), le 16 janvier 1775.

*Rougé* ( la comtesse de ), en avril 1768.

*Rougé* ( le comte de ), le 4 novembre 1757.

*Rouillé* ( madame de ), femme du ministre, le 23 juin 1755.

*Rouillé* ( le comte de ), le 30 mars 1758.

*Roure* ( le marquis du ), le 29 mars 1759.

DE LA COUR. 455

*Roure* ( le comte du ), le 15 mai 1778.

*Roure* ( madame du ), le 26 juillet 1760.

*Roure* ( la vicomtesse du ), le 12 février 1783. Dame pour accompagner Madame

*Roure* ( la marquise du ), le 5 décembre 1779.

*Rouvroy-Saint-Simon* ( le marquis de ), le 16 octobre 1756.

*Roux de Beuil* ( le comte du ), le 23 janvier 1786.

*Roux de Sigy* ( le marquis du ), le 3 février 1786.

*Royan-Montmorency* ( M. de ), le 14 octobre 1761.

*Roys* ( le comte de ) le 3 novembre 1785.

*Roys* ( la comtesse de ), le 18 décembre 1785.

*Ruffec* ( la duchesse de ), en 1738.

*Ruffo* ( le vicomte de ), le 2 mars 1787.

*Rully* ( le comte de ), le 3 novembre 1785.

*Ruppelmonde* ( madame de ), en 1738.

*Ruppière* ( le chevalier de ), le 10 avril 1773.

*Ruppière* ( la comtesse de ), le 14 mars 1784.

S.

*Sablé* ( le marquis de ), en 1748.

*Sablé* ( la marquise de ), en décembre 1768.

*Saillant* ( le marquis du ), le 19 septembre 1751.

*Saillant* ( le comte du ), le 23 février 1787.

*Sailly* ( le marquis de ), le 1er août 1771.

*Sain* ( le comte de ), le 16 novembre 1784.

*Sainte-Croix* (le comte de), le 7 avril 1781.
*Sainton* (le comte de).
*Saisseval* (le comte de), le 17 avril 1773.
*Saisseval* (la marquise de), le 18 juin 1780. Dame de compagnie de Madame.
*Saisseval* (la comtesse de), le 21 mai 1782.
*Salignac de la Motte Fénélon* (M. de), le 29 décembre 1773.
*Salle* (le marquis de la) le 15 septembre 1751.
*Salle* (le comte de la), le 24 mars 1775.
*Salles* (M. de), le 4 avril 1753.
*Salm* (le prince de), le 4 mars 1771.
*Salsfield* (le comte de), le 26 septembre 1752.
*Salsfield* (le chevalier de), le 2 mars 1758.
*Saluces* (madame de), le 15 juin 1760.
*Saluces* (la comtesse de), le 21 août 1785.
*Sapieha* (le prince), en novembre 1774.
*Sarlaboust de Mean* (le comte de), le 18 avril 1777.
*Sarriac* (le chevalier de), le 3 novembre 1785.
*Sartiges* (le vicomte de) en mai 1789.
*Sassenage* (le comte de), en 1732.
*Sassenage* (la marquise de), en 1736.
*Sassenage* (madame de), en 1737.
*Saugeon* (le marquis de), le 15 novembre 1751.
*Saulx-Tavannes* (la duchesse de), le 23 avril 1786.
*Sauveur* (madame de Saint-), le 11 septembre 1752.

*Sauveur* ( M. de Saint- ), le 12 mars 1774.

*Sauveur* ( la marquise de Saint- ), le 27 février 1780.

*Sauveur* ( la comtesse de Saint- ), le 21 octobre 1781. Dame pour accompagner madame Sophie de France.

*Sauzey* ( le marquis de ), en 1742.

*Savary* ( le marquis de ), le 7 avril 1781.

*Savonnières* ( le marquis de ), le 7 avril 1781.

*Sceaux* ( la comtesse de ), en 1748.

*Scepeaux* ( le chevalier de ), le 10 mars 1770.

*Scey* ( M. de ), en 1749.

*Scey* ( le comte de ), le 4 janvier 1762.

*Scey* ( le comte de ), le 19 juillet 1786.

*Schomberg* ( M. de ), le 20 novembre 1770.

*Schomberg* ( le comte de ), le 13 novembre 1786.

*Ségur* ( madame de ), en 1738.

*Ségur* ( madame de ), le 29 octobre 1756.

*Ségur de Frans* ( le comte de ), le 24 décembre 1773.

*Ségur* ( Messieurs de ), le 28 décembre 1773.

*Ségur* ( Henri de ), le 1er juin 1786.

*Ségur* ( la vicomtesse Henri de ), le 21 juin 1786.

*Seignelay-Colbert* ( M. de ), le 21 septembre 1759.

*Senneterre* ( madame de ), en 1749.

*Sennones* ( le marquis de ), le 24 mai 1787.

*Sérent* ( le marquis de ), le 14 octobre 1754.

*Sérent* ( madame de ), le 26 juillet 1760.

*Sérent* ( la comtesse Julie de ), le 24 juin 1781. Dame pour accompagner la duchesse de Bourbon.

*Sérent* ( le vicomte de ), le 17 avril 1784.

*Sérent* ( le vicomte de ), le 24 novembre 1784.

*Sérent* ( la comtesse de ), le 26 janvier 1785.

*Sérent* ( la vicomtesse de ), le 21 juin 1787.

*Sérent-Wals* ( M. de ), le 10 juin 1770.

*Sérent-Wals* ( M. de ), le 9 avril 1774.

*Sesmaisons* ( le comte de ), le 28 mars 1767.

*Sesmaisons* ( le vicomte de ), le 4 novembre 1776.

*Sesmaisons* ( la comtesse de ), le 1er avril 1781.

*Severin* ( madame de Saint- ), le 27 juillet 1733.

*Seytres-Caumont* ( le comte de ), le 17 mars 1784.

*Simiane* ( le marquis de ), le 7 juillet 1777.

*Simiane* ( le comte de ), le 9 mai 1778.

*Simon* ( le marquis de Saint- ), le 23 juillet 1769.

*Simon Courtomer* ( M. de Saint- ), en décembre 1771.

*Simon-Courtomer* ( M. de Saint- ), le 31 janvier 1774.

*Simon* ( la vicomtesse de Saint- ), le 13 juillet 1783.

*Simon* ( le chevalier de Saint- ), en mai 1789.

*Sinety* ( M. de ), sous-gouverneur, le 6 octobre

*Sinety* (M. de), le 27 avril 1778.

*Sinety* (la marquise Candide de), le 11 mars 1787.

*Solre* (le prince de), le 16 mars 1789.

*Sommery* (M. Armand de), le 21 mai 1785.

*Sommery* (la comtesse de), le 10 décembre 1786.

*Sommières* (la comtesse de), au mois de juillet 1762.

*Sorant* (le marquis de), en 1765.

*Sorant* (la marquise de), le 17 avril 1770.

*Sorant* (le comte de), le 25 février 1788.

*Sorant* (la comtesse de), le 28 mai 1780.

*Sorant* (la comtesse Delphine de), dame de Remiremont, le 1er juin 1780.

*Soubise* (le prince de), en 1734.

*Soubise* (la princesse de), en 1738.

*Soubise* (la princesse de), en 1742.

*Soubise* (la princesse de), en 1749.

*Soudeilles* (M. de), le 3 février 1770.

*Soulanges* (M. de), le 31 mai 1755.

*Soulanges* (madame de), le 16 février 1756.

*Sourches* (la vicomtesse de), le 25 août 1780. Dame de compagnie de Madame, comtesse d'Artois.

*Sourdes* (la marquise de), le 5 décembre 1784. Dame pour accompagner Madame.

*Sourniac* (M. de), le 20 mai 1775.

*Souza* (le bailli de), le 17 juillet 1757.

*Sparre* ( la comtesse Gustave de ), le 12 septembre 1787.

*Staël de Holstein* ( la baronne de ), née Necker, le 31 janvier 1786.

*Stainville* ( la comtesse de ), le 13 juillet 1765.

*Suffren* ( le vice-amiral de ), le 6 avril 1784. *Les entrées.*

*Suffren* ( la vicomtesse de ), le 29 janvier 1787.

*Suffren de Saint-Tropez* ( la comtesse de ), le 9 mai 1784.

*Suffren de Saint-Tropez* ( le chevalier de ), le 12 novembre 1784.

*Sully* ( le duc de ), le 2 avril 1773.

*Sully* ( la duchesse de ), le 20 février 1780.

*Surgères* ( le comte de ), le 12 février 1757.

*Surgères* ( le comte de ), le 17 mars 1766.

*Surgères* ( le marquis de ), le 21 mars 1766.

*Suze* ( madame de la ), en 1749.

*Suze* ( le marquis de la ), le 9 décembre 1769.

### T.

*Taillefer* ( M. ), le 10 novembre 1755.

*Talaru* ( M. de ), en 1749.

*Talaru* ( madame de ), en 1751.

*Talaru* ( la vicomtesse de ), le 2 août 1767.

*Talleyrand* ( le marquis de ), en 1734.

*Talleyrand* ( madame de ), en 1737.

*Talleyrand* ( M. de ), le 26 novembre 1753.

*Talleyrand* ( le baron de ), le 11 octobre 1756.

*Talleyrand* ( le marquis de ), le 4 janvier 1758.
*Talleyrand* ( la baronne de ), le 21 juillet 1769.
*Talleyrand* ( la vicomtesse de ), le 16 janvier 1788
*Talmont* ( la princesse de ), le 20 février 1785. *A pris le tabouret.*
*Tancarville* ( la princesse de ), le 11 novembre 1756.
*Tarente* ( la princesse de ), le 22 juillet 1781. *A pris le tabouret.*
*Tarente* ( la princesse de ), dame du palais; le 2 janvier 1786.
*Tarente de la Trémouille* ( le prince de ), le 31 décembre 1782.
*Tavannes* ( le marquis de ), le 2 mars 1759.
*Tavannes* ( la comtesse de ), le 18 mars 1761.
*Tavannes* ( madame de ), le 2 novembre 1765.
*Tavannes* ( le vicomte de ), le 22 juillet 1771.
*Tavannes* ( la comtesse de ), le 27 avril 1788.
*Teissonnière* ( M. de la ), en 1773.
*Tencin* ( le cardinal de ), en 1748.
*Tessé* ( le marquis de ), en 1738.
*Tessé* ( le chevalier de ), en 1738.
*Tessé* ( la comtesse de ), le 12 mars 1756.
*Tessé* ( le comte de ), le 31 octobre 1754.
*Testu de Balincourt* ( le vicomte de ), le 4 avril 1786
*Thezan* ( le chevalier de ), le 10 novembre 1771.
*Thezan* ( la vicomtesse de ), le 19 décembre 1784.

*Thianges* ( M. de ), le 11 octobre 1756.

*Thianges* ( la comtesse de ), le 18 août 1768.

*Thiard* ( le comte de ), le 29 mai 1785. *Les entrées.*

*Thiboutot* ( la marquise de ), le 22 juillet 1781.

*Thomond* ( milord Clare, maréchal de ), en 1737.

*Thy* (le comte de ), le 12 novembre 1784.

*Thy* ( le comte de ), le 2 avril 1785.

*Tillières* ( le marquis de ), en 1739.

*Tilly* (M. de ), le 10 avril 1777.

*Tilly* ( le vicomte de ), le 4 décembre 1784.

*Tilly-Blaru* ( le comte Henri de ), le 22 mars 1787.

*Tingry* ( le prince de ), en 1743.

*Tingry* (la princesse de ), le 19 juillet 1767.

*Tinteniac* ( le comte de ), le 21 février 1788.

*Tirconnel* ( milord ), en 1739.

*Tonnelier de Breteuil* ( le baron le ), le 21 décembre 1779. *Les entrées.*

*Tonnerre* ( le marquis de ), le 8 mars 1769.

*Tonnerre* ( la duchesse de ), le 15 avril 1781. *A pris le tabouret.*

*Touchimbert* ( le comte de ), le 29 février 1788.

*Toulongeon* ( le marquis de ), le 8 octobre 1762.

*Toulouse-Lautrec* ( le comte de ), le 12 mai 1770.

*Tour du Pin* ( le comte de la ), le 10 novembre 1755.

*Tour du Pin* ( le marquis de la ), le 7 janvier 1756.

*Tour du Pin* ( le chevalier de la ), le 17 février 1766.

*Tour du Pin* ( la marquise de la ) le 27 février 1780.

*Tour du Pin* ( la comtesse Alexandre de la ), le 28 décembre 1783.

*Tour du Pin Chambly* ( la comtesse de la ), le 31 mai 1781.

*Tour du Pin de la Charce* ( le comte de la ), le premier mars 1769.

*Tour Saint-Quentin* ( le chevalier de la ), le 27 octobre 1769.

*Tour-en-Voivre* ( le comte de la ), le 11 mai 1784.

*Tournelle* ( le marquis de la ), en 1740.

*Tournemire* ( le comte de ), le 30 mars 1785.

*Tournon* ( M. de ), le 17 février 1774.

*Tournon* ( M. de ), le 16 avril 1774.

*Toursel du Bouchet* ( le marquis de ), en octobre 1762.

*Toustain-Limésy* ( Hypolite, comte de ), le 13 février 1789.

*Toustain Richebourg* ( le vicomte de ), le 23 janvier 1786.

*Toustain-Viray* ( le comte François de ), le 14 marsr 1787.

*Tracy* ( le comte de ), le 12 novembre 1773.

*Tracy* ( la comtesse de ), le 27 juin 1779.

*Traversay* ( le marquis de ), le 10 février 1788.

*Tremigon* ( le marquis de ), en novembre 1771.

*Trémouille* ( le duc de la ), le 6 octobre 1755.

*Trémouille* ( la duchesse de la ), en décembre 1768.

*Trémouille* ( le prince de la ), le 2 février 1788.

*Trémouille de Talmond* ( le prince de la ), le 20 mars 1786.

*Trénel* ( le marquis de ), le 28 février 1767.

*Trévelec* ( le comte de ), le 15 juillet 1784.

*Trévelec* ( la comtesse de ), le 31 octobre 1784.

*Trivulce* ( la princesse de ) , le 7 juillet 1759.

*Turenne* ( le prince de ) , en 1744.

*Turpin de Jouhé* ( le vicomte de ), le 17 février 1789.

## U.

*Usson* ( le comte d' ), le 13 février 1780. *Les entrées.*

*Usson Bonac* ( le comte d' ), le 2 août 1757.

*Usson Bonac* ( M. d' ), le 23 février 1760.

*Urson Bonac* ( la comtesse d' ) , le 29 octobre 1768.

## V.

*Valbelle* ( la marquise de ), le 21 juin 1754.

*Valbelle* ( M. de ), le 9 mars 1755.

*Valence* ( le comte de ), le 3 mars 1778.

*Valence* ( la comtesse de ), le 6 février 1785.

*Valentinois* ( la duchesse de ), le 28 octobre 1751.

*Vallon d'Ambrugeac* ( la comtesse de ), le 9 mai 1784.

*Vallon-d'Ambrugeac* ( le comte de ), le 17 janvier 1785.

*Vallon-Saint-Hyppolite* ( le vicomte de ), le 15 décembre 1786.

*Vallin* ( la comtesse de ), le 21 mai 1782.

*Valory* ( le marquis de ), le 11 mai 1785.

*Valory* ( la marquise de ), le 8 mai 1785.

*Valory* ( le comte de ), le 11 avril 1786.

*Valory* ( le chevalier de ), le 2 mars 1787.

*Vanssay* ( Charles, marquis de ), en juin 1789.

*Vassan* ( le vicomte de ), le 9 février 1789.

*Vassan* ( la vicomtesse de ), le 8 mars 1789.

*Vassé* ( le vidame de ), en 1737.

*Vassé* ( madame la vidame de ), en 1745.

*Vassé* ( M. de ), le 4 janvier 1775.

*Vassé* ( madame de ), le 4 février 1781.

*Vasselot* ( le comte de ), le 27 mars 1789.

*Vassy* ( M. de ), le 1er février 1775.

*Vassy* ( la comtesse Alexandre de ), le 15 avril 1781.

*Vassy* ( la comtesse Louise de ), le 15 avril 1781.

*Vaubecourt* ( M. de ), en 1746.

*Vaubecourt* ( M. de ), en 1749.

*Vaubecourt* ( madame de ), le 30 juillet 1757.

*Vaudemont* ( la princesse de ), le 21 février 1779. *A pris le tabouret.*

*Vaudreuil* ( le comte de ), le 26 mars 1763.

*Vaudreuil* ( la vicomtesse de ), le 10 juin 1781.

*Vaugué* ( le comte de ), le 16 août 1763.

*Vaugué* ( M. de ), le 25 janvier 1770.

*Vauguyon* ( la duchesse de la ), le 23 janvier 1780. Dame d'honneur de Madame. *Les grandes entrées.*

*Vaulx* ( la vicomtesse de ), le 19 mai 1783.

*Vaulx* ( le comte de ), le 26 janvier 1788.

*Vaulx* ( le comte Jourda de), le 31 janvier 1786.

*Vence* ( la marquise de ), le 7 avril 1782.

*Veneur* ( la vicomtesse le ), le 25 juillet 1779.

*Veneur-Tillieres* ( le vicomte de ), le 8 janvier 1774.

*Vènevelles* ( la comtesse de ), le 4 mai 1783.

*Venoise-d'Amfreville* ( la comtesse de ) , le 11 février 1781.

*Vérac* ( la marquise de ), le 4 novembre 1763.

*Vérac* ( le marquis de ), le 18 août 1766.

*Vérac* ( la comtesse de ) , le 4 décembre 1785.

*Vérac-Saint-Georges* ( le marquis de ) , en décembre 1779. *Les entrées.*

*Verchimay* ( le marquis de ), le 7 mai 1762.

*Verdale* ( le comte de ), le 10 janvier 1774.

*Vergennes* ( la vicomtesse de ), le 11 mars 1781.

*Vergennes* ( la vicomtesse de ), le 1er février 1784.

*Verlhac* ( le comte de ), le 23 janvier 1786.

*Vibraye* ( M. de ), le 12 novembre 1754.

*Vibraye* ( le vicomte de ), le 6 novembre 1755.

*Vibraye* ( le comte de ), le 12 novembre 1771.

*Vibraye* ( la vicomtesse de ), le 9 mai 1784.

*Vibraye* ( Victor Hurault, comte de ), le 25 février 1788.

*Vichy* ( le comte de ), le 29 février 1788.

*Vicomte de Blangy* ( le chevalier le ), le 23 février 1787.

*Viella* ( la comtesse de ), le 15 février 1784.

*Vieuville* ( le marquis de la ), le 11 mai 1784.

*Vilahermoza* ( la duchesse de ), le 8 août 1777.

*Vilderen* ( mademoiselle de ), en 1749.

*Villars Brancas* ( madame de ), en 1746.

*Villedeuil* ( madame de ), le 20 mai 1787.

*Villefort* ( la comtesse de ), le 22 juillet 1781.

*Villefort* ( la comtesse de ) le 24 septembre 1781. *Nommée par le roi sous-gouvernante des enfants de France en survivance.*

*Villefort* ( la comtesse de ), le 13 mars 1786.

*Villeneuve* ( M. de ), le 12 août 1767.

*Villeneuve* ( le marquis de ), le 18 janvier 1781.

*Villeneuve Bargemont* ( le comte de ) le 16 février 1788.

*Villeneuve-Flamarens* ( le marquis de ), le 3 février 1786.

*Villeneuve-Flayosc* ( la marquise de ), le 11 mai 1788.

*Villeneuve-Trans* ( le comte de ), le 4 avril 1767.

*Villequier* ( le duc de ), le 8 janvier 1761.
*Villequier* ( la duchesse de ), le 15 avril 1762.
*Villereau* ( le chevalier de ), le 16 octobre 1781.
*Villers-la-Faye* ( le vicomte de ), le 11 avril 1786.
*Villers-la-Faye* ( le marquis de ), le 11 avril 1786.
*Villeroy* ( le duc de ), en 1747.
*Villeroy* ( la marquise de ), en 1769.
*Vintimill du Luc* ( M. de ), en 1739.
*Vintimille* ( madame de ), en 1739.
*Vintimille* ( la marquise de ), le 14 janvier 1781.
*Vintimille Lascaris* ( la marquise de ), le 28 mars 1787.
*Virieu* ( le marquis de ), le 18 octobre 1753.
*Virieu* ( le chevalier de ), le 21 mars 1765.
*Virieu* ( madame de ), le 17 novembre 1766.
*Virieu* ( le marquis de ) le 9 mars 1774.
*Virieu* ( la vicomtesse de ), le 12 avril 1780. *Dame pour accompagner madame Sophie de France.*
*Virieu* ( la comtesse de ), le 4 mars 1781.
*Vital* ( M. de Saint- ), le 3 septembre 1752.
*Voisins* ( le comte de ), le 2 juin 1787.
*Voisins* ( le marquis de ), le 10 février 1788.
*Volonzac* ( le comte de ), le 31 octobre 1785.
*Voyer* ( madame de ), en 1749.
*Voyer-d'Argenson* ( le marquis de ), en 1744.

### W.

*Waldener* ( M. de ), le 12 mars 1755.
*Waldener* ( M. de ), le 19 avril 1769.

*Waldener* ( le baron de ), le 23 septembre 1769.
*Wals* ( le comte de ), le 24 mars 1751.
*Wals* ( madame de ), le 3 novembre 1752.
*Wals* ( le comte Patrice de ), le 15 mai 1784.
*Wals* ( la comtesse de ), le 23 janvier 1785.
*Wals-Sérent* ( le comte de ), le 30 mars 1785.
*Wals* ( le comte Théobald de ), le 2 mars 1787.
*Wals* ( la vicomtesse de ), le 9 mai 1787.
*Waroquier de Combles* ( le comte Louis-Charles de ), le 7 mai 1786.
*Wittgenstein* ( la comtesse de ), le 5 mars 1780.
*Woestine* ( la marquise de la ), le 7 mai 1780. Dame de compagnie de la duchesse de Chartres.
*Wulgrain de Taillefer* ( le comte ), le 15 mai 1783.
*Wurmser* ( M. de ), en janvier 1751.

## Y.

*Ysarn de Valady* ( le marquis d' ), le 21 mai 1785.
*Yvonne* ( le comte d' ), le 12 novembre 1773.
*Yvonne* ( le vicomte d' ), le 5 février 1787.

# ÉTAT

*Des titres honorifiques accordés par S. M. Louis XVIII en 1814 et 1815.*

## MARQUIS.

### En 1814.

D'Epinay, le 5 octobre.

### En 1815.

De Tramecourt, le 6 janvier.
De Monti, le 6 janvier.
De Tardy, le 4 février.

## COMTES.

### En 1814.

Du Jobal, le 20 août.
Dumanoir-le-Pelley, le 6 septembre.
Daugier, le 6 septembre.
De Chabrol, le 13 septembre.
Marescot, le 24 septembre.
Dupont-Chaumont, le 24 septembre.
Truguet, le 24 septembre.
De Gourdon, le 24 septembre.
Ferrand, le 27 septembre.
Carra-Saint-Cyr, le 5 octobre.

*Du Plessis*, le 5 octobre.
*Peyres de Moncabrié*, le 5 octobre.
*Bidé de Maurville*, le 9 novembre.
*Du Houx*, le 9 novembre.
*Montravel de Tardy-la-Brosse*, le 6 décemb.
*Chabran*, le 6 décembre.
*Jourdan*, le 24 décembre.
*Rivaud de la Raffinière*, le 31 décembre.
*Villate-d'Outremont*, le 31 décembre.
*Monnier*, le 31 décembre.
*Musnier de la Converserie*, le 31 décembre.
*Le Courbe*, le 31 décembre.
*Clausel*, le 31 décembre.

## En 1815.

*Gentil Saint-Alphonse*, le 6 janvier.
*Anglès*, le 13 janvier.
*Le Pio*, le 17 janvier.
*Chaillon de Jonville*, le 4 février.
*Lebas du Plessis*, le 4 février.
*La Gaye*, le 4 février.
*Clément de la Roncière*, le 4 février.
*Grundler*, le 4 février.
*Herwin de Nevèle*, le 6 février.
*Gaigneron de Marolles*, le 16 mars.
*Perrot*, le 16 mars.

## VICOMTES.

### En 1814.

*De Chollet*, le 9 novembre.

*Piscatory-Vaufreland*, le 6 décembre.
*Dampmartin*, le 6 décembre.
*De Barrès du Molard*, le 6 décembre.
*De Collouin-Tréville*, le 6 décembre.
*Le Cousturier d'Armenouville*, le 6 décembre.

### En 1815.

*Sebastiani de la Porta*, le 4 février.
*De Loubert de Martainville*, le 4 février.
*Hyde de Neuville*, le 7 mars.
*De Trimond*, le 7 mars.
*Le Prévost d'Iray*, le 7 mars.

## BARONS.

### En 1814.

*De Saint-Haouen*, le 18 mai.
*Molini*, le 18 mai.
*Bouvet*, le 9 juillet.
*Devaux*, le 9 juillet.
*De Nielly*, le 6 septembre.
*Campredon*, le 24 septembre.
*Des Essarts*, le 24 septembre.
*De Rebel*, le 30 septembre,
*Du Bouchet*, le 12 octobre.
*Le Couteulx-du-Moley*, le 17 octobre.
*Chabaud-la-Tour*, le 19 octobre.
*Grailhe de Montaima*, le 9 novembre.
*Copens*, le 9 novembre.
*De Froment de Champ-Dumont*, le 9 nov.

*De Ruphy*, le 11 novembre.
*Frémin-Dumesnil*, le 11 novembre.
*Dujon*, le 14 novembre.
*D'Aboville*, le 6 décembre.
*Gobert*, le 6 décembre.
*Le Faucheux-des-Aunois*, le 6 décembre.
*De Poyferré de Cère*, le 6 décembre.
*De Beurnonville*, le 6 décembre.
*Camet dela Bonardière*, le 17 décembre.
*Le Feuvre*, le 17 décembre.
*Ladouepe du Fougerais*, le 27 décembre.
*Garnier*, le 31 décembre.
*Lambert*, le 31 décembre.
*Bagneris*, le 31 décembre.
*Augier*, le 31 décembre.
*Fering*, le 31 décembre.
*De Richemont*, le 31 décembre.
*Baurot*, le 31 décembre.

En 1815.

*Girardet*, le 6 janvier.
*Des Bassyns de Richemont*, le 6 janvier.
*De Villeneuve*, le 6 janvier.
*Magnon*, le 6 janvier.
*Rouillard de Beauval*, le 6 janvier.
*Durrieu*, le 17 janvier.
*Fabre*, le 17 janvier.
*De Lattre*, le 18 janvier.
*Bourgnon*, le 4 février.

De Maussion, le 4 février.
Meslé de Grandclos, le 4 février.
Jerphanion, le 4 février.
Achard, le 17 février.
Mequet, le 21 février.

# ÉTAT

*Des personnes qui ont obtenu des patentes d'annoblissement ou des lettres de confirmation de noblesse, en 1814.*

---

Acloque, le 11 novembre.
André (Jean-Pierre), député au conseil des Cinq-Cents, le 18 août.
Augier, député aux états généraux de 1789, le 6 septembre.
Baboin de la Barollière, le 15 septembre.
Baraton d'Etat (Philippe), le 4 novembre.
Barthelemy, membre du conseil général du département de la Seine, le 2 août.
Bastoulh de Nogaret, le 18 décembre.
Beau (le). Voyez Lebeau.
Bellart, membre du conseil général du département de la Seine, le 27 juillet.
Benard de Moussignières, maire du huitième arrondissement de Paris, le 2 août.
Bernigaud de Grange, fils d'un député aux états généraux, le 6 septembre.
Bertrand, le 6 décembre.
Bertrand de Montfort, député aux états généraux, le 6 septembre.
Blain, le 24 septembre.
Blanc (le). Voyez Leblanc.

*Bois (du)*, le 18 décembre.

*Borne* (Laurent), député au conseil des Cinq-Cents, le 18 août.

*Boyer*, le 18 novembre.

*Bravard de la Boissière*, membre du conseil général du Puy-de-Dôme, le 11 octobre.

*Bricogne*, maire du sixième arrondissement de Paris, le 2 août.

*Bruel (du)*. Voyez *Dubruel*.

*Brugière de la Verchère*, membre de la chambre des Députés en 1814, le 20 septembre.

*Brujas du Chey*, le 6 décembre.

*Cadoudal* (Joseph), père de Georges Cadoudal : le 12 octobre. On lit dans l'Armorial de Bretagne, imprimé en 1667, la notice suivante sur ce nom :

*Cadoudal* : Un chevalier de ce nom fut partisan du comte de Montfort en la plupart des exploits de guerre qu'il eut contre Charles de Bloys, et fut capitaine de Hennebond : il portait d'argent, à une croix engrelée de sable. Un gentilhomme de la même famille, en la paroisse de Ploulech, évesché de Tréguier, portait même nom et mêmes armes.

*Cardonnel*, le 6 décembre.

*Carron*, le 6 décembre.

*Cartault de la Verrière*, le 9 novembre.

*Chamorin (de)*, maire de Châlons-sur-Marne, le 26 octobre.

*Charbonnier de Belloy*, le 6 décembre.

*Charrier*, fils d'un député de 1789, le 6 septembre.

*Chauveau la Garde*, le 9 novembre.

*Cheret*, le 27 décembre.

*Cherier*, le 9 novembre.

*Chesne (du)*. Voyez *Duchesne*.

*Cheze (la)*. Voyez *Lacheze*.

*Chilhaud la Rigaudie (du)*, le 30 décembre.

*Costé*, le 21 octobre.

*Couchery* (Jean-Baptiste-François), député au conseil des Cinq-Cents, le 18 août.

*Danois (le)*, Voyez *Ledanois*.

*Dauphin* (Jean-Baptiste-Marie), le 25 octobre.

*Delandine*, bibliothécaire de la ville de Lyon, le 11 octobre.

*Delpla Goueites*, membre du collége électoral de l'Arriège, le 26 septembre.

*Déquesne*, propriétaire à Lannion, le 11 octobre.

*Devaux du Chambord*, le 30 décembre.

*Devoisins* (les frères), fils d'un député aux états généraux de 1789, le 6 septembre.

*Dhombres*, ancien maire d'Alais, le 13 octobre.

*Drouard de Bousset*, le 6 décembre.

*Dubruel*, le 25 novembre.

*Duc la Chapelle*, ancien maire de Montauban, le 15 septembre.

*Duchesne*, le 6 décembre.

*Dumay* (Jean-Baptiste), propriétaire à Clermont-Ferrand, le 11 décembre.

*Durget*, député aux Etats-généraux de 1789, le 6 septembre.

*Dutreil* (Bernard), membre de la chambre des députés en 1814, le 30 septembre.

*Faure*, du Hàvre, ex-membre du corps législatif, le 26 août.

*Favre*, le 31 décembre.

*Feydel*, député aux Etats-généraux de 1789, le 6 septembre.

*Fort* (le) Voyez *Lefort*.

*Fournier de la Pommeraye*, le 9 novembre.

*Gaffard*, le 9 novembre.

*Gallard* (de), adjoint du maire de Marseille, le 14 novembre.

*Gontier de Biran*, député aux Etats-généraux de 1789, le 6 septembre.

*Goulard*, le 9 novembre.

*Grangier*, député aux Etats-généraux de 1789, le 6 septembre.

*Guenife*), membre du conseil de commerce, établi près le ministre de l'Intérieur, le 9 novembre.

*Guilhermy*, député aux Etats-généraux de 1789, le 6 septembre.

*Hardy de la Largere*, député aux Etats-généraux de 1789, le 6 septembre.

*Hardy de la Largere* (les frères), 1° Augustin-Mathurin-Pierre; 2° Jean-Baptiste; 3° Pierre-Hyacinthe; 4° Anathase-François, fils du précédent, le 19 octobre.

*Hennet*, député aux États-généraux de 1789, le 6 septembre.

*Hennet* ( A. L. B. Joseph-Ulpien ), fils d'un député aux États-généraux de 1789, le 24 septembre.

*Hennet de Vigneux*, fils d'un député aux États-généraux de 1789, le 24 septembre.

*He mann*, le 26 décembre.

*Hervé Chefdubois*, le 6 décembre.

*Holier*, le 20 décembre.

*Houaud de la Villemartin* ( les frères ), le 9 novembre.

*Houdet*, député aux États-généraux de 1789, le 6 septembre.

*Houitte de la Chenais*, le 19 octobre.

*Hurtrel d'Arboval*, le 6 décembre.

*Hutteau*, fils, député aux États-généraux de 1789, le 6 septembre.

*Hutteau* ( J. B. L. Philippe ), fils d'un député aux États-généraux de 1789, le 24 septembre.

*Hutteau d'Ury*, fils d'un député aux États-généraux de 1789, le 24 septembre.

*Hutteau d'Origny*, idem.

*Jordan* (Camille), député au conseil des Cinq-cents, le 18 août.

*Jurien*, le 6 décembre.

*Labiteau*, le 18 décembre.

*Lacheze*, fils, député aux États-généraux de 1789, le 6 septembre.

*Landine* (de). Voyez Delandine.

*Landragintaine*, le 18 novembre.

*Langlois* (Michel), ancien administrateur des hôpitaux militaires, le 5 septembre

*Laparre Saint-Sernin*, le 9 novembre.

*Lastier*, le 6 décembre.

*Laur*, le 9 novembre.

*Lauro* (de), le 13 décembre.

*Lebeau*, président du conseil général du département de la Seine, le 27 juillet.

*Leblanc*, maire de Vitry-le-Français, le 18 août.

*Le Cordier*, maire du premier arrondissement de Paris.

*Ledanois de la Soisiere*, député du département de l'Eure, le 6 décembre.

*Lefort*, fils d'un député aux Etats-généraux de 1789, le 6 septembre.

*Lemasson*, le 6 décembre

*Lemérer* ancien député, le 18 août.

*Lestourgie*, le 9 novembre.

*Loisel*, membre du conseil général de l'Allier, le 11 novembre.

*Longueve* (Henri de), député aux Etats-généraux de 1789, le 6 septembre.

*Lucas*, médecin des eaux de Vichy, le 11 novembre.

*Madier de Monjeau*, fils d'un député aux Etats-généraux de 1789, le 6 septembre. Conseiller à la cour d'appel à Nîmes.

*Martin Saint-Jean*, le 19 octobre.

*Masson* (le). Voyez Lemasson.

*Mathias*, le 6 décembre.

*May* (du). Voyez Dumay.

*Meilheurat des Pruros*, le 30 décembre.

*Mérer* (le). Voyez Lemérer.

*Micault* (Joseph-François), propriétaire à la Madeleine, côtes du Nord, le 10 décembre.

*Miorcec de Kerdanet*, le 9 novembre.

*Moreau* (famille du général); savoir: 1° Joseph-Marie-François; 2° Pierre-Marie; 3° Jean-Baptiste; 4° Alexandre-Eugène; 5° Victoire-Pauline, le 13 octobre.

*Moreau*, maire du neuvième arrondissement de Paris, le 2 août.

*Néel*, le 18 novembre.

*Noaille*, ancien député, le 11 octobre.

*Ordonneau*, maréchal-de-camp, le 20 septembre.

*Paccard*, député aux Etats-généraux de 1789, le 6 septembre.

*Parre* (la). Voyez Laparre.

*Perès*, le 18 décembre.

*Pérignon*, membre du conseil général du département de la Seine, le 27 juillet.

*Peyriere* (la), le 18 décembre.

*Piault*, maire du dixième arrondissement de Paris, le 6 décembre.

*Piet*, le 6 décembre.

*Pinceloup de Maurisseure*, le 9 octobre.

*Pochet*, fils d'un député aux Etats-généraux de 1789, le 6 septembre.

*Polissard* (Philibert-Antoine), député au conseil des Cinq-cents, le 18 août.

*Pontas du Meril*, le 9 novembre.

*Raymond*, aîné, ancien adjoint du maire de Marseille, le 13 novembre.

*Redon*, député aux Etats-généraux de 1789, le 6 septembre.

*Regnaud de Paris*, le 9 novembre.

*Ricard* (Isidore et Maxime), fils d'un député aux Etats-généraux de 1789, le 6 septembre.

*Rouchon*, ancien député, le 7 octobre.

*Rouen*, maire du deuxième arrondissement de Paris, le 18 décembre.

*Rousseau*, maire du troisième arrondissement de Paris, le 2 août.

*Roy*, député aux Etats-généraux de 1789, le 6 septembre.

*Rubin de la Grimaudiere*, le 9 novembre.

*Rue* (de la), le 18 novembre.

*Rue* (de la), le 21 décembre.

*Saulnier d'Anchal*, membre du collége électoral du Puy-de-Dôme.

*Sére*, le 18 novembre.

*Simonnot*, sous-préfet de Châlons-sur-Seine, le 20 septembre.

*Taillardat de Maison-Neuve*, député aux Etats-généraux de 1789, le 6 septembre.

*Tartanac*, membre du collége électoral du Gers, le 2 décembre.

*Terrebasse*, le 18 novembre.

*Thomas*, maire de Saint-Malo.

*Thorel*, député aux Etats-généraux de 1789, le 6 septembre.

*Tixedor*, le 18 novembre.

*Treil* ( du ). Voyez Dutreil.

*Truault de la Bouvrie*, membre de la chambre des députés, le 20 septembre.

*Valon de Grandvelle*, le 6 décembre.

*Vaux* ( de ). Voyez Devaux.

*Verneilh* ( de ), le 29 novembre.

*Verneilh de Puirascau* ( de ), le 6 décembre.

*Vialettes d'Aignan*, réhabilité, le 3 octobre.

*Vidalat Tornier*, le 18 novembre.

*Voisins* ( de ). Voyez Devoisins.

# ÉTAT

*Des personnes qui ont obtenu des patentes d'annoblissement ou de confirmation de noblesse, en 1815.*

---

*Amy*, le 6 janvier.
*Baron*, le 4 février.
*Bernard de Dompsure*, le 7 mars.
*Bonnegens (de)*, le 4 février.
*Bouard*, le 4 février.
*Bouthier de Rochefort*, le 4 février.
*Brayer*, le 7 mars.
*Brillard*, le 7 mars.
*Brun de Blon (le)*, le 4 février.
*Bruys des Gardes*, le 25 février.
*Bruys d'Ouilly*, le 25 février.
*Burgraff*, le 6 janvier.
*Busche*, le 7 mars.
*Caumont*, le 7 mars.
*Cochelet*, le 7 janvier.
*Collot*, le 11 janvier.
*Dalmas*, le 6 janvier.
*Daudier (les deux frères)*, le 6 janvier.
*Decan*, le 6 janvier.
*Delattre de Nœufrue*, le 7 mars.
*Dubruel*, le 7 mars.
*Dugone*, le 25 janvier.

*Dupuy*, le 7 mars.
*Durant*, le 6 janvier.
*Espine (de l')*, le 6 janvier.
*Ferdanc de Lépine*, le 4 février.
*Ferradesche de Gromond*, le 4 février.
*Gilbert de Gourville*, le 7 mars.
*Grangier*, le 7 mars.
*Gremion (de)*, le 6 janvier.
*Hùgouin de la Barthe* (confirmation de lettres de noblesse anciennement accordée à la famille de), le 18 janvier.
*Joyaut du Couesnongle* (les deux frères), le 6 janvier.
*Julien-Gauthier*, le 7 mai.
*Labroue*, le 6 janvier.
*Laget-Levieux*, le 7 mars.
*Lamalle (de)*, le 7 mars.
*Lassime*, le 4 février.
*Leclerc-Durivaud*, le 4 février.
*Lehurey*, le 22 janvier.
*Lelevreur*, le 4 février.
*Lemarchand*, le 6 janvier.
*Lemengnonnet*, le 22 janvier.
*Lerond*, le 22 janvier.
*Letard de la Bouralière*, le 7 mars.
*Luxer*, le 7 mars.
*Marcé de la Rochette*, le 4 février.
*Mathieu-Devienne*, le 6 janvier.
*Meslier de Rocan*, le 4 février.
*Mieulle*, le 4 février.

Noly, le 7 mars.
Pacquet-Beauvais, le 22 janvier.
Paillette, le 4 février.
Peronneau, le 7 mars.
Péronnet, le 4 février.
Regny, fils, le 31 janvier.
Richerand, le 4 février.
Riou.
Rivière, le 4 février.
Saillard, le 6 janvier.
Soret de Boisbrunet, chevalier de Saint-Louis, le 7 mars.
Stadieu, le 18 janvier.
Tarbée (J.-B. et C.-H.), le 7 mars.
Trinquelague, le 7 mars.
Tulles (de), le 6 janvier.
Turges, le 20 janvier.
Urvoit de Saint-Mirel (les trois frères), le 7 janvier.
Vimal-Dupuis, le 7 mars.
Vuillefroy, le 7 mars.

FIN.

www.ingramcontent.com/pod-product-compliance
Lightning Source LLC
Chambersburg PA
CBHW071622230426
43669CB00012B/2040